以文说物

文物背后的故事

◎王振华　主编

齊魯書社

编纂委员会

主　编　王振华

副主编　李鸿雁　孔　涛

编委成员　王焕文　谭秀柯　宗美菊

孙益民　王　滨　孙　宜

文物摄影　王　滨　张伟伟　李　媛

序

以文说物，文是载体，物是主体，用载体说明主体。

博物馆的馆藏丰富，文物多如繁星，观众走进博物馆，犹如走进历史知识的大讲堂，在潜移默化、耳濡目染间得到熏陶。然而，观众虽能时常徜徉于各种展览之中，有缘近距离品赏各类展品，但对文物本身往往有走马观花之憾，难以达到全面细致的了解。更何况，虽部分精品文物获得过展陈机会，相当部分馆藏却被锁在“深闺”无缘得识。鉴于此，编辑出版一部介绍馆藏重点文物的书籍，让群众在这部书中更详尽了解馆藏文物，成为全馆同志的共识。

习近平总书记在西安博物院调研时指出：一个博物院就是一所大学校。要把凝结着中华民族传统文化的文物保护好、管理好，同时加强研究和利用，让历史说话，让文物说话。编辑出版《以文说物》就是深入贯彻习总书记“让历史说话，让文物说话”的指示精神。

李克强总理主持召开的国务院常务会议，确定推动文化文物单位文化创意产品开发的措施。会议认为：深度发掘文化文物单位馆藏资源，推动文化创意产品开发，对弘扬优秀文化，传承中华文明，推进经济社会协调发展，具有重要意义。充分利用我馆馆藏文物的优势，出版《以文说物》，其本身就是一种文化创意行为。

基于以上三方面的思考，我们遴选了部分重点精品文物，动员全馆同志积极投入到文章的撰写之中。文章撰写有两方面的要求：一是要从文物的器名、年代、材质、用途、制作工艺和历史内涵等方面，全面介绍文物；二是要做文物的相关链接介绍。如撰写鎏金铜熏炉文章时，在精准介绍文物的基础上，还应兼顾熏炉的历史演变轨迹和不同历史时期熏炉的器型特征等，让读者在了解此件文物的同时，又能了解熏炉的发展史，真正起到科学普及文物知识的作用。

能够供职于博物馆是人生大幸，在这里，我们不仅可以近距离接触文物，熟读文物，还能与先民的文化遗存和智慧结晶缠绵对话，自由地亲近和仰视历史上起伏延绵的文化峰峦。厚重的历史和灿烂的文明能涤荡灵魂、陶冶情操、强固心志、丰富知识。

文章的撰写过程艰辛而快乐，有点灯熬夜的倦累，有探幽索微的执着，有字斟句酌的精细，有谋篇布局的苦心。一遍遍揣摩渐达精准，一次次修改更显丰润，苦于斯，乐于斯，获于斯。此次创作，不但丰富和完善了大家的专业知识，更锤炼了大家的文字写作水平。当欣然翻阅厚厚的文稿时，眉宇间轻舒出快意的自信和些微的满足，这是全馆同仁才思凝结的厚重结晶。

《以文说物》有缘与您相识，愿它能带给您知识采撷的乐趣。但金无足赤，文章难免瑕疵之憾，祈望得到方家的批评和教正。

淄博市博物馆馆长　王振华

目录

龙山文化陶鬶

淄博市博物馆藏有一件龙山文化时期的红陶鬶，此鬶口径 30.3 厘米，高 42.5 厘米，口一侧有鸟喙状长流，长颈，下承三个袋状足，器身一侧置绳状錾手。口沿下及錾手上端装饰乳钉纹。颈、足衔接处装饰凸弦纹，器表打磨光亮。该器出土于淄博市临淄区桐林田旺遗址。据科学检测，龙山文化的年代约为公元前 2500 年至公元前 2000 年。此件红陶鬶造型规整，制作精细，堪称新石器时代晚期龙山文化红陶的代表器物。

在距今一万年前，我们的祖先在长期的用火实践中，逐渐掌握了用黏土制成容器泥胎并经火烧烤后制成耐火陶器的技能。在陶器烧制过程中，经过氧化焙烧，陶土中的金属铁大部分转化为三价铁，还原比值低，烧成的陶器即呈现红色，称为红陶。陶土比较纯净细腻、含细砂极少者，称为泥质红陶，主要作饮食器具和盛储用具。陶土中掺有细砂者，能耐火，主要作炊具用，称为夹砂红陶。

在近代考古文献中，鬶的名称首次见于《城子崖》，该报告是依“鬶，三足釜也，有柄、喙”（《说文》）来给这种形制奇特的器物命名的。鬶作为一种盛水器，造型有点像鸟。这种器形最早出现在山东地区。山东地区当时属于少昊部落，他们以鸟为图腾，所以就不难理解为什么会出现鬶这样形状的器物了。从此鬶的胎体表面观察，其陶泥细腻无颗粒，表明陶土是经过仔细淘洗的；陶器内外壁毫无间隙、空洞、裂痕，表明陶泥的延展性、可塑性很好，是经过充分揉炼的。根据专家的分析研究，陶鬶在制作程序上是先制作三只袋足，袋足拼接完成后用泥条盘筑法向上盘筑，然后放在慢轮上车制加工。因为陶鬶下腹部及袋足不是圆形，无法轮制，只有口沿及以下很少部分才能轮制，所以器表只有口沿及以下很短的部分留有轮制加工形成的非常规则的细弦纹。主体架构完成后，

龙山文化红陶鬶

使其稍干再进行磨光。

鬶的造型从实用的角度看，三足可以保持稳定，长流便于将器内的液体倾倒进更小的容器中，袋足可以增加受热面积。

从艺术的角度看，其造型是我们祖先丰富想象力和创造力的智慧结晶。龙山时代已处于父系氏族社会时期，这些袋足器取象女性乳房，很可能是当时普遍存在的生殖崇拜的某种反映。先人们将陶鬶的口、颈模仿成鸟首，反映出东夷族普遍存在的“鸟崇拜”现象，也象征着人们昂首向上、自强不息的生活精神；而交织在一起的模仿绳索的把手，既是为了美观，更象征着齐心协力、团结奋进的生存之道。

这件陶鬶造型古朴典雅、落落大方、协调美观，而且寓意深远，折射出我们祖先丰富的精神世界，展示出他们对大自然独到的理解，体现出他们常常被低估了的非凡的艺术创造力，有着相当高的历史价值及文化价值。

（张海蓉）

石磨盘与石磨棒

中国的饮食文化可谓博大精深，源远流长。自新石器时代开始，北方食粟（即谷子）、南方食稻就已成为普遍现象。从考古资料来看，黄河流域出土的新石器时代谷物遗存中以粟最多。目前我国发现最早的人工栽培粟，出土于河北武安磁山遗址，据测定距今已有 7300 年左右。粟呈圆粒状，把粟放在石磨盘上，再用石磨棒反复进行滚动碾压，就能脱出粒来，脱粒之后还可以进一步研磨成面。

淄博市博物馆所藏的这组石磨盘和石磨棒，1983 年出土于淄博市临淄区后李官庄遗址。石磨盘通长 36.7 厘米，宽 8 ~ 17.5 厘米，厚 3.4 厘米。石磨棒长 26.4 厘米，直径 6.7 厘米。这套石磨盘和石磨棒属北辛文化时期遗物，距今 7300 年至 6300 年。北辛文化因首次发现于山东滕州北辛村而得名，淄博地区以临淄区后李官庄二期遗存和张店浮山驿遗址为代表。经考古研究证明，在北辛文化时期，人类已形成完整的聚落，房址均为半地穴式建筑，墓葬流行长方形土坑竖穴墓，生产工具以石器为主，骨、角、牙、蚌器制造发

石磨盘与石盘棒

达，制作工艺以磨制为主。这组石磨盘、石磨棒是目前发现的北辛文化中的代表性器物。

这件石磨盘由砂岩质石块打磨而成，造型简洁，制作精致。整体呈不规则的椭圆形，中间凹陷，底部外凸，磨损明显。与之配套的石磨棒，材质亦属砂岩，整体呈圆棒形，两端略细，有磨损。

石磨盘和石磨棒在旧石器时代晚期的山西下川遗址就有发现，最初可能是一种研磨野生谷物、坚果等采集物的器物。到新石器时代，石磨盘和石磨棒则广泛分布于北起黑龙江、南到河南、西至新疆、东到山东的广大北方地区，可见当时它已成为一种应用非常广泛的生产工具。这种脱粒研磨工具可以加工谷类作物和其他野生植物如橡子、狗尾草、块根块茎之类，使人类的饮食结构进一步优化，为人类体质的提高做出了贡献。

石磨盘和石磨棒主要是女性使用的谷物脱壳工具。在考古发掘的新石器时代的墓葬中，男性墓多随葬石铲、石镰、石斧等，而女性墓多随葬石磨盘、石磨棒和一定数量的陶器，这表明当时男女已经有了明确分工。在当时渔猎、采集和耕种多元混合的社会经济条件下，男子主要从事渔猎、农耕和房屋建造等重体力劳动，而采集、粮食加工、家畜饲养和家务等轻体力劳动则主要由女子完成。

石磨盘与石磨棒在中国北方地区的沿用时间非常悠久，至春秋战国时期仍然被大量使用。但到了战国晚期，随着大量私田的不断开垦、生产工具及管理技术的进步，北方地区的农作物产量有了相当大的提高，加之大豆、小麦这种颗粒坚硬的作物在主粮中所占的比重上升，石磨盘和石磨棒这种效率低下的加工工具已经不适应时代发展的需要，逐渐为可以转动的石磨所取代。

我馆馆藏的这一组石磨盘和石磨棒，从侧面反映了北辛文化时期人类繁衍生息的生活情形，为我们研究原始社会的多元经济形态和社会面貌提供了佐证。

（李媛媛）

龙山文化陶球玩具

淄博市博物馆所藏陶球球径5.6厘米，重197克，为白褐色泥质陶，球表面润泽光滑，局部沁深褐色斑，古朴自然。

该陶球是在临淄区董褚遗址中部一侧的土堆中采集而来，其年代属于龙山文化时期，距今约4600年至4000年。考古发掘资料表明，董褚遗址包含了北辛文化、大汶口文化、龙山文化、西周、东周、秦汉及宋金元时期的遗存，前后延续时间近6000年。

在我国，旧石器时代遗址内曾发现大量史前人类使用过的生产工具。例如，1976年山西阳高县许家窑遗址出土了近两千个石球，距今十万年左右，其中最大的直径10厘米、重1500克，合计石球重达数十吨。这些石球的制作比较粗糙，仅作为投掷物使用。我们知道，生活在

龙山文化陶球玩具

原始社会阶段的人，为生存和繁衍后代，过着采集、渔猎的生活。那时人们还不会种植庄稼和养蚕缫丝，也不会蓄养动物。

在其后的西安半坡文化遗址、屈家岭文化遗址、薛家岗文化遗址、城头山文化遗址等新石器时代文化遗址中，亦发现了石球和陶球，有的石球还见于墓主人的腰侧。在云南沧源发现的岩画中，还有形象的“球戏图”。这一系列的发现，为我们描绘了球类活动从初始到逐步发展的嬗变图。其中，西安半坡出土的石球最有名。西安半坡文化遗址是我国氏族公社繁荣时期典型居住遗址之一，石球发现于三四岁的儿童墓葬中，直径约 2 厘米，位于遗骨下腿骨左侧，经研磨制成。它不同于狩猎工具的投掷器或“飞石索”所使用的石弹丸，但球类玩具与投掷弹丸之间存在着紧密联系。安徽潜山薛家岗文化遗址出土的六十九个陶球均为泥质红陶，制作精细，器表六孔并呈立体十字形分布，每两孔之间各以 3 道篦点纹相连。城头山文化遗址中出土的六孔陶球，或泥质灰陶，或泥质红陶，直径多在 3.2 厘米左右，有实心的，也有空心的，表面锥刺盲孔和线槽，外刻不同形状的花纹，有人形容其为“地球仪”星空图。比城头山文化遗址年代略晚的屈家岭文化遗址中，也发现了四十多个陶球，表面刻有网纹、十字纹、米字纹、三角纹等。临潼姜寨文化遗址发现的姜寨二期类型的灰陶球，直径约 3 厘米，是将陶土抟揉成圆球并晾干、磨光表面后焙烧而成。陶球的出现，再次证明了制作球形玩具已是有意识的创作行为。山东地区龙山文化遗址中出土的陶球数量不多，但出土的类似玩具的陶器品类较丰富，有陶环、陶塑人面、陶响器等。当然，有专家视其为仪礼用器。相较之下，屈家岭文化遗址中出土的陶球意义更广泛一些，似乎娱乐性更强一些。

近年来，专家学者结合历史文献和考古资料，挖掘和复原了蹴鞠、马球、捶丸这三大球类运动的原貌。1973 年，湖南长沙马王堆三号墓出土了一幅西汉时期的帛书《十六经·正乱》，其中就有一段内容是涉及蹴鞠的。帛书原文是："黄帝身禺（遇）之（蚩）尤，因而肣（擒）之。勃（剥）其□革以为干侯（箭靶），使人射之，多中者赏。劗（剪）其发而建之天，名曰之（蚩）尤之署（旌）。充其胃以为鞫（鞠），使人执之，多中者赏。"这虽属历史传说，但也反映出在原始社会末期应当已有类似的游戏。战国时期，蹴鞠这种运动已相当普及了。汉代是中国古代足球史上较为兴盛的一个时期，有关文物资料也极为丰富，而尤以汉画像石上所见为多。但通观多数画像石中有关蹴鞠的画面，皆是于宴乐活动中以蹴鞠舞的形式出现的，且多有音乐伴奏。后来，故宫博物院在清理库藏文物时发现了一方汉代蹴鞠纹肖形印，在这方印上有两人相对而立，两人之间，足上部各有一球，蹴鞠者皆呈跃跃欲试状。由此可知，汉代除了流行以音乐伴奏的宴乐蹴鞠舞外，还流行其他形式的蹴鞠活动。关于女子蹴鞠，以往的论者大多据王建的《宫词》诗和康骈的《剧谈录》记载，认为女子蹴鞠起源于唐代。但在出土的汉代画像石中有许多女子参加蹴鞠的画面，如河南嵩山启母阙上的蹴鞠图。这反映出，女子蹴鞠活动最迟在汉代就已盛行了，它比文字记载的盛行时间向前推移了几百年。

在我国体育史学界，有的学者提出了"马球起源于中国汉代"的论点，理由是三国魏曹植《名都篇》中的"连翩击鞠壤，巧捷惟万端"这一诗句。1979 年，考古工作者在甘肃敦煌马圈湾汉代烽燧遗址中发现了一个西汉中期的球形实物。这个球形实物内填丝绵，外用由细麻绳和白绢搓成的绳捆扎成球形，直径 5.5 厘米。这件马球实物与文献所载相一致，被认为是马球的最初形式。

关于捶丸，据《丸经》记载，捶丸大约成熟于北宋徽宗朝，大盛于宋、金、元三代。关于其特点、竞赛规则，史学家早已论述详尽。但由于其形式基本同于现在西方盛行的高尔夫球运动，近几年来关于二者的关系问题，引起了不少中外体育史学研究者的兴趣。1988年，凌洪龄先生曾对二者进行详细的研究对比，发现二者之间有相当惊人的一致性。对此，有人提出，西方的高尔夫球当是由中国的捶丸发展而来。在山西洪洞县广胜寺水神庙中现存的一幅元代大德九年（1305）绘制的《捶丸图》，为这一问题的研究提供了重要资料。

各时代的玩具是人们生活面貌的直接反映，是我们了解当时社会的一把钥匙。这种新石器时代的陶球很有可能是后世各类球形玩具的鼻祖，因此具有重要的历史价值。

（徐新）

商代青铜觚

商代青铜觚

淄博市博物馆“馆藏文物精品”展厅中展出了一件精美的商代晚期青铜觚，该器高 26.2 厘米，口径 15.3 厘米，底径 8.8 厘米，呈高体细腰式，细颈，鼓腹，高圈足。铜觚腹上部饰有两道弦纹，腹下部有一道弦纹，腹中部及圈足饰饕餮纹，并饰四道扉棱。此器高挑修长，底小口大，由于扉棱装饰和圈足的巧妙配置，使重心下移，在窈窕轻巧之中又给人以稳重含蓄之感，属于国家二级文物。

觚是古代的饮酒器，现知铜觚发端于商代，其源头可上溯到新石器时代的陶觚。铜觚发展到西周中期逐渐消失，但其他材质的觚又延续了一段时间，故孔子有“觚不觚，觚哉，觚哉”的感叹。目前发现的青铜觚中年代最早的是 1958 年郑州市南关出土的一件饕餮纹觚和 1982 年郑州市向阳回族食品厂出土的两件饕餮纹觚，均为商早期器物。

在商代，觚主要用作礼器，裴骃《史记集解》引马融注云：“觚，礼器也。”商代青铜器大多属于礼器，而在青铜礼器中，酒器又占了相当大的比例，贵族等级和地位的区别主要反映在酒器上而不是食器上。以觚、爵为代表的酒器组合是商代最重要的礼器，两者在一起配套使用于各种祭祀和礼仪场合，所使用觚、爵数量的多少成为衡量贵族等级、地位和身份的标志。商代墓葬中也常用觚来随葬，而随葬数量的多少也体现着死者生前的身份和社会地位的高低，如一般的奴隶主贵族墓葬中常随葬一觚一爵，身份越高则随葬数量越多，商王武丁之妻妇好墓中曾出土了铜觚 53 件和一套 10 觚 9 爵的组合。

商代铜觚多为大侈口、中细腰，下加一段圈足，其上多有宽大的十字形孔。晚商时期，觚腹加深且膨出。当时还有一种中腰极细的觚，如山西石楼姚花庄曾出土一件商代晚期铜觚，其圈足下系一铜铃，较为少见。饮酒有声也是一种乐趣，可助酒兴。西周时期的觚与商代晚期的觚十分相似：体细而高，中腹外鼓，体上多铸有凸起的扉棱，圈足。到了西周晚期，觚已绝迹。

商代饮酒之风盛行，是我国酒文化的第一个高峰。当时，由于酿酒业发展迅速，青铜器制作技术不断提高，酒器的制造也前所未有的繁荣。从考古资料来看，几乎每一位商代贵族的墓葬中都随葬大量青铜酒器，其中包括饮酒用的觚、觯，温酒用的爵、角、斝，盛酒用的尊、觥、壶、卣，等等。一座商代晚期的大墓里甚至能随葬一百多件酒器，这些酒器的制造之精、数量之大，令人叹为观止。人们还发现了一个有趣的现象：在商代墓葬中，酒器大都放在木椁之内，而饮食器大都放在椁外。可见，商代时期的贵族对酒的喜爱远远超过了饮食，即便死后也要把酒器放在离身体近一些的地方。

在发掘出土的商代墓葬中，关于酒的实物屡见不鲜。1994 年，山东滕州前掌大商周贵族墓地 11 号墓出土的罍、提梁卣中装有液体，据推断，可能为当时的酒。1973 年，河北藁城台西商代遗址出土了目前世界上最早的酒曲实物。1983 年，河南安阳殷墟商代遗址出土了一件装有 1500 克液体的提梁卣，液体呈乳白色，略微发黄，经化验，其中含有乙醇。另外，在河南信阳罗山县蟒张乡天湖村商代墓地出土的一件青铜卣内发现了密封良好的酒，经成分检测，每 100 毫升酒内含有 8.239 毫克甲酸乙酯，带有果香气味。诸多关于酒的实物的发现，进一步佐证了商代饮酒世风之盛。

到了西周时期，在严厉的禁酒令下，各种青铜酒器的数量急剧减少，无论是品种、数量，还是铸造水平都不能与商代同日而语。觚作为商代最重要的礼器之一，透露着封建社会的礼制，彰显着帝王将相的尊卑，蕴藏着深厚的酒文化历史，展示了我国青铜时代的灿烂文明。

（刘茜丽）

商代兽面纹铜鼎

淄博市博物馆“馆藏文物精品”展厅中陈列着一件商代兽面纹鼎，该鼎折沿，方唇，直耳，鼓腹，柱足，上腹部饰三组兽面纹，内腹刻铭文，通高 19.6 厘米，口径 16.1 厘米，重 1942 克。

在汉语中，带“鼎”字的成语如“问鼎中原”“革故鼎新”“钟鸣鼎食”等共有五十多个，这清楚地表明了“鼎”在中华文化中的崇高地位。它一直被认为是最具代表性也是最神秘的家国重器，象征着东方文明的起源，承载着中华民族数千年的璀璨文化。其实，这种古老的器物最初是古人用来做饭的炊具，其功能类似于现在的锅。

自从掌握了水和火的使用，史前居民便脑洞大开，大量地发明创造烹饪工具，饮食方式也由此产生了巨大的变化。其中，鼎就是最早被发明出来的那一拨。作为煮食工具，最早出现的鼎一般为圆腹三足，而后渐有带耳的圆鼎和方鼎问世。在陶鼎时代，人们还没有学会使用炉灶，仅是在地上挖一个火塘，在其中点燃柴火，把三足鼎牢牢地搁置于火塘之上，这样就可以在鼎腹内烹煮食物了。在炊用器具中，鼎虽然只有烹煮的功能，却使史前居民得以把谷物颗粒从生变熟，这对以稻粟为主食的华夏先民来说已经是巨大的福音——食物从此变得更好消化了。不过，当时的鼎最多只能用来蒸煮食物，因为当时人们还没掌握油脂的使用奥秘，还没发明出炒菜。同时，鼎也可以用来煮肉、熬菜汤等，古人对其中火候的掌握、调料的运用可谓得心应手。可以说，有了鼎之后，先民的烹饪技艺才开始提高。

中国最早的陶鼎出土于距今八千年的裴李岗文化，最早的铜鼎是河南偃师二里头遗址出土的三足铜鼎。传说夏禹曾收九牧之金铸九鼎于荆山之下，以象征九州，并在上面镌刻魑魅魍魉的图形，让人们加强警惕，防止被其伤害。正是由于禹铸九鼎这个传说，鼎从一般的炊器发展

商代兽面纹铜鼎

饕餮纹样

为传国重器。商汤灭夏后，将此九鼎迁至其亳都。盘庚迁殷后，九鼎随迁至此。周成王平定纣王之子武庚的叛乱后，周公旦营造雒邑，将九鼎迁至该城，并请成王亲自主持祭礼，将九鼎安放在太庙之中。东周时，楚庄王曾问九鼎轻重，张仪主张攻韩逼周夺鼎，均未能得。至秦灭周，九鼎为秦所得，后不知所终。

周代用鼎有着严格的等级规定，如天子（即周王）用九鼎，诸侯用七鼎，大夫用五鼎，士用三鼎或一鼎，而普通人则不能用。如果超越上述规定，就叫作“僭越”，要受刑罚。

兽面纹又称饕餮（tāotiè）纹，是中国的一种传统纹饰，是突出动物面部的抽象化图像，形态狰狞可怖，盛行于史前、商代和西周时期。饕餮为传说中一种贪食的恶兽，也比喻贪婪凶恶的人。《左传·文公十八年》：“缙云氏有不才子，贪于饮食，冒于货贿，侵欲崇侈，不可盈厌，聚敛积实，不知纪极，不分孤寡，不恤穷匮，天下之民以比三凶，谓之饕餮。”杜预注：“贪财为饕，贪食为餮。”饕餮纹的布局一般以鼻梁为中线，两侧作对称排列，呈兽面形象，大眼、有鼻、双角，通常没有下唇。饕餮纹是古人融合了自然界各种猛兽的特征，同时加以想象形成的，其中兽的面部巨大而夸张，装饰性很强。饕餮纹这种名称并不是古时就有的，而是金石学兴起时，由宋人所取。最先采用饕餮纹这个称谓的是北宋吕大临的《考古图》一书，而目前所知最早的饕餮纹出现于浙江良渚文化的玉钺上。商代青铜器上的饕餮纹凶猛庄严，结构严谨，制作精巧，境界神秘，代表着青铜器装饰艺术的最高水平。

淄博市博物馆的这件兽面纹铜鼎造型饱满大方，饕餮纹饰精美，工艺严谨，于古朴厚重之中带着威严。它静静地陈列在展柜中，透出一种稳重、沉着又“一言九鼎”的王者气息，仿似一位君王目空一切的藐视，举手投足便可指点江山，鼎定乾坤。

（张宝）

商代“叔龟”铜觯

淄博市博物馆藏有一件商代铜觯，此觯为椭圆体，侈口，束颈，鼓腹，高圈足外撇。觯颈部饰数道弦纹，圈足内有阳铭文“叔龟”二字。铜觯高13厘米，口径7.9厘米，底径7.1厘米。该器是1987年5月，桓台县田庄镇旬召村农民在村东北侧的高坡地上取土时发现的，与铜觯同时被发现的还有铜鼎1件、铜铃4件、铜戈1件、铜觚1件，共计8件器物。

东周时期就有觯的相关记载，如《仪礼·乡饮酒礼》记载“主人实觯酬宾，阼阶上北面，坐奠觯，遂拜执觯兴”，郑玄注：“酬，劝酒也。酬

商代“叔龟”铜觯

之言周，忠信为周。”贾公彦疏：“此解主人将酬宾，先自饮之意……示忠信之道，故先自饮。”又如《礼记·礼器》记载：“宗庙之祭，贵者献以爵，贱者献以散，尊者举觯，卑者举角。”《说文》载：“觯，乡饮酒角也……觯受四升。”《仪礼》成书于东周，《礼记》约成书于西汉，《说文》成书于东汉。由此可知在东周和汉代，觯被视为一种酒器，且根据《礼记》记载可知，觯也被用作礼器。但是文献中的觯究竟是什么形制，尚无明确记载。其与现在定名为觯的器物是否为同一种，还不能确定。

关于青铜觯的著录，最早可见于北宋吕大临的《考古图》，但当时还未定名为觯，而是多被归为卣。觯其名最早或源于北宋王黼编纂的《宣和博古图》。而在考古发掘中至今未发现有自名为觯的青铜器。

关于青铜觯的用途。从铜器组合角度来看，青铜觯出现于商代后期，但并未占据主要地位，通常是作为觚、爵等基本组合的陪衬。但是到了西周早期，爵、觚的基本组合逐渐变为爵、觚、觯，甚至是爵、觯的组合，可见觯开始取代觚。由此亦可知觯和觚的用途相近，觚为饮酒器，觯也当是饮酒器。再从造型特征来看，觯多为圆形或椭圆形，敞口，束颈，深鼓腹，高圈足，早期多有盖，晚期逐渐变得瘦长，整体高度多在20厘米以内。微侈口利于液体的流出，束颈、鼓腹以及十几厘米的高度利于用手持握，深鼓腹可以增加容量，带盖可以起到保温的作用。西周中期，觯逐渐向细高、大喇叭口方面发展，不再适宜用作饮酒器，觯也就逐渐衰落。所以从考古资料和自身造型特点，包括前面的文献记载等几个方面分析，青铜觯当是饮酒器。

在此件青铜觯的圈足内还铸有铭文。关于二字的释读，李孝定在《金文诂林附录》中认为，上文不知何字，下文应是龟字。而《殷周金文集成》中将同类的字释为“弔龟”。关于二字的意思，“弔”一是作为伯仲叔季的叔字，二是通“淑”。而在《说文》中释“弔”为：“问终也，古之葬者，厚衣之以薪。从人持弓。会驱禽。”意义同今天的“吊”字。“龟”字代表的意义，一说指代龟族，即奄族。《史记·周本纪》：“召公为保，周公为师，东伐淮夷，残奄。迁其君薄姑。”此件器物可能是奄族之物。关于此铭文的解释，另有一说认为两字为合文，读作“叔龟”，是一人名。

此件“叔龟”铜觯的发现，为研究商奄、薄姑的地望所在及族名徽识等提供了重要的实物资料。

（么彬）

春秋叔孙氏戈

淄博市博物馆现藏有一件春秋时期青铜戈，戈通长 18.7 厘米，内宽 2.9 厘米，阑长 9.9 厘米，援长 12.5 厘米，重 202 克。援略上扬，内部平直，中有一横穿，胡部阑侧三穿，援、胡均有刃。援、胡近阑处刻铭文“叔孙氏监戈”。戈身有绿斑锈痕。

“戈”是古代兵器中的一种“勾兵”，用于钩杀，由铜质的戈头、木或竹柲、柲上端的柲冒和下端的铜镈四部分构成。戈头每一部分都有专名：主要刃部称“援”；援末转折而下的部分称“胡”；嵌入木柲的部分称“内”；援末和胡上穿绳缠柲的小孔称“穿”。商代戈有三种形式：直内戈、曲内戈、有銎可以插柲的戈，一般没有胡。商末出现有胡的戈。西周的戈多短胡，有一穿至二穿。春秋战国的戈多有三至四穿，更便于固定在柲上，同时援变得狭长而扬起。有的把无胡有銎的戈称作“瞿”，把援体呈

春秋叔孙氏戈

三角形的戈称作“戣”。

该戈所刻铭文“叔孙氏”应即鲁桓公三子叔牙之长子公孙兹。

春秋时期，鲁桓公有四子：老大子同，老二庆父，老三叔牙，老四季友。老大子同即鲁庄公，生子般。公元前662年，鲁庄公得重病，向叔牙询继承人的事，叔牙回答说：“庆父有才能。”鲁庄公又向季友询问，季友回答说：“臣会以死来侍奉子般。”鲁庄公说：“刚才叔牙想立庆父，怎么办？”季友就派人以国君的名义，用毒酒毒死叔牙，说：“喝了这个，你的后代在鲁国还可以享有禄位。如果不喝，你死后你的后代也没有禄位。”就这样，叔牙喝了毒酒。鲁国便立叔牙的长子公孙兹为叔孙氏。

叔孙氏家族同当时鲁国的孟孙氏、季孙氏家族合为鲁国三大贵族。他们三家因同出自鲁桓公，所以史称“三桓”。

自宣公起，鲁国日益衰弱，国政被操控在以季孙氏为首的“三桓”手中。《论语》里曾记载了这么一件事：三家者以《雍》彻，子曰：“‘相维辟公，天子穆穆’，奚取于三家之堂？”这段话的意思就是，鲁国的孟孙氏、叔孙氏、季孙氏三家贵族在祭祀完祖先后，命人唱《雍》这首诗。孔子说，这诗歌唱的内容很明白，周天子祭祀时诸侯在一旁助祭，天子则主持，这三家贵族都没资格参与，怎么敢用这样的诗歌祭祖？孔子对此愤怒不已，他曾经试图改变卿大于公的局面，但是在“三桓”强大的实力面前无能为力。鲁国末年，“三桓”强盛，政权基本上由三家把持，而公室微弱如同小侯。“三桓胜鲁如小侯，卑于三桓之家。”礼崩乐坏，是孔子一辈子最痛心的事情。

叔孙氏戈便是一件叔孙氏家族的珍贵遗物，为研究鲁国“三桓”家族提供了重要的实物资料。

（夏林峰）

齐刀币

中国的货币不仅历史悠久而且种类繁多，形成了独具一格的货币文化。从贝、玉、石、金、银、铜、铁、铅、锡到麻布、棉布，从贝币到银圆、铜圆，中国的货币形态也在不断地变化当中，其中，春秋时期齐国铸造、流通于整个山东半岛的刀形币就是我国古代货币形态中富有特色的一支。齐刀币为铜质，铸工精良，形态优雅，文字生动，存世稀少。在淄博市博物馆“古代淄博”展厅内，我们可以欣赏到几枚珍贵的刀形币，由此遥想当年齐国百工云集、商旅不绝的繁荣景象。

春秋战国时期位于我国东部沿海地带的齐国，是著名军事家、传奇人物姜子牙的封地，它濒临大海，得鱼盐之利，又有明君齐桓公、齐威王，贤臣管仲、晏婴、孟尝君等人的治理，遂出现了国力强盛、军事发达、经济繁荣的景象。交易是当时民间日常生活中的大事，诚如《管子·乘马》所说，“无市则民乏矣”。伴随着经济的不断发展，齐国铸造了一种形状像手工业和日常生活使用的工具“刀削”的青铜铸币，称为“刀币”。汉代才女卓文君曾有“男儿重意气，何用钱刀为”的诗句，“钱刀”即指春秋战国时期的刀币。

齐刀币由刀首、刀身、刀柄和刀环四部分组成。刀首近于三角形，刀身和刀柄是大小相近的两个长方形，刀环呈圆形，这几种几何形体巧妙地组合在一起，形成了一种平稳、周正、丰满、圆润的形象美与和谐美。齐刀币含铜量达到了百分之七十以上，是同时期刀币中的代表作，也是最早铸行的刀币。

目前已经发现并著录的齐刀币有“齐法化”“齐之法化”“安阳之法化”“节墨之法化”“齐建（返）邦踬法化”等数种。“法化”是标准货币的意思。“节墨”“安阳”“齐”均为地名，“节墨”即今山东即墨，“安阳”当

齐刀币

为今山东曹县一带，“齐”指齐国都城临淄。无论哪种齐刀币，面、背均有文字或饰纹，齐刀币的背文多为纪地或吉语单字，也有符号。为了称呼方便，钱币学家根据刀币正面字数的不同，称它们为三字刀、四字刀、五字刀和六字刀。

学界一般认为年代最早的齐刀币是四字刀“齐之法化”，铸造于公元前685年至公元前643年之间。当时齐桓公任用管仲为相，致力于改革，尤其鼓励商贸，将“商”与“士”“农”“工”并举为国家的经济支柱，致使“天下商贾归齐若流水”，于是“桓公铸币于庄山”，刀币“齐之法化”应运而生。四字刀“齐之法化”长约17厘米，宽2.8厘米，面文瘦劲有力，朴拙秀雅，背文接近刀首部有三条横纹，下标一竖线，是纪值。

五字刀“节墨之法化”和“安阳之法化”是齐国兼并古莱国和莒国

后，分别在它们的都城节墨和安阳铸造的。“节墨之法化”俗称“即墨刀”，现传世的“即墨刀”有大小两种，大型的长 17 厘米，有人认为其制作时间早于“齐之法化”；小型的长 14 ～ 16 厘米，年代较晚，制作都十分精细。这两种刀背文都是大型的篆字，钱文篆法凝重，线条疏匀，毫不逊于钟鼎文字，在齐刀币中堪称上乘。“安阳之法化”俗称“安阳刀”，文字比“齐之法化”略显粗壮，通长 18.5 厘米左右，宽 2.8 ～ 2.9 厘米，也有小型的。

四字刀和五字刀为姜姓齐国（公元前 386 年之前）时期的铸品，刀面外廓高于柄部，廓线于交口处中断，淄博市博物馆“古代淄博”展厅内的几枚即是。而三字刀和六字刀是田姓齐国时期的铸品，特征是外廓的廓线与刀柄直连不断。

田氏代齐后，新的封建统治者变法革新，将货币铸造权从地方统归到中央，并铸行了三字刀“齐法化”，作为田齐建国以后通用的法定货币。这种刀币出土数量最多，流通范围最广，流通时间也最长。“齐法化”通常长 17.8 ～ 19 厘米，宽 2.6 ～ 3 厘米，重 40.8 ～ 52.4 克。三字刀作为国家法定的统一货币，铸造工艺考究，文字为古篆体，严谨古朴，精致细挺，疏密均匀，平衡对称。

据《周礼·冬官·筑氏》记载，“筑氏为削，长尺博寸，合六而成规”，即三字刀能“六合成规”，“规”是“圆”的意思，即将六枚三字刀首尾依次衔接起来，可以构成一个非常规则的大圆环，战国时期高超的铸钱工艺足令今人叹绝。

北宋与欧阳修齐名的诗人梅尧臣，一次在刘敞家饮酒时，刘敞就以二枚古钱向他劝酒，一枚是三字刀，另一枚是王莽的金错刀。饮酒尽兴，梅尧臣即赋诗以表谢意：“探怀发二宝，太公新室钱。独行齐大刀，镰形末环连。文存半辨齐，背有模法圆。次观金错刀，一刀平五千。精铜不蠹蚀，肉好钩婉全。为君举酒尽，跨马月娟娟。”诗中也描述了三字刀能“六合成规”的特性。

六字刀“齐建（返）邦蜋法化”，又称“建邦刀”或“返邦刀”。公元前379年，田氏并齐，虽然国仍号齐，但已换了主人。田氏为了纪念开国这一重大事件，添铸了“齐建邦蜋法化”刀币。六字刀通长18.5厘米，重45克，大小、轻重之制一如同期“齐法化”“安阳之法化”。纪念刀币铸量很少，最为珍稀，也最享盛誉。不过，面文第二个字另考释为“造”“通”“徙”“返”，到现在还没有定论，从而也影响到对该币种铸期的认定。“造邦”“建邦”意同，而“返邦”有可能指襄王由莒返齐一事——公元前279年，齐国大将田单在即墨城大摆火牛阵击退了燕军，迎襄王于莒，入临淄主持朝政。但无论哪种考释，其所铸纪念币在中国货币史上都是最早的。“齐建（返）邦蜋法化”开纪念币之先河，丰富了我国的货币文化，对后世货币的发展也产生了重要影响。它的出现是齐国货币制度发达的具体反映。

秦朝统一货币之前，刀币一直是各国法定货币，齐刀币见证了春秋乱世，也见证了江山一统的辉煌壮举，是不可多得的时代产物。秦国统一六国后，将历代异形钱币的样式统一改为外圆内方的形状，流通了数百年的齐刀币随之退出了历史舞台。但是，齐刀币因铸造精良、造型古朴典雅、币文生动俊秀，为历代收藏家所珍爱、追捧。

（孙宜）

战国白玉透雕龙螭环

白玉透雕龙螭环，1992 年 9 月出土于淄博市临淄区商王村一号战国墓中，现藏于淄博市博物馆，为国家一级文物。环外径 11 厘米，内径 6.1 厘米，厚 0.4 厘米。

白玉透雕龙螭环呈乳白色，玉质晶莹，光泽度强，纹饰精美。通体采用透雕、阴刻、隐起技法，整件器物显得玲珑剔透、富有立体感。在造型和装饰上分内外缘和中部纹饰带三部分，内外缘各占肉部四分之一，并雕饰较粗的绞丝纹；中部纹饰带占肉部的二分之一，透雕双龙双螭分踞上下，左右对称，双龙以表现其侧面为主，曲颈回首，身体呈“S”形，尾部勾卷，刻绞丝纹；双螭则主要刻画其俯视形象，口衔龙尾，身体扭曲，

战国白玉透雕龙螭环

四足作行走状，尾部修长。为了增加动感和装饰效果，龙螭的身体和尾部透雕出飞翼和云纹，使玉环充盈着强烈的动感与生机，给人一种轮回无穷的感觉。

白玉透雕龙螭环出土于临淄商王村一号墓。从墓中出土的器物铭文看，墓主为女性，名为“音子”，又有“菱陵夫人”之称，下葬时间在秦昭王四十一年（前266）之后，时代属战国晚期。该墓所出玉器均位于棺室之内，玉璧覆盖在死者的脸部和胸腹部，腰部至腿部有一套组玉佩，臀部两侧各有玉环一件，右为白玉透雕双龙环，左为白玉透雕龙螭环。由于棺椁塌陷，两件玉环皆有断裂。

环作为两周时期佩饰的重要器形，在齐国发现的数量不少，如临淄朗家庄东周墓、济南章丘绣惠女郎山战国墓、临淄东古一〇〇九号墓和临淄南马坊一号战国墓均有出土，但质地一般为玉髓、玛瑙、水晶、滑石等。除滑石外，其他当是死者生前佩戴之物。以玉髓、玛瑙、水晶环为挈领的组玉佩，晶莹温润，色泽艳丽，特点鲜明，别具一格。

在商王村一号战国墓中，玉环出土于臀部两侧，正是死者双手放置之处，应是佩饰。环一般都是作为一组玉佩的挈领之物来使用的。《礼记·经解》曰：“行步，则有环佩之声。”《说苑》亦云：“经侯往适魏太子，左带羽玉具剑，右带环佩，左光照右，右光照左。”将佩玉称为环佩，正是此意。临淄郎家庄东周墓、洛阳中州路一三一六、二七一七号战国墓等均出土了以环为挈领的玉饰。信阳楚墓二号墓和江陵武昌义地楚墓出土的木俑衣服彩绘上，更明确地描绘了由环、瑗、璜、玭珠组合的玉饰。汉代的佩玉比以前有所简化，南昌东郊一四号西汉墓中出土的牙雕舞女像，所刻玉佩只有一环、一菱形玉饰和一牙冲而已。由此看来，商王村一号墓中的玉环也应是作为佩玉而随葬的。从出土的玉器和位置分析，墓主人可能佩戴了两组甚至三组佩饰，至于各组配饰是如何组合的，还有待进一步研究。

环作为佩饰的重要器形，在《尔雅》中被列入璧类，《尔雅·释器》云：“肉倍好，谓之璧；好倍肉，谓之瑗；肉好若一，谓之环。”同时环与玦又有一定关系，韦昭曰：“玦如环而缺。”据此推测，环可能与璧、玦的原始内涵相同或相近，虽然璧、玦在古代礼仪和礼制中被赋予的含义十分丰富，但从以上论述和《周礼》中“以苍璧礼天”的记载看，它们最初应与人们对天帝、上苍和太阳的原始崇拜有关。至于环，郑玄注云：“取其无穷止。”这里所说的“无穷止”，也正是太阳在天空中回环运转以至无穷的写照。当然，随着社会的发展，人们不断赋予其更多的社会内涵，但同时其原始意义则逐渐被淡化或遗忘，以至于后来由于它与“还”读音相同，而被用来表示“归来”“归还”义。《荀子·大略》云：“绝人以玦，反绝以环。”杨倞注曰：“古者臣有罪，待放于境，三年不敢去，与之环则还，与之玦则绝。”实际上环、玦是古代社会交往的信物，并非仅用于罪臣的还与不还。与之环，就是希望对方能够早日归来，表达了给予者想要再见到对方的良好愿望，与今天的“再见”意思相同，只是形式更加庄重。对佩戴者而言，环可能还具有希望自己诸事顺利、平安归来的寓意。

（孙益民）

战国白玉透雕龙凤纹佩

白玉透雕龙凤纹佩，1992年出土于临淄商王村一号战国墓中，现藏于淄博市博物馆，为国家一级文物。玉佩高4.3厘米，宽8.8厘米，厚0.4厘米。

白玉透雕龙凤纹佩整体扁平，呈乳白色，两面雕琢相同的纹饰，主体造型为此类玉器常用的双首龙形。双龙引颈高昂，左右对称，龙首透雕，尖卷唇、张口、利齿、杏仁目，角向后，前足伏地，作腾空状，身体弯曲上拱呈“门”字形，其上饰相互勾连的卧蚕纹。在“门”字形之内透雕一对凤鸟，勾喙、长冠、挺胸、振翅、尾内卷，双凤张喙而鸣，对视而立，形如对歌起舞。在玉佩的上部正中突出一菱形钮，钮上穿一孔，用于佩戴，在双龙颈下方也各有一个穿孔，以穿系其他串饰。此佩因玉质好、造型美、雕琢精、艺术价值高而备受珍视。

龙与凤是中国古代装饰和造型艺术中常见的题材，它们起源早，延

战国白玉透雕龙凤纹佩

续时间长，涉及领域广，在中国古代美术史中占有重要地位，特别是在玉器制作方面，以龙凤为表现题材的作品更是十分常见。但就艺术形象和表现形式而言，它们不仅因时代不同、文化不同而千差万别，而且同一时期的不同作品也各有不同。例如，红山文化的玉雕龙，形体呈“C”形弯曲，如人在胚胎时期的造型，给人以幼稚之感；商代的玉龙头大身短，显得凶猛威严、狰狞可怖；战国秦汉时期玉龙的身体舒展矫健，飘逸洒脱，动感强。同是战国晚期的龙凤佩，除具有相同或相似的时代特征外，其造型布局和龙凤神态诸方面无一类同。

龙凤之所以给人以如此广阔的想象空间，具有如此众多的艺术形式，恐怕是因为它们都是人们想象的神话中的动物形象，而非现实的具体的动物。《说文》云：“龙，鳞虫之长，能幽能明，能细能巨，能短能长，春分而登天，秋分而潜渊。”在古代神话传说中，龙有多种，《广雅》云：“有鳞曰蛟龙，有翼曰应龙，有角曰虬龙，无角曰螭龙。”《述异记》卷上曰：“水虺五百年化为蛟，蛟千年化为龙，龙五百年为角龙，千年为应龙。”另外，还有烛龙、苍龙、蟠龙等，以色分之亦有黄龙、青龙、白龙、玄龙之别。关于凤，《说文》云：“凤，神鸟也。天老曰：‘凤之象也，鸿前鹿后，蛇颈鱼尾，鹳颡鸳思，龙文虎背，燕颔鸡喙，五色备举。出于东方君子之国，翱翔四海之外，过昆仑，饮砥柱，濯羽弱水，莫宿风穴，见则天下大安宁。’”可见龙与凤均是多种动物之某一特征的集合体，而且变化无定势。无论神话传说还是艺术作品，都是古代超现实主义思想的产物。龙凤佩所处的时代，正是这种超现实主义思想高度活跃和发展时期，可以说它既体现了那个时代的神话传说，又是那个时代人文思想的集中反映，具有强烈的时代特征。

龙凤既是神话的产物，又具有历史的影子，是上古祖先图腾崇拜的孑遗。在氏族社会里，龙与凤是作为氏族的祖先和保护神而存在的，《广博物志》卷九载：“盘古之君，龙首蛇身，嘘为风雨，吹为雷电，开目为昼，闭目为夜。”《帝王世纪》载：“炎帝神农氏，姜姓也，母曰任姒，有蟜氏之女，名女登，为少典正妃，游于华山之阳，有神龙首感女登于常羊，生炎帝。”《史记·天官书》云：“轩辕，黄龙体。”《史记·封禅书》载：“黄帝采首山铜铸鼎于荆山下，鼎既成，有龙垂胡髯下迎黄帝，黄帝上骑。”这就是说，自盘古以来，炎帝、黄帝等都是龙的后裔。据学者考证，炎帝和黄帝部族大致居于中原地区，后来炎帝在与黄帝的战争中失败而向南迁徙。《史记·夏本纪》中有“鸟夷皮服”的记载，鸟夷即是以鸟为图腾的一支东夷人。《左传》记载少昊氏以鸟名官，凡“五鸠”“五雉”“九扈”等二十多个氏族，其中爽鸠氏就生活于古代齐国之地。《左传·昭公二十年》曰：“昔爽鸠氏始居此地，季荝因之，有逄伯陵因之，薄姑氏因之，而后大公因之。”

蚩尤曾为东夷部族的酋长，据记载，以炎黄为代表的中原部族，与以蚩尤为代表的东夷部族也发生了一场战争，双方战于涿鹿，蚩尤战败被杀。涿鹿之战以后，黄帝建立了相对统一的部族联盟，“诸侯咸尊轩辕为天子”，可以说这是一场龙凤大战，也是一次以龙为主要代表的民族大融合。由于黄帝在战争中取胜并赢得“天子”的统治地位，龙则成为部族联盟的共同象征。并且随着民族融合的不断扩大，龙被赋予的特征也不断增加，最后成为整个中华民族的象征；而凤则为太阳的化身，成为百乐歌舞的主管。在封建制度下，龙凤形象被最高统治者用作皇权的象征，从深层含义讲，龙凤图案不仅具有对上古历史的回味，而且也有对民族统一、天下太平的祝愿和期盼，它融入中华民族的历史，代表了中华民族的追求，这或许是龙凤题材长久不衰的内在原因。而龙凤纹玉佩之所以如此受人喜爱，除了玉质温润、雕琢精美、具有很高的艺术价值和收藏价值之外，它所包含的民族历史内涵也是重要方面，更应被炎黄子孙看重。

（李鸿雁）

战国白玉透雕龙虎纹佩

白玉透雕龙虎纹佩，1992 年临淄商王村一号战国墓中出土，现收藏于山东省淄博市博物馆，为国家一级文物。玉佩通高 4.3 厘米，宽 7.9 厘米，厚 0.35 厘米。

此件龙虎佩造型一反常见玉佩的对称布局，采用一边雕龙、另一边琢虎的非对称布置。龙首曲颈平伸，长角、无须、突目；虎首引颈高昂，短耳、长须、杏仁目。龙虎均蛇身，呈“S”形弯曲，腹部各饰云朵纹，尾部弯曲相对。在龙虎首颈之间各雕一只凤鸟，立于尾部之上，鸟首居中，尾部上翘，身体弯曲近方形，宛如两只孔雀亭亭玉立，给人以回首顾盼的感觉。在龙虎和凤鸟的身躯边缘，均以单阴线刻出轮廓，身体之上也用单阴线或双阴线作装饰，给人强烈的扩张、凌厉之美，令人叹绝。

《礼记 · 玉藻》云：“古之君子必佩玉……君子无故玉不去身，君子于

战国白玉透雕龙虎纹佩

玉比德焉。”孔子在《礼记·聘义》中解释君子贵玉贱珉的原因时说：“昔者君子比德于玉焉，温润而泽，仁也；缜密以栗，知也；廉而不刿，义也；垂之如队，礼也；叩之，其声清越以长，其终诎然，乐也；瑕不掩瑜，瑜不掩瑕，忠也；孚尹旁达，信也；气如白虹，天也；精神见于山川，地也；圭璋特达，德也；天下莫不贵者，道也。诗云：言念君子，温其如玉。故君子贵之也。”两周时期，玉作为人格与品德的标志而被赋予了仁、义、礼、乐等多种美德，仁人贵族争相佩玉，由此产生了在中国玉器史上占有重要地位的组玉佩，出现了一批雕刻精美的佩饰。

我们今天名之为“龙虎纹佩”，在古代它叫什么呢？《诗经》毛传曰：“杂佩者，珩璜琚瑀冲牙之类。”郑玄注引《诗经》曰：“佩玉，上有葱衡，下有双璜冲牙，玭珠以纳其间。”珩即衡，同音通假。《说文》载：“珩，佩上玉也。”即珩是位于组玉佩上部起平衡作用的玉佩，至于其形状如何，文献中没有描述。目前发现的春秋到两汉的玉佩中，可以用于上部起平衡作用的玉器很多，除一些璜形器外，另有独体龙形佩和双首龙形佩两种，它们应是文献中所说的衡或珩。战国中期中山王墓中出土的一件独体龙形佩即自名“它玉玉珩”，其造型虽不对称，但钻孔处于中心位置，起到了平衡作用，并使其具有很强的运动感。双首龙形佩一般都是对称布局，左右平衡，如临淄商王村一号战国墓中出土的一件透雕龙凤纹佩即是如此。但此类玉佩也有不对称者，如台湾蓝田山房收藏的一件战国早期龙形佩、台湾震旦文教基金会收藏的一件战国早期龙形佩、1974 年陕西西安北郊龙首村汉墓出土的一件双首龙形佩等，它们和独体龙形佩一样，虽然造型不对称，但是仍然通过中心原理而达到左右均衡的目的。上述西安出土的双首龙形佩，在其佩体的中部就有三个穿孔，显然是当时寻找中心的结果。临淄商王村一号战国墓出土的龙虎佩，不但造型不对称，而且亦非双首龙形，这在同类佩饰中是少见的。这种不对称，可能是受到玉材形状的限制不得不因材琢制的结果，也可能是当时时代风格的体现，即打破视觉平衡，追求形式变化，增加造型动感。从《国语·晋语》“白玉之珩六双”看，珩一般成对出现，临淄商王村一号墓即出土两件珩类玉佩，与文献记载正相吻合。

此类玉佩之所以称之为“珩”，还有另外一方面的原因。《说文》云：“珩，佩上玉也，所以节行止也。”《左传·定公五年》载：“六月，季平子行东野。还，未至，丙申，卒于房。阳虎将以玙璠敛，仲梁怀弗与，曰：‘改步改玉。’”步者，何也？《礼记·玉藻》有这样的记载：“古之君子必佩玉，右徵角，左宫羽，趋以采齐，行以肆夏，周还中规，折还中矩，进则揖之，退则扬之，然后玉锵鸣也。”就是说，君子在一定的场合，要有一定的行为规范，进退揖扬要符合身份要求，否则行止无节，佩玉碰击发出的音响就会杂乱无章，就会影响君子的风范。言外之意是，君子的行为要与他们的身份相一致，不能降低标准，也不能有僭越之嫌。鲁定公五年，执掌鲁国大政三十余年的季平子死于房邑，家臣阳虎想用国君所佩戴的鲁国之宝玙璠来为主人敛葬，而季平子的另一家臣仲梁怀却不同意，并要求“改步改玉”。他的理由是：昭公出奔，季平子行君事，佩玙璠以祭祀宗庙；但现在定公已经即位，季孙氏就应复臣位，改臣步，佩臣子应佩的玉饰，不应再用玙璠敛葬。可见用佩玉来规范统治者的道德行为是当时礼乐制度的重要内容，并为大家所普遍遵守，像季平子这样权倾一世的人物亦不可越之。

（夏敏）

战国包金龙凤纹铜镦

淄博市博物馆“馆藏文物精品”展厅中陈列着一套铜器——铜镦，它金光闪闪、熠熠生辉，十分引人注目。该铜镦长 12.3 厘米，宽 2.8 厘米，厚 1.9 厘米，1992 年出土于临淄商王墓地战国晚期墓中。

铜镦通常与铜铍组合成类似长矛的武器。最前端为铜铍，关于铜铍，我国最早的古文字学文献——东汉许慎著的《说文》中用“大针也，一曰剑如刀装者”来解释铍的概念。镦和铍中间以长柄相连接，镦即为最下部的“把手”。铜镦近扁椭圆柱状，两面铸饰浅浮雕龙凤纹，镦上部饰宽带弦纹，镶一圈包银圆箍，将镦和纹饰分成上下呼应的两个部分。镦上部约占三分之一，两面各饰一龙一凤；下部约占三分之二，两面饰双龙双凤。龙张口曲体，鳞甲玲珑，足趾粗壮锋利，盘绕于凤尾之上，神态生动。龙凤的爪甲皆包银，与金黄色相得益彰。凤曲冠弯喙，昂身直立，羽翼舒展。放大观之，羽毛之上的点、线刻画精巧工整，纤细入微，一丝不苟，系包金工艺完成以后，再利用针刻工艺进行二次加工，最终呈现出更加富有层次感的艺术效果。该铜镦不仅铸造工艺精湛，包金技艺纯熟程度也令人称道，虽制作年代久远，时至今日仍金光灿

战国包金龙凤纹铜镦

灿，熠熠夺目，尽显王者风范。

包金工艺最早见于商代，西周、春秋战国时期应用较广，但多用于铜泡、铜贝、铜矛柄等小件器物表面的装饰。金具有较强的抗拉性和延展性，可碾成厚度为0.025毫米的箔片和拉成直径仅0.001毫米的箔丝，包金工艺便是充分利用了金的这种特性。它的制作技法大致是：首先将金块捶揲成极薄的金箔片，然后包罩于青铜器表面，最后再以锤敲打密实，使凹凸纹理自然如胎体表面即成。古法制金箔的步骤是：先将金提纯，后经千锤百炼的敲打，将其制成金叶，再经过手工锤打，使金叶成箔，面积相当于金叶的四十倍左右，再裁成方形即成。在实际运用中，这种金箔极薄而所包罩的面积也相对较小，可以不用黏着剂，只需用轻力捶压，就可将其牢固地贴附于器物表面，制作工艺相对简单。直至战国时期，包金工艺仍然非常流行。据文献记载，秦汉时期，皇帝乘坐的车称“金根车”。《后汉书·舆服志上》中的“金薄缪龙，为舆倚较”，大概指的就是包金或贴金工艺。相关考古材料的发现也印证了齐国该工艺的发达。齐国墓葬中较早出土的青铜器金箔制品及包金工艺的实物资料，为山东临淄郎家庄东周墓中出土的一批金箔和10枚贝形包金铜泡。其中一片金箔的厚度仅为0.04毫米，其上有蟠龙纹压印痕，据推测应贴附于铜器表面。这批实物的发现，反映了这一工艺技法在东周时期已相当成熟。

淄博市博物馆藏的该件包金铜镦，铸造工艺精湛，纹饰图案精美，代表了齐国包金工艺的最高水平。一件武器却配以精美的龙凤纹和豪华的装饰工艺，可见它的主要功用已不再是行军打仗，而是军队仪仗用器。泱泱大国之风范，由此可见一斑。它同时也成为研究古代冷兵器、齐国军队史以及齐国青铜器艺术等问题的重要实物资料。

（刘骏）

战国错金银铜盒

此错金银铜盒高 12.4 厘米，口径 12.5 厘米，腹径 15 厘米，底径 9.4 厘米，盖径 14.4 厘米，1992 年出土于淄博市临淄区商王村一号战国墓中，为国家二级文物。

该器为子母口，口沿部有一对环钮，腹微鼓，平底，圈足。弧形盖的顶部中央有一鼻形钮，周围装饰三个环钮。盖面和器腹部饰错金银花纹，器盖多处饰以错银细弦纹，并将纹饰划分内外两个部分。内部主要饰以龙、凤、虎、鹿的样式，双龙交尾、双鹿相抵，而外部饰以龙凤纹和虎纹。龙、凤、虎、鹿的首部错金，在身体部位错银斜线纹和鳞状纹，制作精良，而在空白部位装饰卷云纹。器腹四周错线条流畅的银细弦纹，弦

战国错金银铜盒

纹之间两条“X”形错金银卷云纹带起装饰作用，错金银卷云纹带略微倾斜，线条一实一虚，实的错金颜色艳丽醒目，虚的如卷云一般自然流畅。铜盒的内盖和内底均铸有“幼奠”两字，出土时盒内装有大枣，枣肉已干瘪，应为祭奠时所用。整件器物造型古朴端庄、高雅大气，透露着厚重的历史感，表面装饰的纹饰剥落较少，保存较为完好，蕴含了极高的历史文物价值。

错金银工艺出现于春秋时期，盛行于汉代。错金银又称金银错，这里的“错”不是错误的意思。东汉许慎《说文》载：“错，金涂也，从金，昔声。”意思是说，“错”就是把金银涂画于青铜器上。清代文字训诂学家段玉裁注释说：“错，俗作涂，又作措，谓以金措其上也。”所以，从广义上说，凡是在器物上布置金银图案的，就可以叫金银错，如用金线绣成图案花纹的背心，汉代就叫“金错绣裆”；在漆器上做金银图形的，叫“金漆错”。

金银错制作工序繁多，较为复杂。首先要在器物的表面刻画所需图案的凹槽，一般是在器物的母范上预刻纹饰凹槽，有少数特别精细的纹饰是在器表先绘墨迹，然后根据纹样直接錾刻浅槽，随后向凹槽中嵌入金、银等各种材料。在嵌入前，这些材料大都要用火适当加温，以增强它的可塑性，其后用厝石磨错，使嵌入的金、银丝或片等和器表高低一致，达到严丝合缝的效果。最后在器表用木炭或皮革加清水反复打磨，使之光滑平整。这种特殊工艺的特点就是使器表本身材料和金银错色彩的图案形成鲜明的对比，更加突出装饰作用。不过也有学者认为，从一些战国秦汉金银错铜器金错纹饰脱落的地方看，脱落处并没有丝毫凹痕，其金银错纹饰明显是用融化的金银涂成的，并未使用镶嵌和錾刻工艺。

错金银工艺使青铜器富有高贵典雅的美感，受到王室贵族的青睐。中国国家博物馆藏有一件春秋时期的栾书缶，据考证，它是晋国贵族栾书的铸器。战国至西汉时期是错金银工艺最为发达的阶段，在兵器、礼器、车马器、铜镜、带钩等各类器物中均能看到线条活泼流畅、纹饰繁缛精美、图案鲜明跃动的错金银装饰。洛阳博物馆收藏的错金银带流铜鼎、河南三门峡出土的错金龙耳方鉴、河北中山靖王刘胜墓中出土的错金博山炉等精品文物，充分展现了错金银的独特魅力。

西汉以后错金银工艺逐渐走向衰落，但衰落并不意味着消亡，乌铜走银和鎏金都是在继承错金银工艺的基础上发展而来的。匠心独具的错金银工艺并未因千年时光的流逝而褪色，相反为越来越多的人所推崇和珍视。收藏于淄博市博物馆的这件错金银铜盒，以其精工细作的技艺、精美别致的造型和金银相间的纹饰，吸引着众人的目光。它是昔日辉煌历史的见证，是古代匠人聪明智慧的结晶。

（刘茜丽）

战国鎏金铜当卢

鎏金铜当卢，1992 年出土于临淄商王墓地，现收藏于淄博市博物馆。当卢整体呈长三角形，长 8.3 厘米，通宽 3 厘米，厚 0.9 厘米。该当卢表面鎏金，镂空浮雕，正面主体部分为凸面透雕双龙，龙首外向，龙的身体互相缠绕呈“8”字形，从头到尾，由宽逐渐变窄。凹面中间有一个半环形钮，并辅以变化的云纹，穿以镂空，简繁适度，丰满灵巧。这件当卢的构图和纹样给人以生动活泼、充满灵动的感觉。

战国鎏金铜当卢

当卢是古代放置于马头额部中央偏上方的一种饰件。它形式各异，较常见的一种是本体像圆甲泡，上端分出两个歧角，下边垂一长方形鼻梁，背面有几个横或竖鼻用以穿带缚扎，系于马头。

当卢在先秦时期就已出现，铜质的当卢盛行于商周时期。这种马饰品在中原地区较为多见，据考证，各种形式的当卢在商代晚期就出现了，而在我国北方地区则很少见到这种器物。即使后来鄂尔多斯青铜器兴盛以后，在北方游牧民族中也极少见到这种器物。因此，当卢可以说是中原本地的产物，特别是在其代表了一定的身份和地位后，当卢的使用和有无就显得更为重要了。淄博市博物馆收藏的这件当卢，用龙纹作为装饰，亦彰显了墓主人尊贵的身份。

龙是人们幻想出来的一种动物，其形象起源很早，是古人卜问的对象之一。古人认为它是最高的祥瑞，故将其作为崇拜的百神之一。但龙纹作为青铜器纹饰，最早见于商代，商代晚期、西周、春秋直至战国都有不同形式的龙纹出现。龙纹，又称为“夔纹”或“夔龙纹”。在中国古纹样装饰中，龙纹占有十分重要的地位，被大量装饰在玉石、牙骨、青铜器、陶瓷、织绣和服饰等方面。在封建时代，人们又将它与佛教、道教的神话结合起来，赋予其新的神秘色彩。在宫廷艺术中，更是充满了龙的装饰。龙纹作为一种普遍的文化现象，与中华民族文化的各个领域保持着广泛而深刻的联系。

这件当卢，除了采用龙纹装饰外，还使用了鎏金工艺。鎏金是古代金属工艺装饰技法之一，近代称“火镀金”或“汞镀金”。这种技术在春秋战国时已经出现，汉代称“金涂”或“黄涂”。鎏金是将金和水银合成金汞剂，涂在铜器表面，然后加热使水银蒸发，只留金附着在器物表面的一种工艺。此件鎏金铜当卢历经两千年，表面鎏金已显斑驳，但依然难掩其华丽与尊贵。它的出现，为我们研究墓主人的身份和地位提供了重要资料。

（李媛媛）

齐国瓦当

齐国瓦当

淄博市博物馆所藏的这件战国灰陶树木纹半圆形瓦当，通高 7.6 厘米，底边长 15.3 厘米。

瓦当俗称“筒瓦头”，是古代宫殿屋檐上的建筑构件，起着保护屋顶檐椽不受风雨侵蚀的屏障作用。同时，作为实用工艺美术品，瓦当能使建筑体规严而牢固、端庄而秀美，对建筑起着装饰美化效果，是我国古代建筑构件中的重要组成部分。千百年来，无数能工巧匠用自己的勤劳智慧，在小小的瓦当上面施展着自己的才华，发挥着自己的想象力，伴随着历史的脚步，为世人创造出了一个绚烂多姿的瓦当艺术世界。从半瓦当到圆瓦当，从素面瓦当到图案瓦当、文字瓦当，不同朝代不同时期的瓦当，风格迥异、仪态万方，以其浓郁的时代风格和地方特色，展示着独特的艺术魅力。

据考古资料显示，瓦当始制于西周时期，目前所知的最早的瓦当发现于陕西扶风、岐山县内的周原遗址。物华天宝的秦汉故地陕西，为秦砖汉瓦注入了永恒的生命力。秦汉瓦当，或半圆，或圆整，或浮雕动物植物，或满布篆隶文字。龙鹿龟鹤、葵叶莲瓣、吉祥语句、所属宫名等品类浩繁，数不胜数，可谓方寸之间，气象万千。

齐国瓦当有着独特的艺术风格。从造型上看，齐瓦当分为半圆形和圆形两种；从纹饰上看，有素面、图案、文字三种。较之秦、燕、赵等国瓦当，齐国瓦当具有独树一帜的风格。秦国流行各种动物图案的圆瓦当，赵国多三鹿纹与变形云纹圆瓦当，燕国主要有饕餮、双龙、双鸡和云山纹等半圆形瓦当，而齐半圆、全圆瓦当并存流行了一段相当长的时期，这在诸侯国中是独有的。春秋战国时期，由齐临淄树木双兽纹半瓦、秦雍城动物纹圆瓦、燕下都饕餮纹半瓦三大主流体系合成的战国瓦当艺术，曾是中国古代瓦当艺术的第一个高峰。

战国时期，在七雄并立的历史条件下，各国大力发展生产，吸引人才，学术思想界“百家争鸣”，瓦当艺术也因之奏响了雄浑多彩的乐章。战国时期，齐临淄流行树木双兽纹半圆瓦当。双兽多为马，也有双蜥、双虎、双鸟等。构图形式基本采取中轴对称式，一般以树木或变形树木为中轴，两侧配置双兽。后来，树木双兽纹还演变出一种树木双骑纹，有时也搭配一些尖头纹、三角纹或卷云纹等。双骑有都面向中央的，也有都朝一个方向的，它们或缓缓驻立，或拍马急驰。树枝变化一般是枝条由少到多、由简到繁，再由多到少、由繁而简。到了汉代，齐瓦当纹样日益抽象与简化，同时又吸取了许多关中和洛阳地区的云纹装饰手法，形成云纹半瓦。齐圆瓦当图案规整，常见的有卷云乳钉纹、卷云内向连弧纹等。早期的圆瓦当基本上都是由两个上下图案相同的半圆瓦当组成的，战国晚期才出现了根据完整圆面构图的圆瓦当。

瓦当素来以有字者为贵，当面上的文字大都是一些吉祥用语。齐故城瓦当中，文字瓦相对较少。半圆瓦当上的文字有“天齐”“万岁”“延寿”“未央”“亿年长富”等，圆瓦当上的文字有“千秋万岁”“长生无极”“万岁富昌”等。

齐文化源远流长，瓦当上的乳钉纹自大汶口文化时期就已出现，又在商周青铜器上出现，而云雷纹更是直接继承了商代青铜纹饰。齐文化又崇尚自然，树木、山峰、各种鸟兽等多种多样的图案美不胜收。一些研究汉画像的国内外专家看了齐瓦当资料以后表示，齐瓦当是汉画像的主要源头。

作为古老的东方艺术，齐瓦当以它特有的魅力获得了专家学者的珍爱，并多次到日本等国家巡回展出，对弘扬与传播祖国传统文化，特别是齐文化具有深远影响。当人们走进博物馆，再次审视那一块块不起眼的瓦片，发现这积淀于华夏古老文明土壤中的瓦当，就像一面面镜子，反射出中国古代的各方面文明成果，堪称古代文明的精致之品。

（刘燕）

战国青铜编钟

1992年山东临淄商王村二号战国墓中出土两组青铜编钟，每组7枚，现收藏于淄博市博物馆，为国家一级文物。编钟通高11.4 ~ 27.5厘米。

两组编钟皆为合范铸成，钟舞部和鼓部均有合范痕迹，每组大小相次，形制和纹饰相同。长方形钮，铣部内敛，于作弧形，枚突起，舞和钟腔呈扁圆形。钮、篆和枚间饰三角云纹和卷云纹，枚上铸旋纹，舞、钲和鼓部饰变体凤鸟纹，羽尾勾卷，突出钟面，凤羽之内填以细线纹和羽状重环纹以及圆圈纹。在钟腔内壁也有模印的卷云纹和凤鸟纹，纹饰清晰，与钟面纹饰毫无二致，其细微之处甚于秋毫。《吕氏春秋·古乐》篇载“听凤凰之鸣，以别十二律”，两组编钟均以凤鸟纹为饰，当与此有关。经专家鉴定，这两组编钟均属实用器，而且发音准确，音质优美动听，反映了当时高超的青铜铸刻技术，具有很高的艺术价值。

钟是古代中国重要的铜质打击乐器之一，出现于商代，兴起于西周，盛于春秋战国直至秦汉。若干个音高不同的钟、磬，有次序地编联成列，

战国青铜编钟

编钟细部

悬挂在簨簴之上，称为编钟、编磬。悬挂钟磬的架子，古称“簨簴”。编钟从西周开始成组出现，最初为6件一组或8件一组，春秋晚期编钟成9件一组，战国时期出现13件、14件一组。编钟的数量与悬挂方式有严格的等级规定，贵族的地位越高，使用编钟的数量越多、编列组合形式越高。依据礼制规定，天子宫悬（四面排列），诸侯轩悬（三面排列），大夫判悬（两面排列），士特悬（一面排列）。近年考古发现的随葬品丰富的墓葬中常常有几套编钟，这与史书记载的“其功大者其乐备”说法相符。这说明，先秦时代青铜钟具有权力与地位的象征意义。由于铜钟具有代表权力大小的色彩，统治阶级对其非常重视，并专设钟师以“掌教金奏”训教乐师，为其服务。《周礼·春官·钟师》云：“磬师掌教击磬、击编钟，教缦乐、燕乐之钟磬。凡祭祀，奏缦乐，钟师掌金奏；凡乐事，以钟鼓奏九夏……凡祭祀、飨食，奏燕乐；凡射，王奏《驺虞》，诸侯奏《狸首》，卿大夫奏《采蘋》，士奏《采蘩》，掌鼙鼓、缦乐。”由以上文献记载可知，因人们的社会地位不同，所奏的音乐不同，使用的乐器特别是编钟的规格和等级也不相同。

在礼乐制度的规范下，大量金石乐器被作为主要的随葬品葬入诸侯、世卿等高级贵族墓葬中。《周礼·春官·笙师》载：“大丧，廞其乐器，及葬奉而藏之。”西周时代的簋钟铭文中就记录了作钟目的是“用享大宗”。作为随葬品入葬的乐器，显然丧失了其演奏乐曲的功能，而是一种献祭品，表达着生者对逝者的崇敬与追思，同时也反映出了生者的期望，祈求祖先保佑和荫庇，并期望将这份荣耀传之后代，为后人带来福祉。现有的考古资料表明，随葬乐器与否及随葬乐器数量的多少是衡量先秦时期墓主等级的重要标尺之一，也是礼制的物化形式。

青铜编钟艺术作为我国古代物质文化与精神文化相互结合的产物，是古人杰出智慧的结晶。1978 年湖北随州南郊擂鼓墩战国时期曾侯乙墓共出土 65 件编钟，并刻有错金铭文，用以标明各钟的发音音调，比欧洲十二平均律的键盘乐器的出现要早近两千年，被誉为人类文化史上的奇迹。1957 年在河南信阳城阳城址春秋战国墓中出土了我国第一套完整的青铜编钟，共 13 枚，发音准确，音色优美，并且用此编钟演奏的《东方红》乐曲随着我国第一颗人造卫星“东方红一号”唱响太空。我国目前所知最早的编钟出土于随州叶家山西周早期墓地，共出土 1 件镈钟和 4 件编钟，其时代比曾侯乙墓的编钟还要早 500 多年。青铜编钟已成为先秦社会的文化符号，是中国青铜时代的艺术精品。

据不完全统计，中国先秦时期的编钟共发现约 1000 件，其中有铭文的钟约 400 件。山东地区编钟、编磬成组出土的墓葬为数并不多，目前所知，临淄商王村二号战国墓是其中之一。另外，1996 年 6 月，在章丘市绣惠镇女郎山发现 5 件战国中期的镈，一同出土的有乐器支架 4 件、编磬 2 套；1988 年，山东阳信城关镇西北村战国墓出土了 9 件战国早期钮钟；1989 年，山东郯城第二中学战国墓出土了 8 件钮钟；山东临淄齐都镇大夫贯村战国墓出土了一套直甬编钟，共 8 件，形制相同，大小依次排列，同时出土的还有两套青石编磬，每套 8 件，共 16 件；章丘市洛庄汉墓也出土了两套编钟、编磬，保存完好。以上所出土的编钟，经专家鉴定，均为实用器，音质优美，而且至今发音准确。这为春秋战国时期金属冶炼、铸造工艺以及齐国礼乐制度的研究提供了重要实物资料。

（李鸿雁）

战国青铜汲酒器

1992年，淄博市临淄区商王村水泥厂工地发现了一座战国古墓，经过考古发掘，专家认为墓主人是战国时期齐国的一位女性贵族。考古人员在墓中发现了一件造型十分独特的青铜器，它高65.2厘米，腹径7.2厘米，下端为一荷蕾形器，上端为中空竹节形长柄，顶端为封闭的龙首衔环。竹节形长柄与荷蕾形器上下贯通，第一节竹节一侧有方孔，荷蕾形器底部正中有圆孔，此物在文献和史料中并无记载，前所未见，耐人寻味。它究竟有何用处呢？

战国青铜汲酒器

专家分析认为，这件青铜器应该是柄部在上，荷蕾形器居下，为竖直使用。专家们做了如下实验：将其竖直放入水中，荷蕾形器居下，柄部在上，发现水顺荷蕾形器底的圆孔徐徐而入荷蕾形器内。当水进入时，空气则由竹节上端一侧的方孔排出。用拇指轻轻压住此方孔并向上提起，汲进之水竟毫无滴洒；松开拇指，水则缓缓流出。如此轻松自在，就能将水提

汲酒器细部

取。古人正是利用了大气压强原理，通过荷蕾形器器内水压和器外气压的共同作用，达到汲取或流出液体的效果。这比 1654 年欧洲著名的马德堡半球实验早近两千年，是目前所知最早利用大气压强原理的实例。

出土时，荷蕾形器与银勺、银盘、银耳杯等饮食器摆放于一处，共同放置在墓室东北处棺椁间。根据水容测验结果显示，荷蕾形器体内容量约 200 毫升，到顶端竹节方孔处为最大容量 250 毫升。一同出土的耳杯容量多在 230 毫升到 500 毫升之间，我们可推测出，用汲酒器汲取一次到

汲酒器细部

两次便可将耳杯斟满。

商周时期，人们极其注重礼制，“酒以成礼”。酒礼是十分重要的礼仪。临淄商王村一号战国墓中出土了盛有青绿色液体的铜壶和黑色液体的铜罍，虽并未对液体进行检测，但据《诗经》中记载的“我姑酌彼金罍，维以不永怀”及“清酒百壶”，我们推测铜壶、铜罍内所盛为古代美酒。综上所述，与其一同出土的这件荷蕾形青铜器，被专家断定为汲取酒浆所用的青铜汲酒器。

此青铜汲酒器运用的大气压强原理，与古代神话“应龙吸水”颇有渊源，并与“应龙”的传说有着密切关系，也是最早体现虹吸寓意的器物。中国古代小说集《述异记》中记载，应龙，头大而长，前额凸起，颈细腹大，长有双翅，四肢强壮。相传应龙是上古神话中帮助黄帝打败蚩尤的功臣，在和蚩尤对抗中体能消耗过大，无力振翅飞天，便蛰伏于人间，居于南方，给当地带去充沛的降水，为能蓄水的神龙。若天气干旱，卜如应龙之形，则预示有大雨将至（参见《山海经·大荒北经》）。这件汲酒器顶端的龙首衔环，龙口大张，气宇不凡，而三截竹节则象征彩虹，不同的是将彩虹的弯曲状改良为竹节形柄，取“应龙吸水”之意，它的妙用及顶端的龙首衔环，与商代甲骨文中“有虹自饮于河”的虹吸寓意相得益彰，赋予汲酒器神话般的色彩。

这件青铜汲酒器能有如此巧妙的构思与创新，集神话、美感与实用于一身，反映了古人高超的智慧与非凡匠心。即使在两千多年后的今天，褪去了往日钟鸣鼎食、觥筹交错的辉煌，这件青铜汲酒器依然如此美妙。神龙汲水、荷蕴琼浆，使用如此巧妙绝伦的酒器汲取美酒，想必古人会多饮一杯吧！

（韩贝贝）

战国白玉透雕龙首璜

白玉透雕龙首璜，1992年9月出土于淄博市临淄区商王村一号战国墓，现收藏于淄博市博物馆，为国家一级文物。璜长12.5厘米，宽3.5厘米。

白玉透雕龙首璜土沁泛白，为双首龙形，两端透雕龙首，尖卷唇，巨目圆珠，独角利齿，有须，颈饰绞丝纹；表面饰凸起的勾连云纹，形如龙鬣，云纹中心部分有孔可穿系，龙体下部透雕两条回首的虺纹。龙体中部饰“出”字形花叶纹，并与上下透雕纹饰连为一体，成为璜体左右对称的中线。玉璜纹饰繁缛，棱角刚劲有力，雕琢锐利。

璜是我国最古老的玉器种类之一，早在新石器时代河姆渡文化时期就已出现，作为佩饰或礼器使用，并一直被后代沿用。商周时期，玉璜为玉礼器中的“六器”（璧、琮、圭、琥、璋、璜）之一，也是组玉佩的重要组成部分。《周礼·春官·大宗伯》曰：“以玉作六器，以礼天地四方。以苍璧礼天，以黄琮礼地，以青圭礼东方，以赤璋礼南方，以

战国白玉透雕龙首璜

白琥礼西方，以玄璜礼北方。”《说文》:“璜，半璧也。”又释：“环，璧也。”《尔雅·释器》载：“肉倍好，谓之璧……肉好若一，谓之环。”孔颖达疏：“肉，边也；好，孔也。”从文献记载来看，所谓“半璧”即璧之一半。即凡玉器中其基本形态如半璧、半瑗、半环，或不足半璧、半瑗、半环之圆弧形器皆可定名为璜。从目前的考古材料看，类似上述形状的玉器很多。河姆渡、良渚、大汶口、龙山、红山等新石器时代文化中的玉璜造型与前述定义相符，形制接近于半璧形或虹形；而商周时期，则多数为三分之一璧形，其弧心角一般在120°左右；到战国秦汉时期，这种情况更为明显。

玉璜是古代玉器中发现较多的器型之一，据台北故宫博物院邓淑萍女士的不完全统计：春秋晚期的晋国赵卿墓出土玉璜20件；战国早期的曾侯乙墓出土玉璜51件；战国中期的中山王墓出土玉璜47件，在其第一号陪葬墓中，还出土玉璜113件；徐州狮子山西汉早期墓中出土玉璜97件；时代属西汉中期偏早的广州南越王墓出土玉璜33件。考古发掘出土的组玉佩中几乎都有玉璜的存在，而这正好与文献记载相一致。《周礼·天官·玉府》:“共王之服玉，佩玉，珠玉。”郑玄注引《诗经》曰：“佩玉，上有葱衡，下有双璜冲牙，玭珠以纳其间。”又《诗经·郑风·女曰鸡鸣》:“知子之来之，杂佩以赠之。”传曰：“杂佩者，珩璜琚瑀冲牙之类。”孔颖达在《礼记·玉藻》中疏:“凡佩玉，必上系于衡，下垂三道，穿以玭珠，下端前后以悬于璜，中央下端悬以冲牙，动则冲牙前后触璜而为声。”由此可见，虽然组玉佩的组合形式各不相同，但玉璜是其中不可缺少的玉饰件。

就其佩戴形式来讲，商周以前的璜都是在两端穿孔，除用在组玉佩最上端的璜是凸上凹下之外，其他的均为凹上凸下佩戴，并以玉璜的多少来区分佩戴者身份的高低。山西侯马曲村西周早期墓出土的组玉佩，7件

龙首璜细部

璜中1件凸边向上，处在最上端，挂于墓主的颈部，其余6件均凸边向下，其间纳以为数众多的玭珠，组成一套精美的组玉佩。春秋战国时期，璜的佩戴形式与之前截然相反，变成凸边向上凹边向下。与此相适应，佩戴穿孔也移到了圆弧形的正中央上方，这种变化是由佩戴方式的改变而引起的。湖北江陵武昌义地楚墓和河南信阳楚墓所出彩绘木俑，即绘有组玉佩及其中玉璜的佩戴形式，从中可以看出，彼时悬佩的方式已不像西周时戴于颈部，而是挂于腰间。临淄商王村一号战国墓中出土的这套组玉佩放置于死者腰部至小腿之间，而且在死者腰部还发现了悬挂玉佩的铜带钩一枚。这种佩戴方式的变化，自然与礼制变化相一致。从江陵武昌、河南信阳出土的木俑彩绘和其他春秋战国时期的实物看，彼时的组玉佩有长有短，玉件可多可少，形式丰富多样，其组合形式似无定制，这与文献记载是相符的。有的学者认为这是对商周时期佩饰礼制的一种突破，是“礼崩乐坏”的一种反映，这种观点是有一定道理的。这种突破客观上形成了不拘形制、精雕细琢的玉器审美文化。尽管如此，商周时期的部分传统仍得以继承，比如玉璜作为商周时期组玉佩的主要饰件，仍是组玉佩不可缺少的构件之一。

在儒家思想的影响之下，佩玉在作为贵族显示身份地位之物的同时，也作为佩戴者标榜才德的象征。孔子用玉来比拟人的十一项品质，要求“君子与玉比德”。如果拂去儒家润饰其上的道德意味，它的原始宗教内容又是什么呢？从目前发现的情况看，呈现在我们面前的佩玉多是龙、凤、虎、鱼、虫和人物造型或纹饰，而且以前三者为多，它们应是图腾崇拜的产物，是某种动物或祖先神异力量的象征。古人认为这一神异力量可以通过玉石传给自己，对自己的生活产生重大影响。

就玉璜而言，其造型一般为双首龙形，即二龙合体之形，个别为独体龙形，这当然应视为龙崇拜的产物。龙是中国古代最具影响力的图腾，也是最有神力的动物，是祈雨之神，其神能之一就是掌管风雨。《左传·昭公二十九年》："龙，水物也。"《抱朴子》曰："辰日称雨师者，龙也。"由于龙是雨神，雨后出现的彩虹也被看作龙的化身，而在商代甲骨文中，"虹"写作""，即二龙合体之形，也就是玉璜的常见造型。这种情况并非巧合，玉璜应是受龙图腾崇拜影响的产物。龙首玉璜上往往刻有云纹或谷纹，这也进一步表明，玉璜包含了人们对风调雨顺的祷告和对五谷丰登的祈求。

（孙益民）

战国石磬

1992年，淄博市临淄区商王村二号战国墓中出土了16件战国晚期编磬，均为石灰岩质，保存完整，分为甲乙两组，其中甲组10件石磬现陈列于淄博市博物馆“馆藏文物精品”展厅中，乙组6件石磬现藏于齐国故城遗址博物馆。两组编磬形制相近，甲组尺寸大小从38.6厘米到13.5厘米依次递减。磬体造型精美，磨制精细光滑。其鼓股形制分明，为倨句形，底边微弧，倨孔凿制并磨光。倨孔为单钻而成，孔眼两面有别，一面光滑，一面凿迹明显，凿琢刀痕尚存。

石磬简称“磬”，是中国古老的石质片状打击乐器。其使用方法是：器身一侧穿孔，使用时以绳系之，悬于架上，敲击发声。其声清脆，悠扬动听。石磬的历史非常悠久，它可能起源于某种石质片状的劳动工具，如石铲之类；也可能起源于远古母系氏族社会时期，当时人们以渔猎为生，劳动之后敲击着石头，装扮成各种野兽的形象跳舞娱乐，这种敲击的石头就逐渐演变为后来的打击乐器——石磬。据目前所知，早期原始形制的石磬有山西夏县东下冯遗址出土的石磬和山西襄汾陶寺遗址出土的石磬，均系打制而成。两磬为夏代遗物，距今四千年左右。

战国石磬

石磬是由劳动工具演变而来的，最初用于先民的乐舞活动。《诗经·商颂》中就有“既和且平，依我磬声”的歌咏，表明在远古时期，石磬曾被先民用于乐舞等娱乐活动。后来，石磬被用于历代帝王及上层统治者殿堂宴享、宗庙祭祀、朝聘礼仪等活动的乐队演奏中，成为象征身份地位的礼器。唐宋以后新乐兴起，石磬仅用于祭祀仪式的雅乐乐队。

石磬的制作是非常讲究的。《周礼·冬官·磬氏》载：“磬氏为磬，倨句一矩有半，其博为一，股为二，鼓为三。参分其股博，去一以为鼓博。参分其鼓博，以其一为之厚。”书中还记述了磬的制作工艺和校音方法：“已上则摩其旁，已下则摩其耑。”换句话说，就是如果磬声太高，就磨去磬石两旁使之变薄；如果磬声太低，就磨去磬石两端使之变小变厚。通过对出土实物资料的研究表明，磬身的光平程度也与磬声质量有关，磬身越是平整，其发音就越准、越清。这些都说明石磬的各个部位均有专门名称和固定的比率，它们是古代工匠长期制作石磬的经验总结。古代最为常见的石磬是上作倨句形，下作微弧形或近于直线，或上下均作倨句形。磬的质料大多是石质，但到后来也有玉质或铜质，甚至还有琉璃质地的，青岛市博物馆就收藏有1件在即墨古城出土的战国琉璃磬。该磬倨句处已残断，仅存半块磬体，呈梯形，为湖蓝色半透明体，通长33厘米，上部呈内弧形，磬底部一面则见一圆孔。即墨是齐国的重要城池，此磬的出土对研究齐国音乐及礼制有重要的参考价值。

石磬在我国古代礼乐文化中占有重要的地位，当年孔子在齐国赏《韶乐》，三月不知肉味，曰“不图为乐之至于斯也”，足以说明礼乐在当时的重要作用。

（高庆桥）

战国晚期陶熨具

战国晚期陶熨具

淄博市博物馆藏有几件瓦块状陶制品，它们造型相仿，大小不一。从外观上看，它们均由筒瓦磨制成较为规整的椭圆形，四周及底部边棱都进行过精心打磨，表面饰纵向粗绳纹，横剖面呈弧形，凹面粗糙不平，应是故意制作的有特殊用途的陶制品。该陶制品系 1992

年临淄商王村一号战国墓中出土，共四件，长 17 ~ 23.7 厘米，宽 9.9 ~ 11 厘米。令人费解的是，它们局部有明显被烧灼过的砖红色痕迹，而且陶片表面有类似药液浸渍痕。那么，它们究竟是做什么用的呢？后经考证得知，它们便是用于古代医术熨帖术中的工具——陶熨具。

在我国古代，由于自然灾害等不利条件的影响，人们会受到各种病痛的困扰和折磨。但是，人们在长期的生活实践中，也摸索、积累了许多强身祛病的偏方和医术，比如把脉、中草药、针灸等，各历史时期也涌现出了像扁鹊、张仲景、华佗、葛洪、孙思邈、李时珍等古代名医或药学家，他们医者仁心、悬壶济世，使用各种医药手段普济众生，为人们解除病痛，受到后世传颂。熨帖术即是利用陶熨具祛除病痛的众多医技之一。

熨帖术是我国传统的中医治疗技术，有着悠久的历史。它是利用以热驱寒、以寒除热的辩证原理，把药物和瓦石烧烤、炒热，用织物或其他物品将其包裹并熨敷患处，或用药液以棉（布）浸渍，趁热熨之，借药性和温暖的双重作用加速血液流通，达到散寒、祛瘀、止痛之效果。熨帖术多用于治疗寒性疼痛患疾，成书于秦汉时期的医学专著《黄帝内经》中便有“风寒客于人，使人毫毛毕直，皮肤闭而为热……当是之时，可汤熨及火灸刺而去之”的记载。

扁鹊是我国春秋战国时期的齐国名医，熨帖术便是他常用的医术之一。扁鹊（前 407—前 310）其人姬姓，秦氏，名缓，字越人，又号卢医，春秋战国时期渤海郡郑（今河北任丘）人。他少时学医于长桑君，尽传其医术禁方，擅长各科，在赵为妇科，在周为五官科，在秦为儿科。扁鹊在长期医疗实践中刻苦钻研，努力总结前人的经验，大胆创新，成为一个学识渊博、医术高明的医生。他走南闯北，真心实意地为人们解除疾病带来的痛苦，获得人们的崇敬和欢迎。扁鹊善于运用四诊，尤善脉诊，其切脉诊断方法开启了中医学的先河。相传，著名的中医典籍《难经》即为扁鹊所著。《史记·扁鹊仓公列传》中记载："扁鹊乃使弟子子阳厉针砥石，以取外三阳五会。有间，太子苏。乃使子豹为五分之熨，以八减之齐和煮之，以更熨两胁下。太子起坐。更适阴阳，但服汤二旬而复故。故天下尽以扁鹊为能生死人。"这是熨具在实践中具体运用的实例。

这四件陶熨具的出土，是战国时期齐国使用熨帖术的重要实物资料佐证，充分说明齐国是古代医学较为发达的地区，对研究古代齐国的医学、继承和发扬中国的传统医学具有重要的价值。

（宗美菊）

战国青铜雁足灯

战国青铜雁足灯

淄博市博物馆所藏的这件青铜雁足灯出土于淄博临淄商王墓地，灯高 36 厘米，盘径 24 厘米，底座长 16 厘米，宽 11 ～ 13.7 厘米。该灯整体呈雁足形，大雁的股部托住一环形灯盘，灯座为凹槽圆形，直口、浅槽、平底，内有三个锥形烛柱，可同时点燃，盘底一侧为雁腿形柄，造型饱满，雁足三趾向前，一趾在后，嵌于平面呈梯形的底座上。这件青铜雁足灯的膝部和足蹼刻画细致逼真，灯座稳定牢固，座上刻有铭文“蔆陵夫人”四字，均为阴刻，字迹规整清晰，整体构思巧妙，是一件生活实用品。

灯具的发展与社会的发展息息相关，《礼记》记载商代始作灯，实际情形可能远比商代为早。新石器时代的陶器为灯的出现提供了物质条件，将豆脂、动物油脂盛放在陶质小碗中并放上灯芯，点燃就可以照明。不少新石器时代遗址都出土过陶豆，陶豆开始虽作为食器使用，但很可能也用作灯具，因为豆形灯是我国最早定型化的灯具。随着时代的发展和社会的进步，到了元、明、清三代，灯具进入全面发展时期，出现陶、瓷、铜、锡、银、铁、玉、石、玻璃等材质，其品种、数量、造型更加丰富多彩，使用价值、艺术价值更高。

自战国至汉代，青铜灯已经在日常生活中使用，种类有人物灯、鸟灯、羊灯、鱼灯、雁足灯。与我馆所藏相似的雁足灯，在河南、江苏、河北、陕西等地博物馆中均有收藏。历史上也曾发现过雁足灯，如北宋欧阳修《前汉雁足灯铭》:“煜守丹阳日，苏氏者出古物，有铜雁足灯，制作精巧。”雁足灯最早形成于汉代，古人认为此类灯应为汉宫用物，如北宋黄庭坚文:“雁足灯，汉宣帝上林中灯，制度极佳……”

灯何以用雁足？《礼记·月令》曰：“（孟春之月）东风解冻……鱼上冰，獭祭鱼，鸿雁来。”《汉书·苏武传》载“天子射上林中，得雁，足有系帛书”，这可能是鸿雁传书的最早记载，后世遂以鸿雁代指书信。与雁相关的古代词汇都与书信相关，如“雁使”指传书之使，“雁音”谓音讯等。以雁、鱼作为书信及相互思念的象征，这在汉辞赋中也多有体现。由此可推断，雁形或鱼形灯具是古人聊把青灯梦影与游子亲人相互关联起来，意属祈盼书信千里传音的。战国距汉时代不远，其情形大概相近。

汉以后，雁、鱼更是常常出现在诗人寄托思念的诗词中，如“尺素在鱼肠，寸心凭雁足”（王僧孺）、“鱼沉雁杳天涯路，始信人间别离苦”（戴叔伦）、“若向三湘逢雁信，莫辞千里寄渔翁”（温庭筠）、“宛转结蚕书，寂寞无雁使”（乔知之）、“铜盘消息无人问，寂寞西楼待雁音”（林景熙）等。

临淄商王墓地出土的战国青铜雁足灯，集设计、艺术、工艺、实用于一身。它造型别致，制作精湛，既反映了工匠高超不凡的艺术构思和铸造工艺，也反映了战国时期齐国的经济发展程度与文化水平，是我国古代青铜器铸造艺术宝库中的绚丽奇葩。

（傅强）

战国铜鹰首匜

淄博市博物馆收藏有一件铜鹰首匜，匜高 10 厘米，通长 18 厘米，宽 16.6 厘米，足径 5.5 ~ 7.6 厘米。

这件铜鹰首匜出土于临淄商王村一号战国墓，口沿平面为桃心形，侈口，弧沿，深腹，圈足。其口沿外侧有鹰首流状把，鹰首为勾嘴，上嘴弯曲，啄为开合状，双目炯炯有神，目嵌银，墨精石为珠，两眼瞪圆，眼神极其锐利、逼真生动，如同望穿千里之外。其沿下饰宽带弦纹，下部有一圈足，如同鹰足般强健有力。这件铜鹰首匜造型独特，屡受众人称赞，艺术欣赏价值极高，属国家一级文物。

青铜匜最早出现于西周中期后段，流行于西周晚期和春秋时期。《左传·僖公二十三年》中记载的“奉匜沃盥”便是对匜的一种描述，大致意

战国铜鹰首匜

思是古人拿着匜来浇水洗手。“沃”的意思是浇水，“盥”的意思是洗手洗脸，“奉匜沃盥”是中国古代汉族在祭祀典礼之前的重要礼仪，这里的匜用作盥洗用具，是最早形态下的青铜匜的用法。又如《仪礼·公食大夫礼》“小臣具盘匜，在东堂下”，则记载了盘匜的用处，匜与盘同出。根据生活习惯的不同，这件造型如此独特的铜鹰首匜，它的用途还会是盥洗用具吗?《中国青铜器综论》中说：“匜除主要用作沃盥器外，亦可用为酒器。”春秋时期的鲁大司徒元匜于铭文中自名曰“饮盂”，表明是酒器。又《礼记·内则》中记载“敦牟卮匜，非馂莫敢用”，郑玄注：“馂乃用之。……卮、匜，酒浆器；敦、牟，黍稷器也。”淄博市博物馆的这件铜鹰首匜出土于墓室西部，与银盘、银耳杯、铜勺、滑石耳杯等饮食器同置一处，应为盛酒器。

匜这个庞大家族数量众多，造型不一，形制也不尽相同，或有盖，或体高，或周身布满纹饰，有代表性的如樊夫人龙嬴匜、具有“青铜法典”之称的青铜𠈌匜、故宫博物院收藏的叔上匜及兽形匜、上海博物馆收藏的齐侯匜等。匜从质地上又分青铜匜、银匜、玉匜、陶匜等种类。而淄博市博物馆的这件青铜匜为鹰首造型，极富灵性，又向世人传递了什么讯息呢?

千百年来，鹰被喻为神的化身，被赋予了勇敢、威武的形象，也被认为是古代皇权的象征。最初，鹰的形象可追溯到原始社会的图腾崇拜，后来逐步演化到仰韶文化的鹰形陶鼎，又到青铜时代的鹰形尊、鹰形纹饰、象形文字，再到秦汉时期的玉饰鹰图形和画像砖、画像石中对苍鹰形象的逼真刻画，大有“言在物外”的寓意，是皇权崇拜与文化的象征。时至今日依然有许多国家把它作为权力的象征，如美国用白头鹰象征国家精神，其鹰旗更传递着霸气。而这件战国时期的铜鹰首匜造型如雄鹰展翅，我们仿佛看到苍鹰振翅疾飞，或在高空悠闲地翱翔，向世人展示它的王者之姿。

淄博市博物馆收藏的这件铜鹰首匜形制较为罕见。年代的久远、形制的卓异，使它在锈迹斑斑的青铜王国中脱颖而出，成为战国晚期人们生活形态及审美趣味的见证，向人们昭示着其昔日的辉煌。

（韩贝贝）

战国玉剑具

淄博市博物馆收藏的这组玉剑具出土于临淄商王墓地，为玉剑珌、玉剑格、玉剑首和玉剑璏，均有不同程度的黄白色土沁。其中的玉剑珌特别引人注意，它长 8.3 厘米，宽 5 ~ 6.6 厘米，呈束腰梯形，形似盾牌，面饰左右对称的浮雕兽面纹。

中国古代，在剑柄与剑鞘上镶嵌的玉饰称为玉剑具。一般来讲，玉剑具由四个玉质饰物组成，分别是剑首、剑格、剑璏、剑珌。装饰在剑柄首部的俗称“剑首”，也称“玉镡”；装饰在剑柄与剑身之间起护手作用的称“剑格”；装饰在剑鞘中部、悬挂于腰间的长方形玉饰称“剑璏”，也叫“文带”；装饰在剑鞘尾部的梯形玉饰称“剑珌”，其外形最为多姿多彩，并且它雕琢精致，造型和纹饰富于变化，最能代表剑主人的身份地位。《诗经 · 小

战国玉剑具

雅·瞻彼洛矣》中有“君子至止，鞞琫有珌”的诗句，说明玉剑具的出现不晚于春秋时期。

中国古代用玉制度严格，玉材及器形是区别玉剑具类别的重要方面，厚重宽大是高等级玉剑具的特征之一。另外，纹饰的繁简也是鉴定的依据，是剑饰物等级和优劣的评判及考量要素。因为这种带有浮雕的高级玉剑饰，如果按当时的生产力水平来衡量，一名工匠至少需要半年以上的时间方能完成，有些复杂纹饰的器具甚至需要一年的时间。所以这些玉剑饰有着极高的艺术价值。

剑崇拜是中国古代的兵器崇拜之一，古籍记载中多渲染剑的生命活力和种姓，如《周礼》中说：“吴粤（越）之剑，迁乎其地而弗能为良，地气然也。”《吴越春秋》记载了干将、莫邪为吴王铸剑时，认为“神物之化，须人而成”，遂将剑当作有生命、有精神、有灵气的创造物。又如

玉剑具细部

《庄子·刻意》说：“夫有干越之剑者，柙而藏之，不敢用也，宝之至也。”其实在中国历史上，无论任何时期的玉剑饰，基本上都被贵族使用，关于剑的故事也就在他们之间产生。当时甚至出现了一种职业——“相剑者”，《淮南子·汜论训》记载：“薛烛庸子，见若狐甲于剑而利钝识矣。”意思是说，齐国薛邑有一位烛庸子，只要见到剑身上指甲大小的一块，就能够鉴别出此剑的优劣。

孔子说过“有文事者必有武备，有武事者必有文备”，在中国古代，修身、齐家、治国、平天下是每一个士子所崇尚的处事理念，而佩剑是其中重要的特征之一，《贾子》云“古者天子二十而冠，带剑；诸侯三十而冠，带剑；大夫四十而冠，带剑；隶人不得冠，庶人有事则带剑，无事不得带剑”，《晋书·舆服志》亦云“汉制，自天子至于百官，无不佩剑”。

在中国古代，装饰精美玉器的玉剑具也是一种赏赐和馈赠的高级礼物，有俗话说“胭脂送美人，宝剑赠英雄”，足以证明宝剑在人们心目中的地位。我们不妨以一首古诗作为结尾，品读诗中的剑意、剑中的豪情。

琴剑

陆游

流尘冉冉琴谁鼓，渍血斑斑剑不磨。

俱是人间感怀事，岂无壮士为悲歌？

（吴振东）

战国玻璃器

1992—1993 年，临淄商王墓地共出土文物 560 余件，考古收获丰富，价值意义重大，填补了多项齐国考古资料的空白。其中出土的玻璃器也引起了学界的高度关注，这批玻璃器均出土于临淄商王墓地的一座夫妻并穴合葬墓中，从随葬铜器及银器的铭文看，女性墓主为“越陵夫人”。学界认为该墓主为战国晚期不低于卿大夫级别的贵族。

此墓共出土玻璃器 20 件，均为浅蓝色。从形状上看，有圆形片状、球形珠状、扁平环状和棱形簪状，分别出土于墓葬的不同位置。其中，八棱形簪状器长短尺寸在 4.2 ~ 5.7 厘米之间；玻璃环外径 10.5 厘米，内径 8.5 厘米，厚 0.3 厘米；钉状冒径在 0.6 ~ 1.6 厘米之间；玻璃珠直径约 4.2 厘米；圆形玻璃片直径 2.5 厘米，厚 0.3 厘米。这批玻璃器现藏于淄博市博物馆。

有学者认为这批玻璃器为玻璃耳瑱，属于首饰一类。然而仔细比对已

战国玻璃器

发掘的资料，笔者发现耳瑱尺寸均小于这批玻璃器，这批八棱形簪状器虽有实心与空心之别，但均不具备耳饰功能。东汉许慎《说文》云："瑱，以玉充耳也。"《诗经》毛传云"瑱，塞耳也"，又云"充耳谓之瑱……天子玉瑱，诸侯以石"。瑱有质类之别，并不局限于某一种质地，功能是"充耳""塞耳"，并且有着严格的佩戴等级。战国时期，玻璃器已经流行，因其美如玉，时人非常珍视。此墓所出的簪状器、玻璃环、钉状冒均与金耳坠置于同一奁盒内，成束放置，可见墓主人对玻璃簪状器的重视程度。玻璃环的出土位置似乎距离玻璃簪状器稍远些，似乎也不在奁盒之内，从相对出土位置来说，其基本与墓主人的头部位置相当，即使它们不与墓主人贴身而葬，也应是墓主人的心爱之物。玻璃环与同墓出土的龙纹环、龙螭纹环几无二致，其功能用途应该相似。如将其佩戴于墓主人手上，作为手镯佩戴比较勉强，手感也不好，但若将其与同墓出土的组玉佩组合使用，似乎效果更好。从发掘资料来看，早期的玻璃珠、管、片、环大多用于串饰的中间位置，起装饰、点缀作用。

此墓也出土了玻璃片和装饰于漆器之上的玻璃珠，玻璃片出土于墓室西部，玻璃珠出土于墓室东部棺椁之间，二者位置均偏中部，与盛酒铜器相邻，系按照相应的随葬品放置次序有意安排的。玻璃珠出土于一漆盘内，中穿孔。该漆盘制作相对简单，未腐朽的构件仅有铜环钮，玻璃珠应装饰于漆盘之上的某个位置。由此可见，玻璃制品在战国时期的应用已经不局限于首饰、配饰，还作为嵌饰应用到了漆器上，并且达到了相当高的艺术水平。研究发现，这批玻璃器均由模铸（即范铸）而成，与汉代的玻璃工艺技法相似。八棱形簪状器、玻璃球、圆形玻璃片以及玻璃环等器物在形制上有所不同，但在制作工艺上相同：或一块范铸，或两块范铸。玻璃簪状器应是一块范铸，其余为两块范铸。空心的玻璃器物只需增加一泥芯，成器后将其置于水中融化即可。

中国古代的玻璃属于铅钡玻璃系统，而西方玻璃属于钠钙玻璃系统。临淄商王墓地出土的这批玻璃器就属于铅钡玻璃系统，通过对其进行成分检测发现，其铅含量26.93%、钡含量16.46%，比同类器物中的钡含量稍高。这里铅和钡是助溶剂，氧化铜为着色剂。

在中国古代不同时期的典籍文献记载中，玻璃的叫法不尽相同，有流离、琉璃、璧琉璃、陆璃、琉琳、药玉、罐子玉、水精、硝子、烧料等。“流离”最早见于西汉桓宽的《盐铁论》，“璧琉璃”见于东汉班固著的《汉书》。从宋元开始，“玻璃”一词逐渐普及并在文学作品中大量出现，苏轼在送杨孟容的诗作中有“相望六十里，共饮玻璃江”之语，南宋徐玑有“是谁曾种白玻璃，复绝寒荒一点奇”之作。到了清代，玻璃器在民间被普遍称为“料器”，在宫廷里则一般被称为“玻璃”，乾隆御制的诗文中有“西洋奇货无不有，玻璃皎洁修且厚”之语。另外，明清时期，人们在诗文中也习惯将由本土铅钡玻璃制成的小件装饰品文雅地称为“琉璃”。

中国琉璃在三千多年的发展历史中一直保持着固有的特点。它的主要成分为铅钡，烧成温度较低，所以清脆易碎、不耐高温、不适应骤冷骤热，只适合加工成各种装饰品、礼器和随葬品等，比起陶瓷器、青铜器、玉石器，玻璃器具的用途较为狭窄。但作为工艺品，它由本国工匠发明而成，因历史悠久、造型精美、成分独特而自成体系，具有较高的审美价值和历史价值。《药师琉璃光如来本愿功德经》云：“愿我来世得菩提时，身如琉璃，内外明彻，净无瑕秽。”琉璃象征着佛家所追求的那种单纯宁静、澈照四方的人格和境界，这大概也是琉璃被列为佛家七宝的原因。

中国原始玻璃出现于西周时期，这个时期的玻璃器数量少、品种单一，仅发现有套色的蜻蜓眼式玻璃珠和嵌在剑格上的小块玻璃。符合现代玻璃定义的真正玻璃制品最早见于春秋末年，为镶嵌于越王勾践剑剑格上的蓝色玻璃，可见玻璃在当时的珍罕程度。战国中晚期玻璃器的数量及品种增加，除了珠、管等小型装饰品外，还有玻璃璧、玻璃剑饰、玻璃印章等典型中国式样的玻璃器，玻璃璧的器形、颜色、纹饰都与同时期真正的玉璧相似。

汉代是中国玻璃的风华年代，出现了不少独具特色的玻璃制品，如广州西汉初年南越王墓出土的 11 对牌饰，均是鎏金铜框嵌蓝色板块玻璃，这些玻璃厚薄一致，色泽晶莹，透明如镜。汉代墓葬考古中出土有玻璃材质的耳瑱、珠、璧、剑具、镶嵌饰等，更有大型装饰陈列器出现，如徐州北洞山西汉楚王墓出土了重 852 克的大型玻璃兽残件。关于玻璃器的记载在当时的笔记小说中也逐渐丰富起来，《汉武故事》载“武帝好神仙，起神屋，扉悉以白琉璃作之，光明洞彻”，《拾遗记》载“董偃常卧延清之室，以画石为床……上设紫琉璃帐”……

魏晋南北朝时期，通过丝绸之路传入中国的西方玻璃器越来越多。玻璃器不断传入的同时，吹制技术也开始传入中国，当时中国的玻璃器在艺术风格上明显受到西亚的影响，玻璃成分也发生了较大变化。辽宁朝阳北票市北燕冯素弗墓出土的淡绿色鸭形玻璃注，即以无模吹制的方法制成。

隋统一全国后结束了南北分裂的局面，此时，大月氏国商人传授的烧造玻璃之法虽已失传，但借助烧绿瓷的方法烧造玻璃获得成功。陕西西安出土了隋代的浅绿色玻璃瓶、罐、杯、珠、卵形器等，其中以吹制法制成的罐及卵形玻璃器，其浅绿色半透明的玻璃质感类似当时的北方青釉。

唐朝是中国玻璃发展的第一个繁盛时期。唐朝玻璃器呈现的一大特性是与佛教有了广泛的联系，佛教的舍利掩埋制度选用玻璃瓶作为盛放舍利的最内层容器，此外还出现了玻璃材质的佛教珠衣、寺庙器物与地宫宝物等。玻璃器与佛教的结合大大提高了玻璃的地位，增强了其神秘性。

宋以后各朝，玻璃器种类增多，并且与人们生活的关系更为密切。清代康熙时设立了宫廷玻璃厂，已能生产透明玻璃和15种以上的单色不透明玻璃。清代的缠丝玻璃、套色雕刻玻璃及鼻烟壶等，都是世界玻璃艺术中的珍品。

再回首，展厅里的战国玻璃器看起来如此朴拙简单，和后世绚丽夺目的玻璃器似乎不可同日而语，但它们是两千多年前的稀世之珍，是一个时代的文明结晶，是时间深处的花。它们的历史价值、文化价值、工艺价值是由漫长岁月滋养出来的，悠远的时光笼罩在它们身上，使它们看起来充满神秘色彩。

（孙宜　徐新）

战国金耳坠

淄博市博物馆所藏战国时期的这对金耳坠，通长 7.3 厘米，宽 2.6 厘米。

1992 年末至 1993 年初，淄博市博物馆在临淄区商王村西侧发掘了两座战国晚期墓，其中一座墓的墓主为女性。在其椁室中出土了一对金耳坠，形制大小和制作工艺相同，由金丝、金叶、金珠、绿松石坠、珍珠和骨串饰等饰物组成。其上部是由八条金丝编织成的网状锥形体，锥体上端有横穿可以佩戴，四周镶嵌四颗圆形绿松石片，锥体下悬挂一金环，金环之下为一颗较大的三瓣金叶，三者以金线相连，金线中穿珍珠两颗，现已破碎与金线脱离。金叶之中包着一颗较大的绿松石坠，每瓣金叶又各嵌一绿松石片。在锥体周围和金环两侧，都有以金线和骨环组成的串饰，串饰下端也有较小的三瓣金叶，金叶之中又各包着一颗绿松石坠。锥体、金叶和金环上都饰有金珠纹。这副金耳坠选材考究，制作技术精湛，给人以高贵华丽之感，可与现代金饰品相媲美，是我国金器饰品艺术中的瑰宝。

自古以来，耳饰就是中外女性装扮容颜的爱物。耳饰大致分为两类，一类是长形的耳坠，一类是圆形的耳环。最早的耳环以青铜制成，造型也比较简单。耳坠是在耳环的基础上演变而来的，它的上部是一个圆环，环上缀一组坠饰，因形得名，故曰耳坠。李笠翁在他的《闲情偶寄 · 声容》里说，耳饰里小巧简洁的耳环为“丁香”，繁复华丽的耳坠为“络索”。“耳著明月珰”形容的就是充满动感的耳坠。

作为墓主人生前佩戴的饰品，两件金耳坠出土时置于漆盒之中。在那个以金银为贵、以金银为宝的年代，金耳饰无疑是女子的心爱之物。在主人香消玉殒后，这对金耳坠却依然熠熠生辉地呈现在世人面前，向我们昭示着墓主人生前的尊贵身份。当人们站在展览大厅中，目光与这

战国金耳坠

一对稀世珍品碰触时，瞬间便被它们独具匠心的工艺以及独到的构思深深吸引了。

人们常说，任何艺术都来源于生活。这一对金耳坠也不例外。它们从诞生之日起，便凝结了无数能工巧匠的心血与智慧。他们从自然界和现实生活中获取艺术创作的生命源泉与灵感，并发挥想象力和创造力，把客观现实中的事物提炼加工为艺术形象，才有了今天我们看到的这一对金耳坠所特有的造型及装饰特色。如金耳坠上部的网状锥形体，经专家考证，其创作构思应源于捕鱼的渔网。网状锥形体上端是网，其下部网孔是目，绳结处以堆叠金珠纹取代可谓恰如其分。下部网孔内再配以晶莹润泽的绿松石，使网状锥形体如璀璨的宝塔愈加玲珑剔透。网状锥形体托盘之下的金丝悬挂金叶包镶绿松石坠，其造型系模仿植物中枸杞类的果实，但不是写实照搬，而是在局部进行取舍和艺术加工，如在金叶表面堆垒金珠纹、连珠纹，在金丝上串以珍珠的内饰，使其处于朦胧的艺术境界中。金耳坠上所悬挂的三层九组金叶包镶绿松石坠，如累累硕果，古朴自然，美不胜收。

整个坠体看似复杂、繁赘，可由于点、线、面有机的结合，结构布局巧妙合理，繁简疏密得当，充分达到了技术与艺术的完美结合。

先秦时期的金耳坠出土数量甚少。1979 年 5 月，在内蒙古自治区西沟畔匈奴墓中出土了一对战国晚期金耳坠。该坠饰由金丝盘成尖帽状，中间串绿松石，制造工艺较为简单。而淄博市博物馆所藏的这对金耳坠，其制作之精、造型之美、创意之妙，不仅在齐墓发掘史上为首次，在国内先秦墓中也是罕见的。

金耳坠的出土带给考古界的惊喜，远远不止其复杂的工艺和高度的艺术观赏性，更有它本身穿越时空隧道带给世人的信息。它显示了战国时期齐国发达的金银细工技术，是齐国手工业技术水平发达和侈靡习尚的重要佐证。

春秋战国时期的齐国都城，手工业高度发达，商业繁荣，是全国最大的工商业都市。工商经济的发展促进了手工业技术水平的提高，使齐国的手工业生产能“聚天下之精财，治百工之锐器”。这种传统手工业历久不衰，且愈纯熟，成为齐文化的显著特色之一。工商业的发展促进了城市的繁荣，使齐都临淄成为东方的大都会。城市的繁荣又使传统的侈靡之风得以滋长。

金耳坠作为那个时期的物品，它或许是国家强盛时的战利品，或许是国家之间友谊的见证。总之，它目睹了国家的强盛与衰亡。我们可以想象，当金耳坠的主人佩戴着它，顾盼之间金玉闪动，流光溢彩，最大限度地发挥其炫美效果，宣示自己高贵身份的同时，恐怕并未想到风雨飘摇的未来吧。

这对金耳坠身上到底有过多少故事，有过多少荣辱，已经是时过境迁，难以追寻。但有一点我们可以肯定：这对金耳坠曾经追随其主人一起风光过、美丽过，甚至直至今日，在一众金耳饰中它们依然毫不逊色。

（宋宁宁）

战国骆驼形青铜席镇

骆驼形青铜席镇，共 4 件，大小相同，形制一致，通长 7.2 厘米，通宽 6.8 厘米，通高 5.6 厘米，重 775 克。系征集品，现收藏于淄博市博物馆，为国家三级文物。

这 4 件青铜席镇整体呈椭圆形，平底，实心，较厚重。驼形呈卧伏状，回首曲颈，将头伏于背部的两峰之间，眼、耳、鼻、口清晰，前两足与后左足及长尾屈于底部，后腿屈于腹前部，蜷曲蟠伏成一团，臀部肌肉圆润强健，颈部后折，线条准确。这 4 件青铜席镇造型生动，表现出骆驼的温驯和强壮。

1996 年 6 月，安徽巢湖放王岗一号汉墓曾出土 4 件骆驼形铜镇，造

战国骆驼形青铜席镇

型与淄博市博物馆所藏骆驼形青铜席镇基本一致。

席镇的出现和使用与先秦两汉时期古人席地而坐的生活方式密切相关。席子质地轻巧，可以随时卷起，简单方便，但席子容易卷翘、移动或折角，于是就在其四个边角置镇。《楚辞·九歌·东皇太一》:“瑶席兮玉镇，盍将把兮琼芳。”宋代吕大临所著的《考古图》中也对战国、两汉时期席镇的功能及用途进行了论述。

席镇往往具有装饰功能，目前出土的席镇除了少量的人物造型外，大都是姿态各异的生肖动物造型，这些生动活泼的动物造型为古代居室增添了一份生机。汉代是席镇使用及制作的鼎盛时期，工艺精湛，珍品频出。魏晋南北朝以前，室内皆置茵席，配以几案，蒸煮为食，分餐为俗。魏晋南北朝时期，受草原文明的影响，高及膝盖的高椅、床、榻等开始出现。有靠背的四腿座椅配以供两人对坐的正方形桌，则出现在五代时期，宋金以后渐次流行。

从考古发掘资料看，最早的席镇见于陕西宝鸡茹家庄一号西周墓，该墓出土了1件椭圆形兽面纹青铜镇。之后相继发现的绍兴印山春秋墓、随州曾侯乙墓、肇庆北村战国墓、河北满城汉墓、陕西扶风石家一号汉墓、河北邢台西汉刘迁墓、定县西汉刘修墓等三十余座墓也都有席镇出土。特别是2016年轰动全国的海昏侯刘贺墓，在发掘中出土精美席镇达64件之多。席镇的质地和装饰艺术与墓主人生前的身份、地位具有密切关系：墓主人的身份等级越高，所用镇的质地越优良，加工技艺也更精湛，如曾侯乙墓所出的浮雕螭龙铜镇、印山越王陵所出的19件器身通体阴刻精细勾连卷云纹的玉镇、满城汉墓出土的铜豹镇、定县北庄汉墓（中山简王刘焉墓）出土的铜虎镇和定县北庄40号汉墓（中山怀王刘修墓）出土的铜羊镇等。而且随葬席镇的数量与墓主人的身份等级也具有相对应关系。

镇的体积不大，一般高 3.5 ~ 7.5 厘米，底径 6 ~ 9 厘米。席镇的基本造型多接近于扁圆的半球形，除少量人物造型外，多数为动物造型，常见的动物造型有虎、豹、羊、鹿、熊、龟、蛇、骆驼等。席镇底部平坦，有时为了增加席镇重量，也会在器物内部嵌铁或灌铅。为了保持器体的半球形轮廓，这些动物常采取盘踞的姿势。陕西西安小白杨村西汉墓所出鎏金银卧虎铜镇，虎蜷曲回顾，头部俯在臀上，双耳后抿，四足并拢，造型简洁洗练。

在工艺上，席镇则有鎏金、错金银、嵌贝等工艺技术。满城汉墓出土的 4 件错金银铜豹席镇，豹身用金银错出梅花状豹斑，双眼镶嵌玛瑙，晶莹润泽，因黏合剂中调有颜色，双眼呈现红色，更显得炯炯有神。这 4 件铜豹昂首侧扭，前胸宽阔，两肋生翼，臀部浑圆，足如铜钩，集威武、矫健于一身，生动再现了豹子的写实特征，具有极强的艺术感染力，堪称我国古代实用艺术珍品。用虎豹等动物形象制镇，还有吉祥幸福、驱邪避恶之寓意。

淄博市博物馆收藏的骆驼形青铜席镇，不仅向我们展现了古代席地而坐的习俗，也展现了古代工匠的高超技艺和手工业的发达水平，是非常珍贵的中国古代实用艺术品，为我们研究当时的物质文化生活以及青铜铸造技术提供了重要的实物资料。

（李鸿雁）

战国青铜鸟柄灯

这件出土于临淄商王村一号战国墓的青铜鸟柄灯，通高13.2厘米，盘径16.6厘米，足径11.8厘米。灯盘为圆形浅盘，敞口，壁内弧，平底略下凹，粗柄，中腰呈倒葫芦形隆起，喇叭形圈足。盘中央有一锥形烛柱，在盘底一侧伸出一圆柄，柄上铸一小鸟，低首引颈，口衔盘沿，两翅并拢，尾部上翘并呈扇形散开，适于用手把持。鸟足用一铜销固定于柄上。小鸟全身刻画有纤细的羽毛，神形兼备。此类铜灯目前国内考古发现仅此一件，属于国家一级文物。同墓出土的与鸟有关的器物还有铜雁足灯、鸟纹鼎等，都是十分珍贵的文物。

鸟有着人类所不及的飞翔本领，它们可以自由自在、随心所欲地遨游于天地之间，所以古代以鸟为图腾的现象几乎遍及全世界，中国古代部落的鸟崇拜现象也是非常普遍的，红山文化、龙山文化、良渚文化等新石器

战国青铜鸟柄灯

时代的地方文化都出土了很多带有鸟纹、凤纹的玉器。山东史前时期的鸟崇拜同样非常兴盛，《左传·昭公十七年》记载，郯子朝见昭公，昭公问他东夷人的祖先少皞以鸟命官的事情，郯子曰："我高祖少皞挚之立也，凤鸟适至，故纪于鸟，为鸟师而鸟名：凤鸟氏，历正也；玄鸟氏，司分者也；伯赵氏，司至者也；青鸟氏，司启者也；丹鸟氏，司闭者也。祝鸠氏，司徒也；鴡鸠氏，司马也；鸤鸠氏，司空也；爽鸠氏，司寇也；鹘鸠氏，司事也。五鸠，鸠民者也。五雉，为五工正，利器用、正度量，夷民者也。九扈，为九农正，扈民无淫者也。自颛顼以来，不能纪远，乃纪于近。为民师而命以民事，则不能故也。"从这段记载可知，少皞设置的五鸟、五鸠、五雉、九扈等官职，无一不以鸟来命名。虽然这些记载是后人所写，少皞时代是否有这样完备的职官体系还不敢肯定，但至少说明，那时在东夷地区存在许多以鸟命名的氏族部落。

从史前遗物来看，山东出土的鸟纹、凤纹玉器数量很多且造型繁复。大汶口文化和龙山文化时期的陶鬶，就是以鸟为形象设计制作的。我国其他地区史前文化时期也有鸟形象器物的发现，如红山文化、良渚文化、仰韶文化、石家河文化等。思考鸟文化的内涵有助于我们更好地理解鸟形器物的深层文化意义。商周时期是我国青铜器发展的鼎盛时期，在这一时期的青铜礼器中，大部分装饰纹样都是鸟兽纹或鸟兽纹的变体。古代中国有"精卫填海""天命玄鸟"等传说，其意不外乎暗示我们亡灵可化为鸟。传说东夷族著名的射日英雄后羿，死后即化为大鸟。据顾栋高《毛诗类释》材料统计，《诗经》中出现的鸟名有四十多种。据王建唐先生统计，《诗经》中描写鸟的诗句有六十余处，纯以鸟命名的诗篇有二十多首，"三百零五篇"的压卷之作《关雎》正是以鸟起兴的。我国劳动人民在长期的生活实践中，创造了丰富的鸟文化，有鸟卜、鸟师、鸟章、鸟葬、鸟虫书等。此外，还有关于人通鸟语的说法，据传孔子的得意门生之一公冶长就懂得鸟语。这些文化现象，正是古人继承和发扬“鸟崇拜”这一文化传统的表现。

青铜鸟柄灯的最出彩之处就是构思设计时加装了鸟形柄。根据对鸟形柄的观察和分析，我们认为此鸟应为云雀之某一类，形象具体，栩栩如生，充满着鲜活的生命力，为此灯增添了审美文化意趣。如果没有这个鸟形柄，此灯的意义只是具有普通实用功能的灯具。青铜鸟柄灯与同墓出土的其他青铜器一样，堪称精品，它们反映出齐国工匠高超的青铜设计和铸造水平，向我们展示了齐国手工业经过数百年发展而达到的高度。

（夏敏）

战国晚期银耳杯

这件战国晚期银耳杯高 5.2 厘米，口径 14 ~ 17.8 厘米，底径 5.7 ~ 10.6 厘米。整体呈椭圆形，口微敛，曲腹，平底，口沿两侧各饰一新月形耳，两耳背面均有铭刻，一侧刻“四十年左工重一斤十二两十四朱 名曰三”，另一侧刻“工一”。此器出土于临淄商王村一号战国墓。

耳杯这种器物始于春秋战国时期，是由椭杯、舟、铆演变而来的，盛行于秦汉至魏晋南北朝时期，唐代以后很少见到。目前发现的耳杯，材质多种多样，有陶耳杯、玉耳杯、漆耳杯、铜耳杯、铜鎏金镶口沿蚌耳杯（美国哈佛大学赛克勒博物馆藏）等，而临淄商王村一号战国墓出土的这件银耳杯更是少见，为国家一级文物。

金银在中国传统文化中象征着权力与富贵。吉林大学江楠先生在其博士论文《中国早期金银器的考古学研究》中指出，目前，在中国发现的银器多属于战国时期，种类有动物牌饰、装饰品、车马饰件、带钩、漆器附件、货币和容器等，而世界上最早的银器出现在公元前 4000 年左右的美索不达米亚地区。银在早期文献中称“白金”，故商代甲骨文、西周金文乃至战国的文字中都没有“银”字，东汉许慎《说文》中将“银”解为形声字：“银，白金也。从金，艮声。”随着古代先民对金银的认识和利用程度的逐步加深，金、银与铜一起逐渐被视为贵重之物，出现了“金三品”之说。《汉书 · 食货志》中记载“古者金有三等，黄金为上，白金为中，赤金为下”，其中的“白金”即为银。

临淄商王村一号战国墓出土的这件银耳杯所刻铭文，为我们研究其来源和流传提供了重要的线索。在银耳杯的耳背刻有铭文“四十年左工重一斤十二两十四朱 名曰三”和“工一”。中国社会科学院考古研究所徐龙国先生在其《山东临淄战国西汉墓出土银器及相关问题》一文中认为，铭

战国晚期银耳杯

文为一次刻成，书体与战国秦之十三年相邦仪戈、八年相邦吕不韦戈等相同，笔画直而纤细，均为铸成后以金属工具所刻；四十年为秦昭王四十年，即公元前267年；“左工”是左工室之省，战国时秦的“工室”有左、右之分；以斤、两、朱为计量单位，也与秦制吻合。综合以上几点判断，这件银耳杯为秦国所造器物。

耳背铭文

李宇先生在《秦金银制品的考古发现及相关问题初论》一文中指出，秦人自西周中期开始受周王分封于甘肃东部地区，与西戎长期杂处，进行战争与贸易往来，产生了诸多文化上的交流与碰撞，在这一过程中，秦文化对中国早期金银器的发展起到了十分重要的推动作用。可以说，在春秋战国时期，秦国金银器的制作工艺和风格独领风骚、雄冠诸侯。那这件银耳杯是如何流传至齐国的呢?

《史记·田敬仲完世家》中有这样一段记载 :“后胜相齐，多受秦间金，多使宾客入秦，秦又多予金，客皆为反间，劝王去从朝秦，不修攻战之备，不助五国攻秦，秦以故得灭五国。”在战国时期，齐、秦二国最强，甚至曾有“东西二帝”之称。秦在统一中国的过程中，除了依靠强大的军事实力之外，还采取灵活的外交之策，以远交近攻和连横之策不断离间诸侯、各个击破。而临淄商王墓地出土的这件银耳杯似乎就见证了那段风谲云诡的历史。历史已经远去，只留下银耳杯熠熠生辉。

（张冲）

战国晚期银匜

这件战国晚期的刻铭银匜，整体呈椭圆心形，口微侈，口沿一侧有流状柄，另一侧腹壁内弧，腹下部内折，平底。口沿和腹下部饰弦纹，流下外腹部竖刻“越陵夫人”四字。器高 4.5 厘米，口径 11.3 ~ 12 厘米，底径 3.6 ~ 6.6 厘米，出土于临淄商王村一号战国墓。

匜是盥洗用器，西周中晚期便已出现，盛行于西周晚期和春秋战国时期。东汉许慎《说文》曰“匜，似羹魁，柄中有道，可以注水”。关于匜的具体功能与出现时间还有待进一步研究，如对殷墟妇好墓中出土的后母辛青铜觥功能及器名的讨论，存在着仁者见仁、智者见智的看法。《左传》中有关于“奉匜沃盥”的记载，结合匜常与盘组合出土的情况，说明

战国晚期银匜

匜的用途之一是在洗手时盛水从上向下浇水，下边用盘接水，二者是一套“沃盥”用器。山东滕州市薛国故城 M2 中的铜匜置于铜盘之上，为我们提供了铜匜下葬时的原始状态。这件战国晚期银匜出土时临近银盘，从功用上可以认为，银匜与银盘是配套使用的，具有“奉匜沃盥”之礼的功能。值得注意的是，匜除主要用于盥洗之外，也可用作酒器，如春秋时期的鲁大司徒元匜的铭文中就自称用作饮器。

《左传》中“奉匜沃盥”的故事讲的是：僖公二十三年，晋国公子重耳（即晋文公）娶了秦穆公之女，新婚之夜，陪嫁而来的怀嬴向重耳行“奉匜沃盥”之礼，重耳未等“盥卒授巾”就自行甩掉手上的水，当即被视作轻视、冒犯秦国，引发怀嬴的强烈不满。青铜匜作为一种盥手注水的礼器，其礼仪严谨而神圣。

关于“奉匜沃盥”之礼的具体流程，《礼记·内则》记载：“进盥，少者奉盘，长者奉水，请沃盥，盥卒授巾。”《周礼·春官·郁人》也记载“凡祼事沃盥”，孙诒让注解：“沃盥者，谓行礼时必澡手，使人奉匜盛水以浇沃之，而下以盘承其弃水也。”从这些记载中我们可以知道，“沃”是自上浇下的意思，“盥”指洗手，沃盥所使用的器物，一个是注水的匜，一个是接水的盘。使用时，以匜盛清水，由一人手执匜从上向下慢慢浇水，洗手者双手仰掌受沃，另一人用盘在下面承接弃水，洗完之后，侍者为其递上毛巾擦手，这个过程为“沃盥”。

除了婚礼时要举行沃盥礼外，古人在祭祀、宴飨、葬礼时也要举行沃盥礼，象征着尊贵、洁净之意，如《仪礼·士昏礼》载“舅姑入于室，妇盥馈”，即新妇馈公婆之仪。当然，作为礼节，沃盥礼成为习惯之后就变得很平常了。《管子·弟子职》中写道：“少者之事，夜寐早作，既拚盥漱，执事有恪。摄衣共盥，先生乃作。沃盥彻盥，泛拚正席，先生乃坐。出入恭敬，如见宾客。危坐乡师，颜色毋怍。”意思就是，少年学子的本分，要注意晚睡早起。晨起清扫席前而后洗手漱口，做事要注意恭敬谨慎。轻提衣襟为先生摆设盥洗之器，先生此时正起床。服侍先生洗完便撤下盥器，又洒扫室屋摆好讲席，先生便开始坐入讲席。弟子出入都要保持恭敬，其情形如同会见宾客。端正地坐着面向老师，不可随便地改变容色。可见，“奉匜沃盥”之礼，已由“旧时王谢堂前燕”慢慢“飞入寻常百姓家”了。

临淄商王村一号战国墓出土的这件“越陵夫人”银匜，不仅形制优美、造型独特，充分体现了当时先进的铸造技术，并且具有很高的研究价值，其流下外腹部竖刻“越陵夫人”四字，为人们判断银匜主人提供了线索。《礼记·曲礼下》记载“天子之妃曰后，诸侯曰夫人”，这座墓中同时还出土了一枚印文为“音子”的私印，可知墓主是战国晚期齐国一位名叫“音子”的诸侯夫人，银匜是这位夫人的专用器，与直径 37 厘米的银盘配套用于盥洗。银匜上刻有使用者的名字，说明战国时期，高级贵族盥洗使用的银匜已经开始固定化、专一化。

今天，我们如果在家中宴请客人，有时也会替客人倒好洗手水、递上毛巾，这就是典型的古代沃盥礼之遗风。

（张冲）

战国玉璧

淄博市博物馆现收藏有5件战国时期的玉璧，均为临淄商王墓地出土。临淄商王战国墓地共出土各种玉器95件，其中玉璧29件，占比近三分之一。最大的玉璧直径19厘米，最小的12厘米。它们分别雕饰兽面纹、蒲纹、涡纹、卧蚕纹，且均为新疆和田玉质。这是迄今为止齐国大地上出土战国时期玉器最多的一次。出土的玉器种类多样、玉质精良、做工精美，是研究齐国玉文化的重要物证，其中多件玉器为国家一级文物，数次被选送参加国内外的多项展览。

玉璧是一种中央有穿孔的扁平状圆形玉器，为我国传统的玉礼器之一，也是“六瑞”（古代以玉作瑞信之物，用于朝聘，计六种，故名“六瑞”。《周礼·春官·大宗伯》载：“王执镇圭，公执桓圭，侯执信圭，伯执躬圭，子执谷璧，男执蒲璧。”六瑞形制、大小各异，以示爵位等级之差别）之一。《尔雅·释器》载：“肉倍好，谓之璧；好倍肉，谓之瑗；肉好若一，谓之环。”

战国玉璧

根据文献资料和考古出土状况分析，各式玉璧在玉礼器中使用较为广泛。凡贵族朝聘、庙堂祭祀、丧葬礼仪等，用璧都有规定。玉璧分大小两种，春秋战国时期，大者作为天子、诸侯或贵族礼天之器，故用圆形青玉，象征苍天。《周礼·冬官·玉人》载“璧琮九寸，诸侯以享天子”，说明王者用玉有严格规定。此外，人们还以玉祭祀祖先，以玉陪葬。战国乃至秦汉时期的墓葬中，一般都有用玉器陪葬的习惯，从陪葬的玉器数量和质量上可以看出墓主的大概身份。所以玉璧的主要用途，一为祭器，用以祭天、祭山、祭海、祭河等；二为礼器，用作礼天或作为身份的标志（如《周礼·春官·典瑞》所云“子执谷璧，男执蒲璧”之类）；三为葬器，作辟邪和敛尸之用。后来出现了器形较小的玉璧，一般用作佩饰以显示身份，或用作衡器的砝码。

战国时期是古代玉璧发展史上一个承前启后的重要阶段。这一时期的玉璧既承袭了西周、春秋时期的风格特征，又有区别于传统的变革创新。战国玉璧在形制、纹饰和工艺水平上达到了一个新高度，为汉代形成玉璧发展的鼎盛局面提供了极好的范式和基础。这一时期的玉器是中国玉器文化发展史上的重要一环，无论从艺术的角度还是从技术的角度考察，都具有很高的价值。这一时期儒家思想兴起，儒学者继承并发扬古人爱玉、崇玉的传统，选择“玉”作为其政治思想和道德观念的载体，提倡“君子比德于玉”，将玉道德化、人格化。在此基础上，贵族阶层盛行佩戴成组玉饰，因为雕制精巧的玉器不仅形制美观，而且还显示出佩戴者的品格。

玉璧是中国古代玉文化中最为核心的玉器之一。在中国传统文化理念中，玉璧象征着人们美好的意愿和高贵的品质，深刻地影响了中国人的传统观念和日常生活，当年国徽图案的设计就是以玉璧为主体的。此外，2008 年北京奥运会奖牌的设计灵感也来自玉璧。

（明继烈）

战国玉觽

淄博市博物馆藏有两件觽（xī）形玉佩，均出土于临淄商王墓地。一件长 7.4 厘米，宽 2.8 厘米，整体呈牛角形，兽首，圆口，口上有一穿，尾部弯曲尖锐，棱线刮削，素面光华。另一件长 6.15 厘米，宽 1.4 厘米，厚 0.2 厘米，呈透雕龙形，刻饰阴线纹。

玉在我们现在生活中无处不在：玉质的饰品、玉质的家具甚至与玉有关的名言都渗透在我们的生活中，如我们常说的“君子如玉”“一片冰心在玉壶”“他山之石，可以攻玉”“君子无故，玉不去身”等。同样，人们都喜欢佩戴一些玉饰品，如玉镯、玉佩、玉戒指等，玉文化可谓与我们息息相关。

玉崇拜是中华文化的独有特色，肇端于中国新石器时代。至圣先师孔子认为玉有仁、智、义、礼、乐、忠、信、天、地、德、道十一德，管子认为玉有仁、知、义、行、洁、勇、精、容、辞九德，东汉许慎认为玉有仁、义、智、勇、洁五德。当玉被赋予道德内涵之后，佩戴玉器对于普通民众、士人抑或是社会上流来说，所体现的不仅仅是财富地位，更昭示出一种巨大的精神力量。“君子比德于玉。”由于孔子等先贤把玉提高到了道德的高度，德玉文化开始形成。原始社会时期是神玉文化，奴隶社会时期是礼玉文化，而春秋战国时期强调的是德玉文化。中国后来的玉文化，全部限定在德玉文化的范畴之下，尤其在汉代，“玉有五德”观念深入人心。

在众多的玉器品类中，“觽”这种玉器离我们今天特别久远，以至于一般人读不出它的名字。觽的形状类似兽牙，从字面上看，其最初的材质应当为兽骨，甚至可能直接取兽牙以用。觽本是一个解绳器，能把绳子的死扣解开，是古人用来解开腰带等结的，它还有一个名字叫“冲牙”。后来，许是用到之处增多，觿逐渐演变成配饰。

据相关考古资料可知，玉觿于商代开始流行，其后历西周、春秋战国，至汉而不衰，汉以后消失。商代玉觿造型简洁，多作牙形，上端穿孔，下首尖锐，觿身琢简略纹饰。西周玉觿颇似月牙形，器身饰龙纹、人纹等。春秋战国时玉觿的形制发生了巨大变化，目前所见这一时期的玉觿均处理成龙、虎、鸟等形象。动物的头部为上端，尾部琢成锐角，身体弯曲成自然的曲线，透雕结合隐起的运用使其动物形象变化多端且自然生动。特别是素面玉觿在春秋战国流行开来，整体呈扁平状，弯曲弧度大。从目前所见的觿来看，其形状、大小不完全相同，但都保留了一头宽厚、另一头尖锐的基本形状。

《诗经·卫风·芄兰》曰："芄兰之支，童子佩觿。虽则佩觿，能不我知。"芄兰是一种植物，长得非常茂盛，借以代表女孩的心情。这首诗是以女孩的口吻写的，翻译过来是：茂盛的芄兰旁边，站着个男孩，身上佩戴着觿。女孩子说："虽然你佩戴着觿，是个解扣的工具，可是你白带着，不能解开我心中这个结。"佩觿，在古代是男子成年的标志。这里描述了春秋时期佩觿的习俗，也说明了觿是成人配饰。

《诗经》毛传中有："觿，所以解结，成人之佩也。"汉刘向《说苑·修文》云："能治烦决乱者佩觿。"晋王逸《楚辞章句》亦云："行清洁

战国玉觿

觿形玉佩

者佩芳，德仁明者佩玉，能解结者佩觿，能决疑者佩玦。”由此可见，觿从日常用品逐渐演绎成别具内涵的配饰，作为善于决断、处置难题的标志，其材质也延伸到金玉之属。

这两件玉觿造型精美别致，雕刻细腻，它们的身上仿佛沉淀了佩戴者的气息，当时君王的精气神也仿似都尘封在了玉觿之中，两块玉觿一个犹如处事果断、语言犀利的君王，一个犹如温润如玉又朴素无华的君子。历史悠悠，岁月的长河已经远去，当时封尘的故事也不为人知，只有两块温润、精致的玉觿静静地陈列在博物馆的展厅里。它们宁静、隽秀、犀利、朴素，静静地诉说着当年君王的故事……

（张宝）

秦代鎏金龙凤纹银盘

淄博市博物馆所藏鎏金龙凤纹银盘直径37厘米，高5.5厘米，重1705克，出土于临淄窝托村的齐王墓陪葬坑中。在目前所见的中国古代金银器中，汉代以前铸造的金银器十分罕见，而这件鎏金龙凤纹银盘是战国晚期制作的，并且有确凿的证据表明它是秦始皇的御用食器。

淄博市临淄区的窝托村有一处规模庞大的墓葬，当地人称它为窝托冢。1978年秋，文物部门对这座墓葬进行了勘探发掘，先后发掘陪葬坑五个。经专家考证，此墓为西汉初期的齐王墓，陪葬坑内共出土各类文物12000余件，其中不乏独一无二的稀世珍品。其中三件鎏金花纹银盘制工精致、造型典雅，犹如耀眼的明星，分外夺人眼目。

鎏金龙凤纹银盘是三件银盘中最大的一件。该盘通体为银质地，纹饰处全部鎏金，盘口沿及内外腹壁錾刻有三组变形的龙凤纹，每组布局疏密有致，宛如流动的几何图形。盘内底中心錾刻有三条盘龙纹，龙体蜿蜒盘曲，上部作侧立状，下半部似蟠坐状，龙尾弯曲与另一条龙相衔接。银盘构图规整而富有变化，线条古朴流畅，具有很强的律动感。

面对如此精美的文物，专家们赞叹不已，爱不释手。在这件鎏金银盘的口沿背面和外底部刻有铭文，共47字，分为四款。经专家考证，这四款铭文应该是分三次刻成的。其中一处铭文在银盘的口沿背面，有“卅三年 左工”的字样。这一发现让专家们兴奋不已，铭文中的“左工”是监造者左工师的简称，秦代的工师有左右之分，他们是宫中的师傅，负责传授手工技艺和核查产品的质量。“卅三年”即三十三年，代表年号。通过对战国晚期到汉武帝时期各位皇帝在位时间的考证，只有秦始皇在位时间超过三十三年，因此确定银盘的铸造年代不晚于秦代。专家不仅在铭文中确定了其使用的年代，还发现银盘铭文中有“御羞”二

秦代鎏金龙凤纹银盘

字。汉代官制中有“御羞令”一职，专门负责管理帝王饮食，从这件银盘的“御羞”铭文来看，这一官职应承袭自秦代。一说，《汉书·百官公卿表上》:“水衡都尉……有上林、均输、御羞、禁圃、辑濯、钟官、技巧、六厩、辩铜九官令丞。”颜师古注引三国曹魏如淳曰：“御羞，地名也，在蓝田，其土肥沃，多出御物可进者，《扬雄传》谓之御宿。”秦代的左右工并非都在都城咸阳，如出土的秦二世元年丞相斯戈上有“栎阳左工（师）去疾”的刻辞，说明这位名叫“去疾”的左工在栎阳。依此说，这件御用的鎏金银盘也有可能为身处“御羞”一地的宫廷工匠所铸造。但从《汉书·百官公卿表上》所列九官来看，这些官职都以职能命名，是地名的可能性很小，所以此说并不可从。因此，这件银盘无疑是专供帝王使用的，它应是秦始皇在咸阳宫的御用食器。《史记》记载刘邦破秦进入咸阳后“毫毛不敢有所近，封闭宫室，还军霸上”，这件银盘当时应该还在宫中。而后“居数日，项羽引兵西屠咸阳，杀秦降王子婴，烧秦宫室，火三月不灭，收其货宝妇女而东”，此时这件银盘应当已归项羽所有。后来楚汉争霸，刘邦胜出，银盘再度易主而进入皇家府库，后可能通过赏赐的方式辗转来到齐国。

如今，这件银盘被借用陈列在中国国家博物馆。其精湛的工艺，精美的纹饰，龙飞凤舞、金光熠熠的风采，磁石般地吸引着游人的目光。该银盘多次代表中国到日本、德国、新加坡等国展出，博得了齐声喝彩，成为中国人的骄傲，更是我们淄博人的骄傲！

（李志鹏）

西汉金镈铜戈

西汉金镈铜戈

淄博市博物馆所藏的这件西汉金镈铜戈，戈重 348 克，镈重 235 克。铜戈通长 22.5 厘米，栏长 11.9 厘米 ，援长 12.6 厘米，内长 8.8 厘米，胡长 9.1 厘米。銎径 3 厘米。整个金镈由 420 克纯金辅以铜复合而成。

西汉齐王墓陪葬坑是 20 世纪 70 年代末淄博市博物馆的一项重大考

古成果。五个陪葬坑共出土各类遗物12000余件，其出土文物数量之多、类型之丰富、制作之精美、品级之高，一时轰动全国。陪葬坑中出土的两件金镈铜戈均为国家一级文物，一件现藏于齐文化博物馆，一件藏于淄博市博物馆，是不可多得的铜金复合经典之作。

这件金镈铜戈与战国中山国遗址中出土的金镈铜戈在式样和制作工艺上有一些相近之处。战国中山国遗址共出土两件金镈铜戈，一件是错金银铜镈，另一件是金镈，在纹饰和制作上都极尽精致与华美。错金银铜镈长13厘米，镈的上部是填以卷云纹的三角纹，中间装饰弦纹，下部装饰勾连云纹。金镈通长21.2厘米，长径4.4厘米，重902克，是中山王铜戈所用之镈，系用纯金制成。镈上端为筒状圆銎，用以插柲，下端呈八棱形，便于手握。近口处和中腰处镶有银箍。镈上装饰有两条方向相反并用蓝琉璃镶嵌双眼的神龙。一条龙向上攀，飞扬的双翼用白银镶嵌；一条龙向下爬，用银镶嵌一对昂起的龙角。两条龙的额、面、鳞、毛等细部用针刺刻而成，花纹细如毫发，精美细致。淄博市博物馆所藏的这件金镈铜戈的造型特点是：云纹金镈，长胡三穿，微曲援。金镈前端銎如杏仁状，镈柄金光闪闪。戈顶饰一回首的鹦鹉，翎毛刻画细微精巧。“鹦鹉”与“英武”二字谐音，象征智慧吉祥、英明神武。镈柄下端较细，饰四道凸棱纹和卷云纹，曲线婉转自如，戈刃寒气袭人。内上近胡处贯穿一筒形柄，以纯金铸成，制作非常精致。完整的金镈铜戈是由铜戈、冒饰、金镈组成，冒饰由冒顶和筒状柄组成，它是套在戈之上用以纳柄的。因岁月侵蚀，铜戈原有的木柲早已腐朽。

戈可刺、可钩、可砍，是我国秦汉之前最为常见的一种古代带柄兵器，使用此兵器的人古称“勾兵”。标准的戈由戈头、柄、铜镈三部分组成。戈头分为援、内、胡三部分。“援”就是平出的刃，用来勾啄敌人，是戈的主要杀伤部位。援体狭长，多数体中有脊棱，剖面呈扁菱形。援的上刃和下刃向前弧收而聚成锐利的前锋。“内”位于援的后尾，呈棒状，用来安装木柄，有直的，也有末尾向下弯曲的。内上面有穿绳缚柄的孔，称为“穿”。为了避免在挥杀时向后脱，有的戈在援和内之间设有突起的“阑”。“胡”是戈援下刃接近阑的弧曲下延，沿阑侧增设缚绳的穿孔。开始时，胡只是为了增加穿孔而设，戈齿越长穿孔越多，柄和戈头缚绑得越结实牢固。两周时期的戈，将胡身加长，增加了戈的勾割能力。到了战国时期，胡的长度又有所增加，成为长胡多穿式戈。为了便于前砍后勾，木柄多用扁圆形，以利于把持。戈柄的长度不一样，可以根据实战需要设计。步战用短柄，车战用长柄。在柄的尾端加上铜镈，可用于地面刺击，使戈在不用时能够插在地上。

淄博市博物馆“西汉齐王墓陪葬坑陈列”展厅的这套金镈铜戈虽然戈刃锋利，但它的功用显然已不再是用于战场搏杀。首先，我们从它的材质、工艺和纹饰不难看出其装饰性能。其次，从发掘资料来看，这类精美的金镈铜戈大部分是两件同出一墓。这一现象据说与西汉画像砖上左右二持戈门吏的内容有联系。以青铜兵器用作仪仗或作某种象征、标志在商代就已十分盛行，如著名的商代鸟纹内三戈即被认为是祭祀时的仪仗之器。在出土的商代青铜兵器中，有一些铸有精美纹饰或镶嵌有绿松石的铜戈也大都用作仪仗之物。如果我们仔细观察便不难发现，此类型的戈器形都很独特，铸造工艺复杂，材质名贵，不适宜大批量铸造，无法适应大规模战争的需要。再次，从发掘出土的数量少、范围小也可以发现，这种类型的戈基本不可能作为兵器来使用。因此推断，这件金镈铜戈应主要用于宫廷仪卫，当属汉初齐王室用以检阅军队或庆典活动的仪仗器具。

汉高祖刘邦时分封的同姓诸侯王几乎占据了国土的绝大部分，大的诸侯王国甚至“跨州兼郡，连城数十”，仅有十五郡为中央直辖。这些王国的官制同汉中央官制相同或相似。其国王在用人方面有很大的权力，拥有能够为自己所控制的军事力量，有较为独立的司法权和兵权。刘邦的妻子吕后死后，她的亲属“诸吕”专权，企图谋反叛乱，齐哀王刘襄曾率兵屯于济南作为外援，配合汉王朝平定了诸吕叛乱。我们从西汉齐王墓陪葬坑出土的文物中，不难发现其金戈铁马、锐不可当的军事力量，完善的兵种建设及精良的武器装备。

2017 年 3 月 27 日至 7 月 16 日，这件金镈铜戈参加了由国家文物局与美国纽约大都会艺术博物馆联合举办的“秦汉文明展”，是山东省七件参展的珍贵文物之一。作为中外文化交流的“使者”，西汉金镈铜戈不仅展现出中华历史文化的辉煌灿烂，也向世界人民展示着两千多年前汉帝国的恢宏气象。

（袁红葵）

西汉矩形龙纹大铜镜

淄博市博物馆所藏的矩形龙纹大铜镜长115.1厘米，宽57.5厘米，厚1.2厘米，重56.5千克，为国家一级文物。

此铜镜出土于西汉初期齐王墓陪葬坑，形体硕大、造型独特，是目前我国出土铜镜中最大的一面。出土时，铜镜的正面和背面均带有少许绿色铜锈，并且已经断为三截。铜镜正面光滑平整，虽经历两千多年，局部仍光亮可鉴。铜镜背面主体饰浅浮雕龙纹图案，花纹凸起0.1厘米，四周边缘饰半圆形连弧纹。在铜镜背面的四角和中间有五个环形弦纹钮，钮长5厘米、宽3.5厘米、高3.2厘米，每一环钮四周饰柿蒂形纹。由于铜镜体量巨大，使用时可能需要用柱子和底座加以支撑，因此镜背面和边上的钮可能是为了与柱子和底座固定而铸。

通过对铜镜形体、纹饰、制作工艺等特点的分析，结合战国秦汉时期齐国都城临淄发达的铜镜制造业情况，我们推断这面铜镜是西汉初期由齐国制造并由齐王室使用的。

这面铜镜具有以下几个特点。一是形体巨大。从目前所见的历史著述和出土资料来看，这是迄今为止我国出土的面积最大、最重的铜镜，堪称“中华第一铜镜”。二是器形独特。在我国的出土铜镜中，圆形铜镜数量最多，方形铜镜数量较少，而矩形铜镜更是少之又少，实属铜镜中的珍品。三是纹饰精美。铜镜背面的龙纹图案，龙身蜷曲，张嘴吐舌，栩栩如生，线条自然流畅，极为生动活泼。龙纹是战国中晚期到西汉早期的流行纹饰，此镜对龙形纹饰进行了改造，并将龙纹适度拉长，与长方形镜体相得益彰，可谓匠心独运，反映了当时高超的艺术水平。四是工艺精湛。这面铜镜的面积近0.7平方米，而厚度仅1厘米多，在没有现代机械工具的帮助下，其制作难度可想而知。因为当时流行圆形

西汉矩形龙纹大铜镜

镜，这种方形铜镜在当时属于异形。圆形铜镜铸造工艺的规律性相对较强，但是异形铜镜较之常见形状的铸造工艺难度更大，往往需要依赖工匠们丰富的铸造经验和超强的工艺水平。该铜镜的出土，充分证明了秦汉时期我国铜镜制造技术已达到了相当高的水平，同时，它也是汉初齐国手工业高度发达的实物见证。

铜镜作为我国古代精美的工艺品，其用途有装饰、照容、辟邪、赏赐、信物、聘礼等，但其基本功能还是古人用于照面梳妆，即用于“正其衣冠，尊其瞻视”。《战国策 · 齐策一》中，就有“邹忌修八尺有余，身体昳丽。朝服衣冠，窥镜”的记载。此外，古人认为，铜镜能发光（实为反光），还具有镇鬼降妖、避邪消灾、侦测忠奸的功能。传说秦始皇有一面宝鉴，能见人肝胆，名为“照胆镜”。东晋葛洪在《西京杂记》卷三记载，汉高祖刘邦初入咸阳时，巡视府库“有方镜，广四尺，高五尺九寸，表里有明。人直来照之，影则倒见，以手扪心而来，则见肠胃五脏，历然无碍”。铜镜在古人眼里所具有的这种神秘魔力，实际上是在科学技术还不发达的情况下人们的一种附会和想象。据笔者推测，西汉齐王墓陪葬坑中出土的这面铜镜，在当时是用来镇鬼降妖和驱邪消灾的，具有威慑和巫术的功能。

这面矩形铜镜在我国铜镜制造史上具有特别重要的地位，是我国铜镜中的艺术精品和文物瑰宝，自 1978 年发掘以来，备受世界各国历史学界和考古学界的高度关注，曾先后到日本、德国等国家以及中国台湾展出。2002 年，国家文物局发布《首批禁止出国（境）展览文物目录》，规定 64 件（组）一级文物为首批禁止出国（境）展览文物，齐王墓出土的矩形龙纹大铜镜位列其中。

（王焕文）

西汉鎏金铜车軎

鎏金铜车軎（wèi），1978年出土于临淄西汉初期齐王墓陪葬坑，现收藏于淄博市博物馆，为国家二级文物。軎身长8.8厘米，呈筒状，軎身中段饰宽带凸弦纹两周，流云纹和云雷纹错银。辖为长方形，两端有销孔，上端作兽首形。

鎏金铜车軎为车马器，青铜质地，是车轮的重要零部件，套在轮轴的外端防止车轮脱落。其制作规整、组合装配精密，反映了当时机械制作精巧绝伦的技术水平。鎏金工艺的使用更体现了当时冶炼技术已达到炉火纯青的地步。

车马是我国古代最高效的陆行工具。先秦时期，车马主要用于交通、狩猎和作战，在人类社会生活中占据举足轻重的地位。车与马的完美结合体现了古代劳动人民的聪明才智。

西汉鎏金铜车軎

中国是最早发明和使用车的国家之一。目前所见的最早的车是商代中晚期殷墟中发现的车。大约四千年前，一个薛氏部落就以造车而闻名于世，《左传》中也有关于薛人奚仲担任“车正”这一官职的记载。到商代，车马的使用已经非常普遍，车辆制造技术也有了很大的提高。两周时期，车马进入大发展阶段，不但车马的种类非常丰富，而且车辆的制造技术也大大提高。战国时期出现了双辕双轮车，使车的结构更加科学，驾驭起来更加简单便捷。到了秦代，随着秦始皇“车同轨”政策的实施，我国古代的车马有了进一步发展，车辆进入标准化生产阶段。汉代以后随着骑兵的发展，车马主要用来载人载物，双辕车逐渐取代独辕车成为交通主流。三国时期出现了独轮车，这是交通史上的重要发明。唐宋以后，轿子逐渐流行，古代车马的发展也趋于沉寂。

西周是车马制度开始出现的时代，马车成为身份和地位的象征，有“贵者乘车，贱者徒步”“贾人不得乘车马”等要求，不同等级的人所乘坐的马车会有所区别，因此当时的平民百姓若看到一架装饰华美的车马招摇过市，那眼神估计跟我们看到一辆带飞翼的兰博基尼差不多。

汉代已经形成了一套比较完善而又复杂的车舆制度，不仅规定要根据乘车人的身份和地位选择乘车车辆的形制，还规定了乘车时的规矩和礼仪。比如《后汉书·舆服志》中规定：王，青盖；千石及以上，黑缯盖；三百石及以上，黑布盖；两百石，白布盖。由此可见，不同等级的官员，所乘马车上的车盖必须使用不同的颜色，而当时皇家使用的车盖是黄色的，被称为“黄屋”。《周礼·春官·巾车》中也有“王之五路”“王后之五路”“服车五乘”等记载。正因马车具有身份象征意义，当时的贵族不仅生前十分重视车马器物，死后仍不忘带着它们共赴天国。先秦两汉帝王墓中大量出土车马及相关器物，汉代齐王墓也不例外。齐王墓陪葬坑出土的文物中可以看到各种马车上的鎏金铜质构件和配饰，虽然木质的车体已经腐朽，遗留下的铜构件仍能让人遥想它们当年熠熠生辉的模样。

现在的人极少接触古代马车，对博物馆里展出的琳琅满目的铜构件和车马配饰更觉陌生，但其实只要我们稍加留心，就会发现其中一些仍然以各种形式存在于我们的生活中。比如车与马相连接的两根木条叫作“车辕”，我们耳熟能详的成语“南辕北辙”中的辕指的便是车辕。又如“车辖”中的“辖”是穿过“軎”和轮轴的一个销子，用于防止“軎”的脱落，由此可见“辖”的重要性。《淮南子·人间训》亦云：“夫车之所以能转千里所者，以其要在三寸之辖。”我们今天说的“管辖”“直辖市”等词语中的“辖”都表达了管束的意思，其来源就是古代马车上的这一零件。再如，《木兰辞》中有段关于木兰入伍前到市场买马的描述：“东市买骏马，西市买鞍鞯，南市买辔头，北市买长鞭。”其中的辔头就包括了车马构件中的三样东西：辔、马衔和马镳。虽然我们今天很少使用这三个词，但将它们翻译成白话后，大家就认识它们了：辔就是缰绳，马衔就是马嚼子，马镳则与马衔相连、贴于马嘴两侧。成语“分道扬镳”中的“镳”指的就是马镳。此外，马头两侧绳带的连接处有一种叫“节约”的铜配饰，有了它，相连的几条绳带就不容易走偏，即它可以起到节制、约束绳带的作用。而我们现在所讲的节约、不浪费，本身也具有节制的意思，它的原意可能就来自这种铜配饰。虽然这些由马车部件引申而产生的词汇，其现今的词义已经与车马没有太大联系，但这些词汇的存在也能说明古代车马在当时社会生活中的重要地位。

（李鸿雁）

西汉鎏金铜弩机

西汉鎏金铜弩机，1978年出土于临淄西汉初期齐王墓陪葬坑中，现收藏于山东省淄博市博物馆，为国家一级文物。其郭（廓）长14.4厘米，宽3.7厘米，厚2.8厘米。牙、悬刀、望山、郭面鎏金，悬刀有镂孔。

鎏金铜弩机为实用器，青铜质地，主要零部件表面鎏金。作为可用于实战的兵器部件，其制作规整、工艺精湛、组合装配精密，反映了当时在机械制作方面高超的技术工艺水平；鎏金工艺的使用更体现了当时金属加工技术登峰造极的水准。这些都突显了弩在当时实战兵器中至高无上、独占鳌头的地位。鎏金铜弩机的发现，在文物考古和历史研究中具有极其重要的史料价值。

弩机是弩的主要部件，它与弩臂、弩弓、弩弦、弩矢等共同组合成

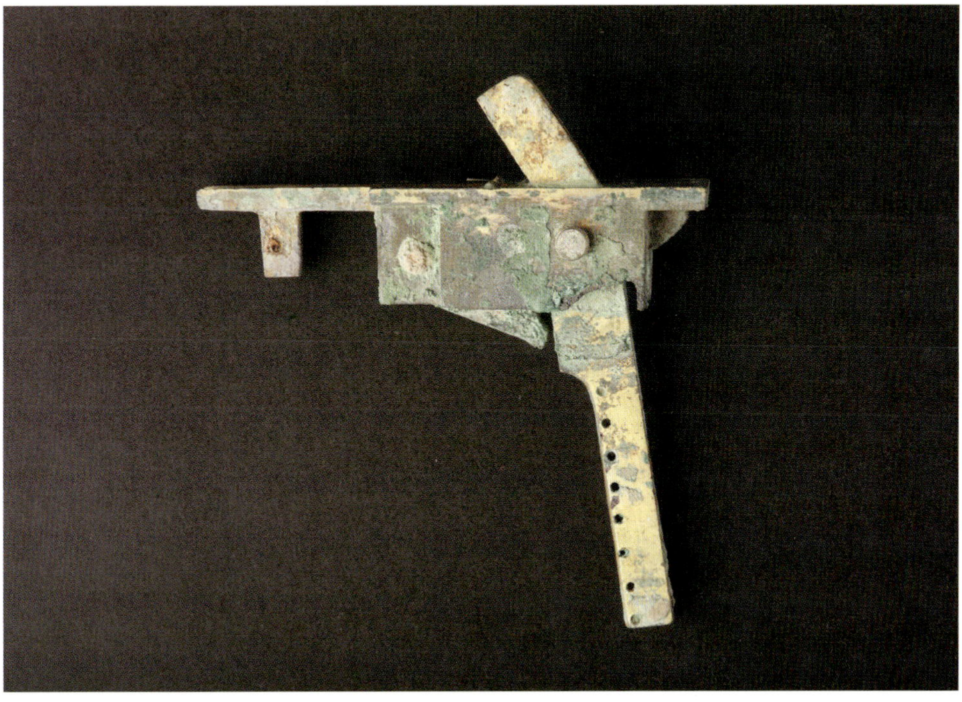

西汉鎏金铜弩机

完整的远射兵器“弩”。弩机的制作技术在战国秦汉时期臻于成熟，全部用金属制作，由望山（相当于现在枪械上瞄准用的标尺）、牙（用于勾弦）、郭（弩机机身）、枢轴（组合连接各部件的主轴）、悬刀(相当于扳机)、钩心（相当于保险）等一系列机械部件组合而成。

弩是在弓箭的基础上发展而来的，是中国古代最伟大的发明之一。弩机是人类利用复杂的复合机械装置，储存自然力、利用自然力的一项革命性创造，是古代中国人智慧的结晶。弩具有张力大、射程远、瞄准精、易操作、杀伤力强、利于团战等优势，是对付驷马战车和骑兵时克敌制胜的决定性武器。弩又称“窝弓”“十字弓”，按规格大小、张弓方式和作战用途的不同，分为臂张弩、踏张弩、腰张弩、连弩、床弩等，射程多600~1000米，射程最远的床子弩可达1500米。

根据史料记载，弩在中国古代出现的时间应不晚于商周时期，到春秋时期成为一种常见的武器。春秋晚期，弩在实战中越来越受到重视，《孙子兵法》即将其列为重要战争物资。迄今考古发现的最早的较完整的弩，是河南洛阳中州路出土的战国中期的弩。战国时期，弩在战争实践中大显身手，著名的马陵之战中，孙膑就以“万弩俱发”的突击攻势战胜了率大部队轻敌冒进的庞涓。

包括鎏金铜弩机在内的众多考古资料显示，当时的弩机不但本身各种零部件制作精良、结构复杂巧妙，而且实现了标准化生产，同一类型弩机的同一类部件，尺寸规格完全一致，这就保证了在激烈作战中损坏的部件，能够最快地用同类备用件进行置换，从而极大地提高战斗力和作战效率。这集中体现了古代高超的系统组织能力。

在火药大规模军事化以前，各式杀伤力巨大的弓弩是古代中国人创造的主要优势兵器。因其机械原理和制造工艺复杂，弩一时无法被外族掌握和大规模使用。正因如此，秦始皇才能够“良将劲弩守要害之地，信臣精卒陈利兵而谁何”，使“蒙恬北筑长城而守藩篱，却匈奴七百余里，胡人不敢南下而牧马，士不敢弯弓而报怨”，从而“振长策而御宇内，吞二周而亡诸侯，履至尊而制六合，执敲扑而鞭笞天下，威震四海”。

鎏金铜弩机在齐王墓陪葬坑中的发现，有其深厚的历史背景。西汉初期齐国临淄与秦都咸阳是并列的全国两大城市，号称东西二京。当时齐国“东有琅邪、即墨之饶，南有泰山之固，西有浊河之限，北有渤海之利，地方二千里，持戟百万，县隔千里之外，齐得十二焉，此东西秦也。非亲子弟，莫可使王齐”，并且“子肥为齐王，王七十余城，民能齐言者皆属齐”。刘肥是刘邦的长子，虽是庶出，但颇受重视。齐国是当时最大的封国，持戟百万，威震诸侯，在后来朝廷与吕后政治集团的斗争及平定吕氏集团的武装叛乱中，都曾经发挥了关键作用。这件鎏金铜弩机就反映了当时齐国雄厚的军事实力和无与伦比的重要地位。

弩这种冷兵器时代射程最远、杀伤力最大、机械原理和机械结构最复杂的兵器，在古代中原王朝对抗北方游牧民族侵扰时，发挥了重要作用。从某种意义上说，在几次足以改变历史进程的关键战役中，弩曾经扮演过决定性角色。秦汉时期，中原王朝正是得利于独家掌握了“劲弩”这一利兵，才能“却匈奴七百余里”，使“胡人不敢南下而牧马”，保证了中原王朝北部边疆二百余年相对平安无事，为华夏民族创造第一个大一统的辉煌历史时期赢得了历史机遇，由此才有了世界文明交流史上光耀千秋的陆上丝绸之路的开通。

唐初贞观四年（630），大将李靖北征突厥颉利，夜袭阴山，遣先锋苏定方“袭突厥颉利于碛口，率彀马二百为前锋，乘雾行，去贼一里许，雾霁，见牙帐，驰杀数十百人，颉利及隋公主惶窘各遁去，靖亦寻至，余党悉降”。经此一战，唐朝基本消灭了突厥的主力，不久就灭亡了突厥汗国。此后三百年大唐王朝北疆无患，为大唐盛世的出现奠定了安定和平的外部环境和历史基础。此次历史决战中，发挥决定性作用的“彀马”就是持弓弩的骑兵。

公元1005年，二十万契丹大军进抵黄河北岸，直接威胁北宋王朝京畿重地。宋真宗御驾亲征，两军隔河对峙。大战在即，北宋军队以射程达1500米的床子弩狙杀了正在观察地形的契丹主将，重挫了契丹军队的锐气。双方遂罢战议和，北宋北部边境得以暂时安定。

公元12世纪初，女真族大肆南侵，欲从川陕迂回包抄南宋军队。然而十万女真铁骑却遭到了仅一万人、但装备了神臂弩的宋军的顽强抗击。神臂弩可在250米的距离处射穿铁甲，在宋军神臂弩雨点般的射杀面前，女真骑兵死伤逾万，狼狈撤军。此战一举打破了“女真不满万，满万不能敌”的神话。这是冷兵器时代“非接触”战役的著名战例。

火药在战争中的广泛使用，结束了弩在冷兵器时代叱咤风云、称雄数千年的辉煌历史，但弩在历史发展进程中的巨大作用是毋庸置疑的。

（李鸿雁）

西汉鎏金铜熏炉

西汉鎏金铜熏炉

在山东淄博市临淄区大武乡窝托村，有一个状若山丘的高大土冢，虽历经千年风雨，其封土仍高达 24 米，气势非凡。1978 年秋，考古工作者对此墓的五个陪葬坑进行了为期 3 年的发掘整理，收集出土文物 12000 余件，包括陶器、铁器、漆器、铅器、青铜器、金银器等，其中有精美罕见的矩形龙纹大铜镜、铁盔铠甲等文物。此墓因文物数量之多、品级之高，一时轰动全国。

在五号陪葬坑琳琅满目的各式兵器中，两件大小相近、闪闪发光的鎏金铜熏炉吸引了考古工作者的目光。两件熏炉中，稍大者通体为铜铸，外表鎏金，口径 9.3 厘米，通高 14.4 厘米；弧形盖顶饰一环钮，周围透雕两条盘龙，首尾衔接，线条流畅多姿；炉身为豆形，曲腹，腹部有微凸起的一周纹带，有效地克服了因腹壁素面而导致的单调感，并承饰一对铺首衔环；腹部刻有“左重三斤六两”“今三斤十一两”，底部外缘刻“今二斤三两”，另刻有多字，已显模糊。该熏炉整体造型圆浑典雅，镂雕纹样生动，铸作工艺精美，属同类器中的上乘佳作，现藏于淄博市博物馆。另一件藏于齐国故城遗址博物馆。

从出土文物的形制特点来看，它们是西汉初年的器物，器物铭文中“齐大官”“齐食官”的字样更提供了佐证。据《汉书·百官公卿表》记载，大官和食官是专门掌管皇帝、皇后以及太子饮食的官。汉初，各诸侯国“宫室百官，同制京师”，由此推断这些器物是由齐大官和齐食官掌管的齐王宫室专用的饮食器皿。此件鎏金铜熏炉的主人究竟是第一代齐王刘肥还是第二代齐王刘襄，有待于主墓室发掘后进一步印证。

熏炉也称“香炉”“熏笼”，在熏炉内焚香，颇有助于营造肃穆、高雅的气氛。香熏始于何时，学界尚存争议。有学者认为人文始祖轩辕黄帝时即已开始焚香。汉代初期，随着交流的加强，南海地区的龙脑香、苏合香等罕见香料通过海上丝路传入中原，从而大幅度地开拓了香源范围，上层社会的崇香风气渐渐影响至民间。南北朝时期，某些地区已有专营香料的香市。到宋代，还有人作《香谱》，为诸种香料分类定名，详述其产地、性能和使用方法。香料的性质、品位不同，其用途也不同：有的入药治病，有的用于烹饪调味，有的用来酿酒，有的和入泥中涂抹室壁（如所谓“椒房”），有的用于庙堂祭祀……

汉代，百家传记迭出，有关香熏活动的记述丰富起来。从文献和考古发掘资料的相互印证来看，整个汉代社会尤其是汉朝宫室，已然进入了一个香熏活动的上升期，汉代蔡质所著的《汉官仪》中就有相关记载："女侍史絜被服执香炉烧熏。"汉武帝时期，国力鼎盛，外邦进贡者络绎不绝，香料成为当时进贡的重要内容。香料在燃烧时香气更浓烈且更易扩散，故焚香成为最流行的用香方式，熏炉也随之兴盛。

旧记谓汉代始有熏炉，此种说法主要依据《西京杂记》关于长安巧匠丁缓制作"被中香炉"和"九层博山炉"的记载。但该内容讲的是丁缓制作熏炉的高超技艺，并未说由丁缓始作。如今战国熏炉在考古发掘中已多有发现，观察其构造的成熟程度，不排除春秋时期已存在熏炉的可能。但汉代熏炉焚香的风气特盛是事实，存世的汉炉也比较多。据考古资料显示，广州、长沙等地的西汉早期墓葬中已经出土了不少熏炉，其中广州地区 400 余座汉墓中，共出土熏炉一百多件，长沙马王堆一号墓中出土了特制的熏笼。熏炉被做成各种形状，有豆形、鼎形、簋形、博山形，还有鸭、龟、虎、麒麟等动物形，周邦彦词中的"锦幄初温，兽香不断"、李清照词中的"瑞脑消金兽"，说的就是这类兽形熏炉。

熏炉最早多是陶瓷质地，后来发展为金、银、瓷、玉、铜多种质地，但因青铜坚牢且散热性能好，故以青铜质地为大宗。这件鎏金铜熏炉采用青铜制作，造型简洁，镌刻精美且实用，彰显出高贵大气的王室气派，更因其独特的制作工艺——鎏金，成为同类器中的佼佼者。有专家说，它的加工精度和表面光洁度已经接近现代机械加工所能达到的水平。

两千多年前，这件鎏金铜熏炉陪伴着齐王深埋地下。如今，它又作为罕见的一级文物精品，为后人展示着汉初的精湛工艺。它所承载的汉代文明和历史文化令人回味无穷。

（孙宜）

西汉青铜錞于

淄博市博物馆所藏的青铜錞于出土于西汉齐王墓陪葬坑，通高 49.5 厘米，底径 27.2 ～ 24.7 厘米，重 17175 克。

錞于亦称“錞釪”“錞”，出现时间不晚于春秋时期，盛行于汉代，是我国古代的打击乐器，一般用于战争或田猎。錞于最初由指挥作战的高级军吏操纵，为军用打击乐器，战国时代开始成为上层贵族的宴享乐器。现今发现的錞于并非全部为铜质，江苏无锡鸿山遗址曾出土过春秋战国时期的陶瓷錞于 19 件，包括青瓷质 13 件、硬陶质 6 件。这些陶瓷錞于的形状与铜质錞于完全一致，应该属于随葬冥器。錞于形制较为统一，多略呈椭圆筒形，肩围大而腰围小，钮以虎形最为多见，象征军权、军威，故常有“虎钮錞于”之称。此外，也有马形、龙形、凤形、环形、桥形等各种形制的钮。《周礼·地官·鼓人》:“鼓人掌教六鼓四金之音声，以节声乐，以和军旅，以正田役。”“四金”在战争中各自发挥着不同的作用：“以金錞和鼓，以金镯节鼓，以金铙止鼓，以金铎通鼓。”在进军时鸣金镯以节鼓，在退军时鸣金铙以止鼓；金铎用以宣布政令和指挥作战，在军击鼓，先振铎，而后诸鼓齐鸣；錞于属于钟类，常和鼓配合用。《国语·晋语》载“(晋公)乃发令于太庙，召军吏而戒乐正，令三军之钟鼓必备”，王念孙曰：“钟鼓、錞于、丁宁皆战所必用，不得以钟鼓属伐，以錞于、丁宁属战，以是明之。”《国语·吴语》载“鼓丁宁、錞于、振铎”，《周礼·地官·鼓人》载“以金錞和鼓”，《淮南子·兵略训》载“两军相当，鼓錞相望”，《宋史·乐志四》载“鼓属乎阳，金属乎阴，阳造始而为之倡，故以金錞和鼓”。可见，鼓錞之制是古代军队必备的礼乐制度，且在战争中各自发挥着不同的功能。

至于錞于的奏法，文献中有两种说法：《太平御览》引《宋史》云

西汉青铜錞于

"令去地尺余，灌之以水。又以器盛水于下，以芒当心跪注錞于，以手振芒，则其声如雷，清响良久乃绝"，《周书·斛斯征传》记载"征遂依干宝《周礼注》以芒筒捋之，其声极振"。从考古资料来看，河南汲县山彪镇所出之水陆攻战纹铜鉴上有丁宁、錞于图案：指挥官一手执枹近鼓，一手执枹近錞于。河南辉县琉璃阁一号墓出土的乐舞狩猎纹奁片中有葫芦笙、錞于图案：上层中左第一人吹葫芦笙，第二人双手执双桴，立于鼓錞前。鼓为楹鼓，鼓面横出，如鼓字左旁象形。錞为錞于，与山彪镇水陆攻战纹鉴中的鼓錞相似。这一图案中有鼓有錞，有歌有舞，有饮食，有车舆，有宾主，反映了贵族阶层钟鸣鼎食、奢侈豪华的盛大宴乐场面。云南晋宁石寨山古墓（西汉时期）出土的铜贮贝器上铸有大群滇人举行宗教仪式的场面：两人合扛一木，下悬一錞于、一铜鼓，铜鼓侧悬，錞于则正吊于横木之上，旁边有一人，手执鼓槌同时敲击铜鼓和錞于。这些出土器物中的画面为我们提供了关于錞于奏法的相关资料。

錞于为非定音乐器，主要用于敲击节奏。《国语·吴语》中记载了吴王夫差亲鸣钟鼓、丁宁、錞于的盛况："昧明，王乃秉枹，亲就鸣钟鼓、丁宁、錞于振铎，勇怯尽应，三军皆哗扣以振旅，其声动天地。"吴军因吴王夫差亲奏军乐而士气大振，最终取得了黄池之战的胜利。

东汉以后，錞于作为军事乐器已渐少使用，但它并没有退出历史舞台，而是成为宫廷乐舞和宴享音乐中不可缺少的重要乐器。隋开皇年间的宫廷武舞——凯安舞，舞者 64 人，"左干右戚，执旌居前者二人，执鼗执铎者二人，金錞二，舆者四人，奏者二人，执铙二人，执相在左，执雅在右，皆二人夹导，服平冕，余同文舞"。至大业中，隋炀帝依梁十二案所制的宴飨鼓吹乐中，"案别有錞于、钲、铎、军乐鼓吹等一部"。唐初，宴飨因隋旧制。开元年间，所用武舞——七德舞中"乐用钟、磬、柷、敔、晋鼓、琴、瑟、筝、竽、笙、箫、笛、篪、埙、錞于、铙铎、舞拍、舂牍等，谓之雅乐”。武则天时皇后庙及郊祭舞八佾，先圣庙及皇太子庙舞六佾。“县间设柷敔各一，柷于左，敔于右。錞于、抚拍、顿相、铙、铎，次列于路鼓南。”宋乾德四年，始令有司复二舞、十二案之制。宋徽宗年间，皇帝御射殿，召宰执、侍从、台谏、寺监、馆阁及武臣刺史以上，阅视新造宫廷乐器，其中就有錞于。南宋淳熙六年开始举行的明堂禋礼中也有使用錞于的记载。

錞于在宋以后的使用情况，已不见于宫廷记载，而在少数民族的祭祀和娱乐活动中却经常使用。据清人罗士琳《晋义熙铜鼓考》记载，泗城府傜人，每岁正月首诣府县行献岁礼，击铜鼓、錞于，一歌百和。可见直到清代，錞于作为一种娱乐性的打击乐器，在广西瑶族等边远地区还曾广泛使用。

淄博市博物馆所藏的这件西汉青铜錞于，器形硕大，光素无纹，很可能是亲临过战争现场的实用器。从它身上，我们似乎看到了当年车轮滚滚的战争画面，听到了金鼓齐鸣、杀声震天的历史回音。

（孔涛）

西汉铜骰子

淄博市博物馆“西汉齐王墓陪葬坑陈列”中展示着两枚青铜骰子，均出土于山东省淄博市临淄区大武乡窝托村的西汉齐王墓五号陪葬坑。两件铜骰子大小相似，形制相同：直径 4.9 厘米，圆形、空心、内有小铜块；共十八个面，其间镂八个三叉形孔；球面错银，在十八个面上分别错出“一”至“十六”以及“骄”和“妻畏”。那么，这个铜骰子在汉代是做什么用的呢？

战国至汉代是中国历史上博戏娱乐最盛的时代。《战国策 · 齐策一》中记载策士苏秦游说齐宣王的话说：“临淄之中七万户……临淄甚富而实，其民无不吹竽、鼓瑟、击筑、弹琴、斗鸡、走犬、六博、蹋鞠者。”这里的六博应指博戏，具有赌博的性质。《古博经》中提到，汉代博戏用十二棋，六白六黑，掷采行走，称为六博。不过汉代博戏有大博、小博，玩法不一，名称也各异，但归纳起来，大致可以分为两大类型，即投箸的博和

西汉铜骰子

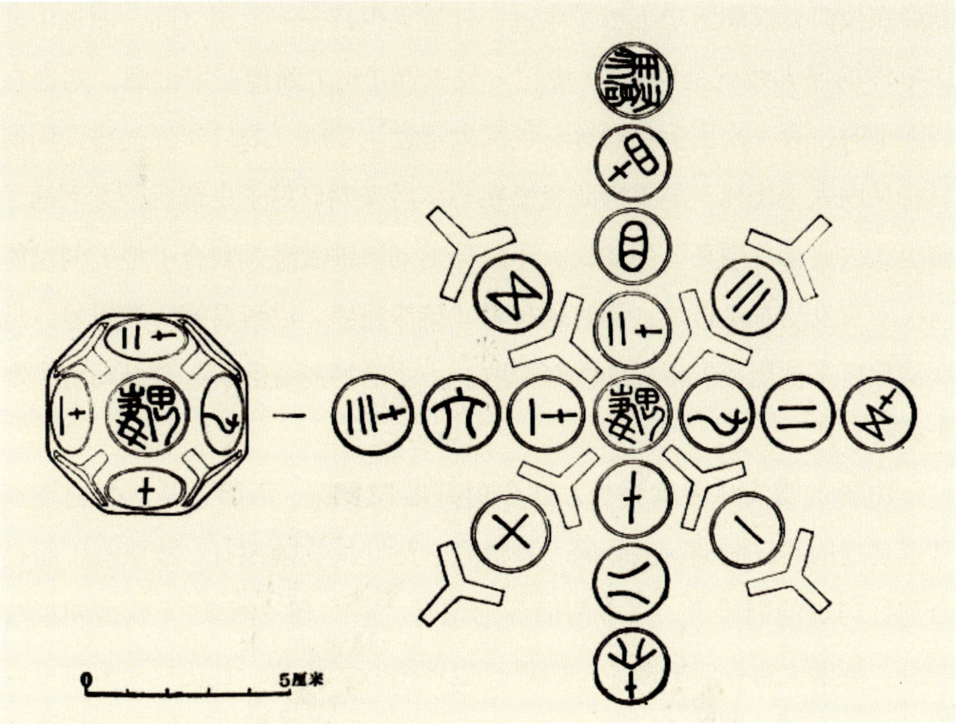

铜骰子展开示意图(《考古学报》1985年第2期,《西汉齐王墓随葬器物坑》)

投茕（qióng）的博，这对铜骰子就属投茕一类。

博戏的玩法早已失传，只能从出土的汉画像石中大致了解其情形：两个人面向棋盘而坐，分别执六枚黑棋与六枚白棋，并将棋子置于博局上所绘的十二个“L”形或“T”形的曲道上，然后轮流掷骰子，由于骰子是十八面的球形体，投出之后需要等其停下来，依最上面所刻之字行棋，即所谓“视其转止，依以争道”。十八面中，有一面刻“骄”字，如果投得“骄”，则把棋竖起来，称为“骄”棋或“枭”棋，是指一种有利的棋步。与之相对的一面刻“妻畏”二字，是“骄”的反义词，表示不利的棋步。其余十六面刻有数字一至十六。通过投掷骰子所获得的数字来行棋，从而获得筹码，并以获得筹码的多少来决定胜负。当时玩六博棋的关键在于棋路畅通，故有弈棋双方争道的现象，甚至为此发生过血腥事件。如汉景帝刘启在位时，汉朝历史上曾发生过一件重大事件——七国之乱，而发生此次事件的导火线就是博戏。《史记·吴王濞（bì）列传》中记载，刘启在当太子时，有一次因为玩博戏与吴国太子发生争吵，刘启年轻气盛，用博具将吴国太子击死，吴王因此怨恨在心。后来刘启做了皇帝后，又采纳了御史大夫晁错“削藩”的建议，于是吴王刘濞被激怒，联合了楚王刘戊等向汉中央发动军事进攻，同时还打着“请诛晁错，以清君侧”的旗号。这次反叛后来被周亚夫率领的大军击败。小小的博局竟然引起政局动荡，令人感叹。

中国的酒文化源远流长，酒令更是形式多样，不胜枚举，投掷铜骰子也是战国秦汉时期行酒令的一种形式。河北博物院藏有一枚镶嵌了绿松石和红玛瑙的铜骰子，其中两面分别刻有“骄”和“酒来”，就说明了这一点。酒席上行令应不限于一两枚，也可用五六枚的，其花样之多是可以想见的。从后世投骰子行令的玩法可以推测西汉时代的玩法。比如猜点令，即令官用两个骰子摇，全席人猜点数，不中者自饮，中则令官饮巨杯。又如点将令，即骰子递摇，得“骄”者为帅，下座再摇得帅，则甲乙两帅猜拳，胜者点座中人某为将，输者点某将应战，两将猜拳，败者饮酒，一方之将败完，帅亲自应战，败者则饮大杯，又斟一巨杯，败将分饮。再如卖酒令，即令官斟一巨杯，全席用两个骰子递摇，有一者买一杯，无一则罢，所剩之酒令官自饮，等等。

（张宝）

西汉玉蝉

西汉汉八刀玉蝉

淄博市博物馆珍藏有一件汉代玉蝉，是由社会征集收购而来的。玉蝉长 5.4 厘米，宽 2.5 厘米，青白玉，局部泛黄，无孔。蝉身正菱形，头呈平头形，高额凸眼，双目斜凸于两侧，宽颈。玉蝉雕刻以阴刻直线为多，有的虽成弧线，但均为两线交锋而成。玉蝉正面以阴线刻出头部和左右双翼，双翼对称规整，线条刀刀见锋。反面以数刀直线刻出蝉的腹部和尾部，中间纹饰呈八字形凸出。整个玉蝉刻画刚劲有力，线条分布稀疏明朗，充满生命张力。

据考古发现，早在殷商时期，死者口中就含有玉蝉、玉鱼、珠、贝等，西周墓葬中也有玉蝉、玉贝乃至小玉块等琀玉（也可称“含玉”），汉墓中发现的琀玉则多为玉蝉。据《史记·屈原列传》“蝉蜕于浊秽，以浮游尘埃之外，不获世之滋垢”及《后汉书·舆服志》“蝉居高饮洁”等记载，这是取蝉的高洁之义。蝉能上天入地，一生经历多种生命形态：蝉产卵，卵化成幼虫，幼虫入土，蛰伏四五年甚至是七八年后，成虫化蛹破土而出，又蜕变成蝉，如此轮回不息。在先民眼里，蝉从地上爬行之物变为天上能飞之物，象征着死者的灵魂飞升和生命循环。汉代人信奉道教，幻想死后羽化成仙、永享富贵，因此汉代人更崇拜蝉，这是汉代玉琀多为玉蝉的根本原因。

汉代玉蝉也称“汉八刀玉蝉”。何谓“汉八刀”？首先，让我们了解一下东汉许慎《说文》中的解释。他说：“八，别也。象分别相背之形。”这里的“八”就是“背”的意思，特指一些字是左右笔画相背分开。再者，我们从发明隶书的故事中也可以得到启示。秦始皇时期有一县令程邈，才华出众，因触犯法律，被关十年监狱。狱中，为便于文字书写，他尝试将小篆简化，发明了隶书。当时国家军事政务繁忙，小篆的书写速度繁慢，工作效率极低，隶书很快得到认可和普及。程邈也因此得到赦免，做了御史官。再后来，隶书中又出现了一种同今天汉书更接近的书写技法，其书写速度快捷，叫“八分字”。这里的“八分字”和“汉八刀”的“八”一样，不确指数量，更不是“八刀”的意思。正如我们熟悉的玉翁仲、玉猪龙等雕刻，它们都具有殓葬玉蝉的“琀背刀”风格。“汉八刀”其实就是“琀背刀”的讹读，是专门赶制玉器殓葬的工艺技法。汉代殓葬制作玉琀时，在蝉背部同样运用

“八分相背法”技法进行雕刻。“汉八刀”应有两层含义：其一，形容其刀工简练、粗放，宛若八刀而就；其二，用刀讲求左右对称，奏刀后左右两道线槽形成“八”字的效果。

“汉八刀”是汉代特有的雕刻刀法，其具体制作还有很多不为人知的工序。首先，由于玉质太硬，加工前必须对其进行浸泡，浸泡后，用硬刀划出深痕。而后，再以刀定位定型，大致切削成坡度，再以碾的砣轮反复琢磨。所以“汉八刀”实际上是斜碾工艺的一种。斜碾工艺在西周时期已非常流行，其流程应是将砣具偏倾一定角度，利用其侧刃带动潮湿的解玉砂碾，使线痕呈现出一面深、一面浅的斜坡状。此后，这种技法被人称为“一面坡”技法。由于“一面坡”阴线沟槽的底部、斜坡以及器表所在平面对光线的反射情况不同，其各自呈现的光亮程度也各异，从而凸显了较强的层次感与立体感，此技法在历代多被沿用。玉匠在玉蝉初砣之后常加以精细打磨，如细观之，则略有平行划痕的细磨砂痕迹。淄博市博物馆珍藏的这一汉八刀玉蝉，品相及光洁度非常完好，光洁润亮，并没留下明显血、水、土的浸迹。这多少让人有点疑惑，或是其入葬不久就被盗出，随后在民间流转，也或是它根本就没有随主人下葬。但从该玉蝉的外观造型及简练、流利的“汉八刀”治玉风格来看，它的确是玉琀，为死者口中含物。

“五月鸣蜩”，每年夏日听蝉在林子中无忧地高声吟唱，都让人联想到又一轮新生命的轮回。汉八刀玉蝉不仅映射着古代玉雕艺人的勤劳和智慧，更承载着生生不息、历久弥新的优秀传统文化精髓。

（袁红葵）

货布与王莽币制改革

淄博市博物馆所藏货布，通长5.6厘米，通宽2.25厘米，厚0.234厘米，重16.667克，铜质精良，形制精美，是王莽篡汉后第四次币制改革的产物。这种布币仿战国布币形制，平首平肩平足，腰身略收，厚实工整，面背及穿孔有廓，中竖线止于穿下，“货布”二字布局在中线左右两侧，钱文右读，书体纤细流利、潇洒俊逸。王莽的新朝只维持了15年，但其频繁改革币制，因此其绝大多数钱币都是短命钱。而货布自天凤元年至新莽灭亡，铸行长达十年之久，与“大泉五十”“货泉”合称王莽三大“长命钱”，故而存世量较多。

王莽货布

王莽出身西汉时期权倾朝野、势焰熏天的门阀贵族，是中国历史上一位备受争议的人物。从好的方面说，王莽崇信儒学，生活简朴，勤奋好学，礼贤下士，孝悌忠信，绝无纨绔子弟的习气做派，是当时颇有名望的道德模范。即使当了皇帝之后，他也能做到始终以黎民苍生为念，克勤克俭，励精图治。从坏的方面说，王莽一味慕古，刚愎自用，结党营私，铲除异己，他虽然心怀恢复周礼的良好愿望，但所推行的一系列政治经济改革，因异想天开和不切实际而引发了社会动乱，其本人也为绿林军所杀。

撇开政治和人格评判不谈，我们不可否认的是，王莽新朝的钱币极为精美。王莽代行皇帝之权及建立新朝之后，在货币制度方面先后进行了四次改革。

第一次币制改革发生在居摄二年（7），铸行“一刀平五千”（可兑换五千枚五铢钱）、“契刀五百”（可兑换五百枚五铢钱）、“大泉五十”（可兑换五十枚五铢钱），与西汉发行的五铢钱同时使用，这是中国历史上第一次发行大面额货币。

王莽发行“一刀平五千”与“契刀五百”的主要目的是掠夺富人阶层的财富。王莽下令禁止私藏黄金，而且用两枚“一刀平五千”或十枚“契刀五百”即可收兑富人们私藏的一斤黄金。这种刀币面值过大，引起了富人阶层的强烈反对。王莽铸造的“一刀平五千”与“契刀五百”两种刀币工艺水平很高，民间很难作伪仿制，但不法之徒很快就盯上了“大泉五十”这样的大钱，用两个多五铢钱的材料，就能铸造一个面值翻了五十倍的大钱，利润惊人，所以民间疯狂铸造大钱，大钱泛滥直接造成了物价飞涨、民不聊生的严重后果。

始建国元年（9），王莽称帝后又进行了第二次币制改革，废除第一次币制改革中除大泉五十之外的所有钱币，甚至包括五铢钱，增发“小泉直一”，作为五铢钱的替代品，一枚“大泉五十”可以兑换五十枚“小泉直一”。可第二次改革后，民间还是疯狂铸钱，因为融化十几个小钱就能铸造一个大钱，依然有丰厚的利润。这次改革导致民间的小钱都被用来铸造大钱，使民间小额交易无法进行，市场更加混乱。

始建国二年（10），王莽见势不妙，又推行了第三次币制改革，这次实行的是更为奇葩的“宝货制”，即所谓的“五物六名二十八品”。“五物”指的是金、银、铜、龟、贝等币材；“六名二十八品”指的是泉货六品、贝货五品、布货十品、龟宝四品、银货二品以及黄金。“泉货六品”即“小泉直一”“么泉一十”“幼泉二十”“中泉三十”“壮泉四十”“大泉五十”；“布货十品”即“小布一百”“么布二百”“幼布三百”“序布四百”“差布五百”“中布六百”“壮布七百”“第布八百”“次布九百”“大布黄千”。此次币改使得币制更为混乱，各个货币之间换算极其复杂，大钱花样更为繁多，民间盗铸成风，货币进一步贬值，经济进一步萧条，社会更加动荡。

天凤元年（14），为挽回民心，安抚天下，王莽不得不进行第四次币制改革，简化币种，废大小泉，换而发行“货布”与“货泉”两种钱币。“货布”重二十五铢，“货泉”重五铢，一枚货布可以兑换二十五枚货泉，但大小泉直到地皇元年（20）才彻底废除。这次改革等于是王莽承认了前几次改革的失败，重回五铢钱时代。此次改革虽然有助于稳定经济，但为时已晚，此时农民起义已风起云涌，三年后新朝便覆亡。

王莽无视经济规律所推行的历次币制改革虽然以失败收场，但在中国钱币史上留下了浓墨重彩的一笔，“莽钱”形制多样，铸造精良，币文稀奇，文字华美，为历代古钱收藏家所珍视。这枚货布就是其中的著名代表。

（孔涛）

魏晋四乳龙虎纹铜镜

在淄博市博物馆的馆藏青铜器中，有一枚魏晋时期的铜镜，其直径15.5厘米，重679克。该铜镜为圆形，圆钮，圆钮座。钮座外饰四枚带座乳钉，高浮雕龙虎各一对，与乳钉相间环绕，二龙、二虎夹钮相对。其外为一周铭文“吾作明镜，幽湅三商，统德宜道，配像万疆，延年益寿，子孙蕃昌宜王”。再外为两周锯齿纹间以一圈双线波纹。该镜系20世纪80年代于废旧公司拣选而来，属国家二级文物。

魏晋四乳龙虎纹铜镜

青铜镜是古代梳妆照容的生活日用品，也是中国青铜器中自成体系、价值极高的工艺美术品。中国最早的铜镜发现于比中原夏文化稍早一些的齐家文化的墓葬中。自史前铜石并用时期一直到清代，青铜镜的使用横跨四千余年。

魏晋南北朝时期战事频繁，社会极不安定。当时的铸镜业受到了严重影响，已远不及汉代。青铜原料的不足，使铁镜的铸造似乎更加流行，而铜镜因此更显珍贵。

一位日本学者看到这枚铜镜之后对它相当关注。为此，这位日本学者与当代中国著名考古学家王仲殊先生之间还发生了一段耐人寻味的小故事。1985 年 9 月 29 日，王仲殊先生和同事应邀出席了日本友人在北京举行的晚宴，在宴席上，刚从淄博等地参观归来的日本学者五井直弘声称在淄博市博物馆发现了三角缘神兽镜。宴会结束时，五井直弘当众又对先生说“在淄博市博物馆发现了三角缘神兽镜”，并再三强调其“与日本的三角缘神兽镜没有差别”。王仲殊先生因没有见到实物、照片和拓本，轻轻用日语说了一声：“是吗？”当王仲殊先生看到资料后，他随即发文对五井直弘先生说，这枚铜镜根本不是什么三角缘神兽镜，而是一枚浮雕式四兽镜，类似的铜镜在中国和日本都曾有发现。其缘由是，三角缘神兽镜的制造者是三国时期东渡日本的吴国工匠，他们在日本遵循自己的制镜工艺传统，在形制和纹饰上都形成了日本独特的样式。

铜镜上的乳钉纹出现于西汉早期，以四颗高起的乳钉界定画面，使以往各种具有运动感的纹饰拥有了稳定性，从而产生了动静结合的新图像。乳钉纹的出现和使用开创了西汉以降各种以乳钉纹划分多种纹饰布局的先河，极大地丰富了传统铜镜中的文化内涵和表现内容。

古铜镜中龙的出现比虎早也比虎多，且变幻莫测、造型各异。青铜四乳镜上它们成双入对的出现，具有一种被当时人们普遍认可的宗教意识。人们认为它们是仙界成员，被赋予了神性和魔力。这种神性和魔力乃源自我们祖先生命深处对天地神灵的信仰和崇拜。用它们作为镜背图像，它们也就成了守卫人生平安如意的保护神。

铜镜研究者将这件青铜镜归为纪年铭文神兽镜类（该类铜镜一般在铭文首句即记作镜年月），而这枚铜镜并不见纪年字眼，较为特殊。

（秦力兴）

北朝铜博山炉

淄博市博物馆藏的这件南北朝时期的铜博山炉，通高9.5厘米，宽13厘米，重533克，出土于周村区张坊村。穹窿盖顶铸博山形，下部盖沿以上为镂空条形、菱形出烟孔，烟孔排列规整有序。鼎形炉体，口沿处有转钮，三蹄足下承圆形托盘。

博山炉又叫“博山香炉”“博山香薰”“博山薰炉”，是一种特殊形制的香炉。博山炉始见于战国，经两汉及三国两晋，流行了五百多年，对后世的香炉造型有着较为深远的影响，被尊为香炉之鼻祖。魏晋时期，博山炉既是王权的象征，又是佛陀的尊享。汉晋时期的博山炉是熏炉造型精美、制作精良的代表，故有“博山以前无香炉”的说法。

北朝铜博山炉

博山炉在传统香文化中占有重要位置，也出现在许多文人墨客的诗词歌赋中。汉代无名氏的古诗“四坐且莫喧，愿听歌一言。请说铜炉器，崔嵬象南山。上枝似松柏，下根据铜盘。雕文各异类，离娄自相联。谁能为此器，公输与鲁班。朱火燃其中，青烟扬其间。从风入君怀，四坐莫不叹。香风难久居，空令蕙草残”，生动形象地描绘了博山炉的形制及作用。南朝宋诗人谢惠连在《雪赋》中写道：“燎熏炉兮炳明烛，酌桂酒兮扬清曲。”南朝齐刘绘《咏博山香炉诗》曰：“上镂秦王子，驾鹤乘紫烟。下刻蟠龙势，矫首半衔莲。”唐代大诗人李白在《杨叛儿》诗中写道“博山炉中沉香火，双烟一气凌紫霞”，将博山炉与燎沉香并提，记述的便是用博山炉熏香时炉暖香浓、烟雾缭绕的迷人意境。宋代词人晏殊在《望仙门》中写道：“玉壶清漏起微凉。好秋光。金杯重叠满琼浆。会仙乡。新曲调丝管，新声更飐霓裳。博山炉暖泛浓香。泛浓香。为寿百千长。”温庭筠在《苦楝花》中写道：“院里莺歌歇，墙头蝶舞孤。天香薰羽葆，宫紫晕流苏。晻暖迷青琐，氤氲向画图。只应春惜别，留与博山炉。”这些都足以证明博山炉这类传统香具在各个时期生活中的普及性。

博山炉较为常见的材质为青铜和陶瓷。炉体呈豆形，上有盖，盖高而尖，镂空，呈山形且山形重叠，其间雕有飞禽走兽，象征传说中的海上仙山——博山（汉代盛传海上有蓬莱、博山、瀛洲三座仙山），因此得名。北宋考古学者吕大临在《考古图》中记载：“香炉像海中博山，下盘贮汤使润气蒸香，以像海之四环。”实际上，“博山”也确有此地，其地在蓬莱以西的淄博市博山区，全区境内尽山，几无平坦之地。博山一带（古称颜神镇）是我国古代北方陶瓷的重要产地。博山炉之名即寓炉盖似群山之外观，又合产地之名。

博山炉一般由炉盖、炉腹、炉柄、足座四部分组成。炉盖近圆锥形，呈高耸群山状，饰以灵禽、瑞兽、神仙、羽人等；炉腹深圆；炉柄有长有短，有些做艺术化处理，或呈竹节形，或于柱顶以龙擎炉，或于柱底饰卧龟等；足座一般呈圆形，有的呈盘形、花形、龟形。有的博山炉遍体饰云气花纹，有的鎏金或错金银。当炉腹内燃烧香料时，烟气从镂空的山形中散出，有如仙气缭绕，给人以置身仙境之感，可用来熏衣、熏被以及除臭、避秽。博山炉最初为铜质素面，后随装饰工艺技术的发展，外表施以鎏金或错金银等。

从造型上看，博山炉与先秦盛行的豆形、鼎形熏炉相比，腹深而盖尖。这种造型是应炉内香料的特点而设计。先秦时期，多燃兰、蕙、萧、芷等香草，故鼎、鬲、豆形等熏炉较多。这些熏炉多浅腹、敞口，更利于香草的充分燃烧，而香气虽馥郁，但烟火气大。随着丝绸之路的兴起，沉香、苏合等外来香料源源不断地被运来中土。这些香料多为脂类，不能直接点燃，需要下置木炭以熏燃，因此出现了形态各异、巧夺天工的博山炉。博山炉腹深而圆，便于炉腹木炭阴燃。如此，脂类香料缓缓燃烧，浓郁香气便可悠悠散发，而烟火气又不大。博山炉所烧香料不限于单味香料，也有由多种香料复合而成的合香。南朝梁吴均在《行路难》中写道：“博山炉中百和香，郁金苏合及都梁。”《太平御览》引《汉武内传》亦言：“燔百和香，燃九微灯，以待西王母。”

博山炉在西汉时期的兴盛，与燃香原料和人们的生活方式有关。由于外来香料昂贵、价值连城，汉代的博山炉地位尊崇，盛行于宫廷和贵族之中，用于熏室熏衣、祭祀求仙等。《汉书》中记载汉代的尚书郎“怀香握兰”，身飘香气。根据《通典·职官四》记载，汉代朝廷会给每位尚书派女侍史二人，女侍史的职责就是手执香炉，为尚书香熏衣物。

博山炉的炉盖需镂空以排烟，因此，博山炉制作工艺较为繁难，《西京杂记》中记载长安巧工丁缓“又作九层博山香炉，镂为奇禽怪兽，穷诸灵异，皆自然运动”，其妙美不可言。可以说，博山炉工艺之繁，远远超过后来出现的五足或三足香炉。

博山炉曾盛极一时，在后世的考古发掘中时有发现，较为著名的有故宫博物院藏绿釉莲瓣蟠龙博山炉、陕西历史博物馆藏降龙博山炉、河北博物院藏骑兽人物博山炉及错金博山炉等。1968 年在汉代中山靖王刘胜墓中出土的错金博山炉，工艺精湛，装饰华美，是汉代博山炉兴盛的一个有力见证。在前不久轰动一时的海昏侯刘贺墓中也出土了一件博山炉，足见博山炉在汉代之流行。淄博市博物馆收藏的这件南北朝时期的铜博山炉，与汉代博山炉相比，在器物造型与制作工艺等方面均有一些差异，更趋于简约和实用。佛教兴盛于魏晋南北朝时期，因此博山炉也被广泛用于焚香、浴佛等佛事活动中。这件铜博山炉为这一时期佛教文化、香文化以及博山炉的研究，留下了难得的实物资料。

（刘骏）

唐代海兽葡萄纹铜镜

这件唐代海兽葡萄纹铜镜直径 14.7 厘米，厚 1.6 厘米，重 1140 克，征集品，为国家二级文物，现收藏于淄博市博物馆。

海兽葡萄纹铜镜又称“瑞兽葡萄镜”，圆形，背面为伏兽钮，中间一圈凸弦纹将镜背分为内外两区，内区有姿态各异的六只高浮雕海兽攀缘逐戏于葡萄叶蔓之间，葡萄和叶蔓铺地。外区有葡萄枝蔓和蜂蝶雀鸟环绕，百态千姿。镜缘有一圈花瓣纹作装饰，各区纹饰分区明显。整个图案构思精巧，写实生动，浑然一体，富丽端庄。由于青铜质地中锡和银的合金比例加大，该镜镜面净白光亮。

海兽葡萄纹镜流行于唐代，以武则天时期最为盛行。它是中国古代铜镜史上鼎盛时期的杰出代表，是丝绸之路文化交流成果的优秀载体。其主体纹饰的原型——狮子和葡萄，均来自丝绸之路上的西域各国。葡萄纹样进入中国后与四神十二生肖、瑞兽等纹样结合起来，成为具有中国特色的装饰纹样。这种繁缛富丽、花团锦簇的装饰风格充分体现了盛唐时期的繁荣以及多民族文化的相互交融。海兽葡萄纹镜继承了周秦两汉所凝聚起来的华夏文化之根本，历经

唐代海兽葡萄纹铜镜

海兽葡萄纹铜镜细部

魏晋六朝的发展，最终铸就了盛唐之气象。镜背纹饰中的瑞兽壮阔挺拔，葡萄纹似行云流水，一改往日汉式铜镜纹饰拘谨呆滞的神秘与抽象，形成了生动活泼的视觉流动韵律。

“海兽葡萄镜”之名出自清代《西清古鉴》一书，而“海马葡萄镜”之名则出自宋代的《宣和博古图》，现在一般通称为“海兽葡萄镜”。所谓海兽，其原型实为狮子，也称作“狻猊”。《尔雅·释兽》载“狻猊……食虎豹”，郭璞注：“即师子也，出西域。”因中原罕见，人们对其造型的认知并不准确，但其鬃毛丰盛卷曲，筋骨强劲，神态十分威猛，后人因而常将它们误认为是异兽，故而称其“海马”“天马”“海兽”。这些动物的艺术形象似马非马，像狮非狮，引来众说纷纭。《汉书·西域传》载：“苑别邑七十余城，多善马，汗血马，言其先天马子也。”这种汗血马既为天马子孙，当然也可称为天马，它是汉武帝时引进内地的。《汉书·礼乐志》说“太一况（赐），天马下”，又云：“天马徕，龙为媒，游阊阖，观玉台。”言其为天神赏赐的神马，和巨龙一样，人可以乘之升天，遨游宇宙。葡萄镜上所谓的“海马”，即为天马。而对这类动物形象冠以“海”字，则是古人受当时地域概念的影响。我国素有“海内”“四海”“南海”“北海”等称谓，因古人视野狭小以及地理知识受限，往往认为自己的国土便是整个世界，且把海当作世界的边缘，故从遥远地方输入或引进的东西往往冠以“海”字，如海石榴、海红花、海棠等。“张骞使西域，还得葡萄”，故又称葡萄为海葡萄。“海马”“海狮”亦然，并不意味着它们就是海中之物。总之，海兽葡萄镜纹饰中的动植物原型——狮子、天马、葡萄等，皆原产于西域各地，经丝绸之路，于汉代传入中土，都是中西经济文化交流的实证。

出土资料表明，我国迄今发现最早的铜镜出土于甘肃齐家文化墓葬（新石器时代晚期），其镜圆形，背面无纹饰，中心铸有半环状钮。同时期的青海贵南县25号墓出土一枚七角星纹铜镜，镜面光滑，背面有简单的三角纹，这是目前我国已发现的最早的带纹饰铜镜。铜镜从诞生绵延发展到清代，约有四千年的历史。学界将其发展过程分为三个时期：铸造盛兴时期（战国、两汉、隋唐时期），世俗化时期（宋、元、明时期），衰落时期（清代铜镜逐渐为玻璃镜所代替）。也有学者认为，齐家文化之后到春秋以前，铜镜主要为宗教用器；春秋中期以后，铜镜渐普及，多为实用器；其后经千余年的历史演变，到唐代时，铜镜的发展步入鼎盛时期。

唐代文治武功冠绝一时，文化艺术发展到很高水平，铜镜进入另一个高峰时期。上层社会之间流行以铜镜作为献礼和馈赠，镜背面多为“吉祥”图案。相传盛唐时期，定玄宗的生日八月五日为“千秋节”。据《唐书·礼乐志》记载，这一天群臣献甘露寿酒，并以铜镜作为祝寿或互赠的礼物，故又称“千秋节”为“千秋金鉴节”。除了皇室，民间也有赠送铜镜的习俗，如有镜铭云“月样团圆水样清，好将香阁伴闲身。青鸾不用羞孤影，开匣当如见故人”，就具有赠别的纪念意义。

海兽葡萄纹铜镜是唐代铜镜的杰出代表，承载着唐人的理想和美好愿望。狮子象征辟邪禳灾、吉祥如意、永保平安，葡萄表示多子多福、富贵长寿，所以海兽葡萄纹铜镜深受社会各阶层的喜爱，不论在质量上还是在数量上，都居唐代铜镜之首。

（李鸿雁）

唐代黑釉花口碗

这件黑釉花口碗为唐代制品，通高 6 厘米，口径 21.4 厘米，底径 10.3 厘米。此碗四瓣花口外敞，尖唇，深腹壁内弧，内壁饰四凸棱，胎壁饰数道横弦纹，平底微内凹，胎为浅黄褐色。全器施黑釉，外底无釉，内底露三支钉痕。这件黑釉花口碗出土于张店区沣水镇范王村唐墓，同墓出土的还有酱釉瓷盒、瑞兽禽鸟葡萄纹龟钮铜镜各一件。

唐代烧造黑釉瓷器的窑址有河北邢窑、山西浑源窑、陕西铜川窑以及淄川的磁村窑等。很显然，这件馆藏的黑釉花口碗为本地磁村窑所烧造，区别于同时期其他地区窑址。磁村窑，1976 年曾进行过试掘，出土了大量的瓷器和标本。磁村窑始于唐而终于元，唐代时，该窑盛烧黑釉瓷器，产量较河南、陕西要大，器皿以碗最多，瓶、壶、罐、炉也不少。唐

唐代黑釉花口碗

代磁村窑黑釉器皿均为平底，有的底部中心微凹，当是修坯时的遗留，这种修坯方法在北朝及隋代早已出现。除平底特征外，釉质晶莹滋润、色黑如漆也是它的特色。唐代磁村窑黑釉器的底部一般比其他瓷窑产品为厚，给人以稳重感。并且烧造工艺明显比北朝时进步，烧成温度一般比南方黑釉器的烧成温度高，而且比其他窑口黑釉瓷器的吸水率低。北宋晚期，磁村窑创烧出了油滴黑釉瓷器。磁村窑是淄博窑的一个组成部分，其瓷器烧造具有一个完整的、系统的烧制过程，从这一方面来说，淄博窑在北方瓷窑系统中是独树一帜的，其风格独特的产品类型已经具有内销和外销的意义。馆藏的这件唐黑釉花口碗，其"花口"也有人称呼为"四出"。其实，五代以后的"四出器"较为常见，其造型着意模仿当时盛行的金银器而又融合了瓷器的特点。

1956年，浙江德清县发现晋代窑址，据此大家认为，在晋代我国已生产黑瓷。后来，在安徽亳县凤凰台东汉墓、元宝坑一号曹操宗族墓、湖北当阳刘家冢子东汉画像石墓、浙江上虞帐子山窑、浙江鄞州东钱湖谷童岙窑等东汉墓葬和窑址中都发现了黑釉瓷器，不少墓葬有纪年资料，年代可靠，同时又找到生产瓷器相应的窑口，说明我国早在东汉就已生产黑瓷，比原来认为东晋生产黑瓷的说法提早了一二百年。黑瓷与青瓷一样，都以铁为主要着色剂，两者生产工艺基本相同，区别在于釉料中氧化铁的含量不同。含量在3%以下的烧成青瓷，4%以上的就可以烧出黑釉瓷器。从出土资料分析，汉代的瓷工已能熟练地配制原料，用优质的细泥做青瓷坯，用较粗的坯料做黑瓷。黑釉瓷器胎质多粗厚，烧结程度普遍不高，且釉层多丰厚、有裂纹，并有脱釉现象。

北朝的黑釉瓷器可见于山东高唐东魏兴和三年（542）房悦墓、河北景县东魏天平四年（537）高雅墓、河南磁县东陈村东魏武定五年（547）赵胡仁墓以及河北平山北齐天统二年（566）崔昂墓等墓葬中，数量不多，且多数胎质粗糙，呈土黄、砖红或灰色，釉以黑褐色、酱色为主。值得一提的是，1957 年文物普查时发现的淄川寨里窑，不仅窑址分布范围较大，而且延续时间较长，年代为东魏至唐代，举世闻名的青釉莲花尊就产自这里。

虽然隋朝历史较短，仅立国 39 年，然而南北方瓷业进入隋朝以后，开始有了飞跃性的发展，烧制的器物明显增多，尤其是青瓷和白瓷的生产已非常精致，烧造技术已相当完善。美中不足的是，这一时期的黑釉瓷器似乎不常见于考古发现。

（徐新）

北宋影青四系罐

北宋影青四系罐

1979年，淄博市博山区公安局在城区内挖防空洞时，发现14件精美绝伦的影青瓷器。这批影青瓷器有执壶、熏炉、葵口碗、四系罐、茶盏、盏托等，胎质坚致细白，器表光滑素雅，釉色青中泛白、如冰似玉，实为影青瓷之上品。同时出土这么多造型如此精美的影青瓷器，这在全国也极为罕见。据陶瓷专家冯先铭先生鉴定，它们都产自江西景德镇北宋时期的湖田窑，属该窑辉煌时期的代表作品。

这些美如玉的影青瓷器都收藏在淄博市博物馆，其中一件影青四系罐尤其引人注目。该器高 9 厘米，口径 3.8 厘米，腹径 13.7 厘米，底径 4.2 厘米。器形为子母口带盖，直领，折肩，肩部饰四系，瓜棱形长弧腹，高圈足，足跟部露胎，有支烧痕。该器胎质细腻洁白，通体施青釉，内壁无釉，属于生活日用器具。

“影青”是晚清以后对青白瓷的称谓。宋代文献中仅见“青白瓷”一名，无“影青”之称谓。晚清至民国初年出版的瓷器书中又有“隐青”“映青”“印青”等名称，所指均为青白瓷。青白瓷应是景德镇陶瓷匠师别出心裁地利用当地优质原料烧出的色质如玉的瓷器，是中国传统瓷器中的珍品，其釉色青白淡雅，釉面明澈丽洁，胎质坚致细白，色泽温润如玉，所以在历史上有“假玉器”之称。南宋李清照在《醉花阴》中有“玉枕纱厨”之句，玉枕指的就是青白瓷枕。南宋时大量生产青白瓷，而且当时青白瓷“著行海内”，是市场上的抢手货。当时的绝大部分青白瓷装饰有薄剔而成的花纹。这些花纹由技艺高超的陶瓷艺人在坯体上刻制之后，施以透明釉，再以高温烧制而成。有的元代的青白瓷产品还印有“玉出昆山”和“玉出昆冈”铭款。

宋代景德镇烧制青白瓷的窑口以湖田窑最为著名，其次有湘湖、胜梅亭、柳家湾等窑，当时的品种有碗、盘、瓶、罐等日用器皿。北宋前期的青白瓷并无花纹，以器形的规整和玉一般的釉质取胜。中期以后，它的装饰以刻花为主，兼有印花、浅浮雕、镂空、堆塑。色调雅致大方的青白瓷釉里藏花，纹饰在釉色下若明若暗，给人以无穷韵味。

青白瓷的造型非常丰富，主要有盘、碗、洗、盏、钵、盒、瓶、壶、罐、枕、注子、博山炉、动物、堆塑人物等。从窑址调查和纪年墓的出土情况来看，青白瓷草创时期是在宋太祖建隆至宋真宗大中祥符年间。这一时期的青白瓷产量小、器类简单，主要为碗、盘、碟之类，也有盒、钵、注子、注碗等；器物造型多承袭晚唐、五代遗风，器形低矮，圈足宽大，口沿及腹壁都较厚。为防止烧造时变形，工匠们常在器物口沿下留一道厚纹，这种做法至今尚存，俗称“撑口泥”。有的器形仿金属器，如瓜棱形的壶身、细长弯曲的壶流、盘碟腹壁的棱线及碗盘多作花口五出或六出等。宋真宗天禧至宋神宗熙宁年间，青白瓷产量大增，器类也多种多样。这一时期的产品多为广口小底，圈足窄而高，器壁弧度加大，胎体多上薄下厚，与前一时期的厚唇形成鲜明对比；器形以盘、碟、碗居多，较多见的还有盆、炉、钵、罐、盂、盏托、盒子、注子、注碗、盘盏、台盏等，堆塑瓶也偶有出土。其中，注子、注碗是配套使用的一种酒器，注子曲流带把，壶身作瓜棱形，盖顶饰以狮钮，注碗则多呈仰莲形；全器造型生动，恰似一朵含苞欲放的荷花，是北宋市民生活中的常用之物。

青白瓷曾风靡一时，行销海内外。据宋人《东京梦华录》记载，当时京都汴梁与临安都有专门出售青白瓷的店铺，出售供人们饮食、饮茶及饮酒用的器皿。赵汝适《诸蕃志》中记述了当时陶瓷器对外贸易的情况，其中有外国商人进行青白瓷器交易的记载。汪大渊《岛夷志略》中也有瓷器对外交易的相关记载。宋代景德镇的青白瓷由半透明的釉，发展到半透明的胎，这在中国瓷器发展史上是一次巨大的飞跃。青白瓷制作的丰富经验，为青花瓷的繁荣与发展奠定了基础。

（高晓阳）

定窑白瓷印花碗

淄博市博物馆收藏有一对定窑白瓷印花碗，一件高 3.9 厘米，口径 16.6 厘米，底径 6.3 厘米；另一件高 4.1 厘米，口径 19.9 厘米，底径 7 厘米，均为博山大街出土。

这对印花碗通体施白釉，釉呈灰白色。敞口，圈足，碗口有芒。瓷胎内壁六等分，印有呈浅浮雕凸起效果的折枝花图案，图案上部装饰类似简化自卷草纹的“S”形凸边饰带，碗心的花纹为两朵比较大的折枝团花。模印花纹整体上工整细致，但印纹较浅，可能是因为模具有所磨损。这种类型的模印碗在北宋末年至金代的定窑产品中应属于常见器物，河

定窑白瓷印花碗

北省博物院所藏的金代定窑模具中就有此类形制的模具，而宋代景德镇窑以及四川磁峰窑中亦有模仿此类纹饰的印花碗。这些资料足以说明定窑印花碗的普及程度。

定窑为宋代五大名窑之一，以烧制白瓷著称于时，兼烧黑釉、酱釉以及绿釉等品种，主要产地在今河北省曲阳县的涧磁村及东燕川村、西燕川村一带，因该地区唐宋时期属定州管辖，故名定窑。定窑原为民窑，创烧于唐，极盛于北宋及金，终于元，北宋中后期开始烧造宫廷用瓷。定窑瓷器是中国传统瓷器中的珍品，釉色温润洁白，纹样丰富多彩，深受人们喜爱。

定窑的装饰手法主要有印花、刻花、划花三种。其中，印花装饰始于北宋中期，成熟于北宋后期，纹饰多在盘碗的里部，布局严谨、层次分明、线条清晰、密而不乱。定窑印花装饰可能取材于缂丝或者金银器皿上比较成熟的纹饰，聪明的窑工把图案局部地移植到了瓷器上。这种移植是相当成功的，使定窑印花一开始就以完美的形式出现，以致看不出定窑印花装饰自身的演进过程。定窑印花题材以花卉纹为常见，主要有莲、菊、萱草、牡丹、梅等，花卉纹布局多采用缠枝、折枝等方法，讲求一种精致的对称。禽鸟纹有孔雀、凤凰、鹭鸶、鸳鸯、雁、鸭等，多与花卉组合，如孔雀多与牡丹组合：在大盘的里部为四只飞翔的孔雀，孔雀之间饰一枝牡丹，盘心再配以鸳鸯牡丹，整个纹饰俨如一幅布局严谨的织锦图案。北宋晚期定窑印花器中有婴戏纹，常见婴戏牡丹、婴戏莲花、婴戏三果和婴戏莲塘赶鸭纹等。而印花龙纹标本在窑址中散布较多，印龙纹的都是盘，盘内满印云纹，盘心为一条矫健生动的蟠龙，龙身盘曲，首尾相接，这类器物应是北宋宫廷的专用品。

定窑划花装饰手法通常以篦状工具划出简单花纹，线条刚劲流畅、简洁明快，既舒卷自如又富于变化，追求的是一种笔断而意在、介于像与不像之间的绝妙境界。在划花刀线处，活釉浸润而凝聚，使整个釉面平滑而亮泽，而图案与底子的色泽则产生了微妙的变化，给人清新雅致、柔情似水的美感。

定窑刻花装饰手法则是在划花装饰工艺基础上发展起来的，有时与划花工艺一起运用，二者没有绝对的硬性指标加以区分，只是使用的工具、操刀人的兴致、运刀的力度等方面有所差异，从而形成了刻花粗犷有力、划花纤巧柔美的韵味。如先在盘、碗中心部位刻出折枝或缠枝花卉轮廓线，然后在花叶轮廓线内以单齿、双齿、梳篦状工具划刻复线纹。刻花纹饰中较常见的有双花图案，生动自然，有较强的立体感，通常讲究对称。定窑刻花器还常常在花果、莲、鸭、云龙等纹饰轮廓线一侧划以细线相衬，以增强纹饰的立体感。

定窑瓷器，在宋代名窑产品中属于生产时间相对较长而又能兼顾各个社会阶层需求的产品。从形制及烧制效果判断，这对白瓷印花碗属于定窑的日常生活用品。这对碗的原主人也许就是千年以前的一介平民，如我们普通百姓一般，有自己的柴米油盐，有自己的艰难困苦，也有自己的喜悦欢笑……

（李阳）

北宋定窑黑釉碗

淄博市博物馆珍藏着一件北宋定窑铜扣沿黑釉碗，碗高 5.6 厘米，口径 14 厘米，底径 3.9 厘米，敞口，斜壁，圈足，口沿铜扣。器内外施黑釉，外底露白胎，釉层较厚，有垂釉，釉色乌亮可鉴。

说起大名鼎鼎的定窑，其窑址在今河北曲阳县涧磁村及东燕川村、西燕川村一带，唐时属定州辖，故名定窑。定窑主产白瓷，称为“白定”，相应的还有“紫定”“绿定”“黑定”。“黑定”是定窑黑瓷的简称。定窑以“白定”产量最多、最著名，以“黑定”数量最少、最珍稀。就质量而言，“黑定”质量也相当高，在宋代“黑定”价格就高于“白定”。明人曹昭在《格古要论》中说：“有紫定色紫，有墨定色黑如漆，土俱白，其价高于白定……”“墨定”即“黑定”。定窑瓷器的共同特征是，都有细腻的白胎，胎色微黄而坚致。“黑定”的特点是色黑如漆，有的光可鉴人（多为北宋器），有的为亚光（多为辽、金器）；有的仅在口沿棱角薄釉处呈酱黄

北宋定窑黑釉碗

色，有的釉面黑中微呈酱黄色，或在釉面出现晕散的大小不一的酱黄斑。北宋黑定碗胎薄而釉层厚重，烧制过程中容易出现垂釉现象（也就是俗称的“泪痕”）。因为北宋早期采用正烧方式，流釉方向自口至底。北宋中期开始使用覆烧工艺，为防止批量烧制的瓷器垂釉粘连，在胎半干之时，工匠会用竹丝刷子旋修口沿，因此在器物胎面上就留有一些竹丝刷痕；烧成后，在器物釉薄处透过釉面隐约可见竹丝修胎所留下的刷痕。以上两种工艺都存在“定器有芒”的特点，因此镶口工艺问世——以金、银、铜包镶口边，既美观大方又解决了芒口的缺点。此种包镶技术天衣无缝，不见接口，即使今日亦非一般技工所能胜任。

现藏于台北故宫博物院的宋徽宗赵佶之画作《文会图》中，出现了一百多件生活用瓷器。在这些瓷器中不仅有许多定窑白瓷，而且还有若干件罕见的“黑定”瓷。可见定窑瓷器曾为北宋皇宫用瓷的主要来源之一。明代张应文《清秘藏·论窑器》记载：“定窑有光素、凸花二种，以白色为正，白骨而加以泑水有如泪痕者佳，间有紫色者黑色者不甚珍也。”宋人为何以定窑黑釉碗为珍？这与宋人的斗茶风尚有关。斗茶在宋初已极盛行，宋徽宗赵佶也常与上层臣僚斗茶。上行下效，影响很大。徽宗在其《大观茶论》中说：“天下之士，励志清白，竟为闲暇修索之玩，莫不碎玉锵金，啜英咀华，较筐笥之精，争鉴裁之别。”宋人唐庚在《斗茶记》中说：“政和二年三月壬戌，二三君子相与斗茶于寄傲斋，予为取龙塘水烹之，而第其品，以某为上，某次之。”北宋蔡襄在《茶录》中谈到斗试之法也说：“茶色贵白……黄白者受水昏重，青白者受水鲜明，故建安人开试，以青白胜黄白。”此所谓斗茶亦斗色也。同时，斗茶还须斗品，即斗汤（茶汤），以茶汤先在茶盏周围出现水痕者为输家，故《茶录》中说：“视其面色鲜白，著盏无水痕为绝佳。建安斗试，以水痕先者为负，耐久者为胜。”茶色既然是白的，当然以黑釉器盛茶为最宜。正因为这种特殊的风尚，黑釉器得到了极大发展，当时，全国各地新兴起了不少的瓷窑，诗人们也留下不少的记录。

此外，中国古代崇尚黑色。从新石器时代的黑陶，到道家主张的“玄之又玄”，再到中国绘画以墨代五色及对水墨的崇尚，都足以说明这一点。这件定窑黑釉碗造型简洁优美，风格典雅含蓄，反映了宋代崇尚平淡质朴、清秀自然的社会审美情趣。其在器物造型、色彩方面都具有高度的艺术性，是后代学习的范本。

（张伟伟）

北宋黄釉盘

淄博市博物馆收藏有一件北宋时期的黄釉盘，系临淄区齐陵镇淄河店村西南出土，为国家一级文物。盘高 6.9 厘米，口径 15.8 厘米，底径 8.1 厘米。圆唇，敞口，浅盘，平底，圈足，器内外均施黄釉，釉色鲜亮，圈足有三个支烧痕。这件至今保存完好的黄釉盘是一件艺术造诣较高的罕见珍品，对研究黄釉陶瓷制造工艺的发展提供了难得的实物资料。

我国古代的颜色釉瓷器以其迷人多变的色彩、丰富的象征意义给人们留下品味不尽的韵致，黄釉瓷器正是这其中最具贵族气质的一朵奇葩。在中国古代社会，黄色具有极为特殊的象征意义，黄釉瓷在古陶瓷艺术中也占有很重要的位置。黄釉瓷器除了作为陈设观赏、日常生活用器外，还是宫廷祭祀用器。

黄釉，是以氧化铁、氧化镁、氧化锡为着色剂，在氧化气氛中烧成的釉色，也称铁黄，最早出现在汉代釉陶上。商周原始青瓷、汉代越窑青瓷器上多见一些釉色偏黄的制品，严格地说，它们不属于黄釉，仍属于青

北宋黄釉盘

釉，或称为青釉中的青黄色釉。汉代黄釉多有杂质，并不是纯正的黄釉，可能仅仅是窑工们烧窑时因火候与配方原因导致的结果，属于一种偶然窑变的产物。正因为这偶然的窑变，汉代黄釉陶颇有历史工艺价值。唐三彩、辽三彩上也有深浅不同的黄褐色釉，亦属于窑变之产物。

黄釉还分低温黄釉和高温黄釉。高温黄釉瓷多为普通的民窑制品，而低温黄釉瓷多为官窑制品，非常珍贵。纯正的黄釉瓷始自明初洪武年间，到弘治时期，黄釉瓷已近乎完美，达到历史上低温黄釉的最高水平。明代晚期，黄釉瓷曾一度停烧，直到清顺治时期才又恢复烧制。康熙、雍正、乾隆三朝的黄釉瓷主要以仿宣德和弘治黄釉瓷为主，在沿袭明代黄釉瓷特点的基础上，勇于创新，把刻、划、印、雕等装饰工艺以及釉上彩绘共同运用到黄釉瓷器上，丰富了黄釉瓷器的品种，并一改单色黄釉瓷以素取胜的面貌，形成黄釉瓷发展史上的又一个高峰。晚清时期则以光绪黄釉瓷为代表，精品多为光绪朝慈禧太后御用的官窑瓷器。

明黄色是黄金的颜色。从唐代开始，明黄即是皇帝专用颜色。黄者，君之服也，它是皇权的象征，黄袍被当作封建帝王的御用服饰，唐高祖李渊以黄袍为常服，赵匡胤陈桥兵变时以黄袍加身就意味着登上了帝位。明清两代对黄色的使用则有更为严格的限制，黄釉瓷器是明清宫廷用瓷，禁止民间使用。而且，黄色在皇族内部的使用也有着相当严格的等级规定，浅淡的明黄色只能用于皇帝和皇后，任何人不得僭越，龙袍、龙椅、龙旗、御辇、羽盖、圣旨、琉璃瓦盖皆为黄色。直至现在，黄色都是能代表中国的主色调之一。

陶瓷文化是我国传统文化的精髓，陶瓷器物沉淀着丰富的文化内涵，探究珍贵陶瓷背后的故事，才能更深层次了解博大精深的中华文明，更深刻地体会我国人民对美好生活和美好事物艺术化的追求。

（李媛）

北宋钧窑瓶

北宋钧窑瓶

淄博市博物馆收藏的这件钧窑瓷瓶为北宋遗物，属国家一级文物。瓶高 27.3 厘米，口径 4.8 厘米，足径 7.5 厘米。敞口，长颈，斜肩，鼓腹下垂，平底，圈足，足下无釉。该瓶胎骨坚硬厚实，胎质较细，呈红褐色。器物的表面施天青釉，釉层凝厚，釉色乳光般幽雅，给人以浓而不溢、艳而不跳之感。瓶身天青釉和红釉混合处有天青色胭脂晕，内有几处玫瑰红耀斑，似少女迷人的笑靥。更难能可贵的是，在乳浊状天青釉的瓶身上还有细小冰裂纹。

这件钧窑瓶出土于一个宋代窖藏中，发现于1978年12月胶济铁路复线工程的施工过程中。该窖藏的具体位置在淄博市临淄区齐陵镇淄河店村西南约400米处。瓷器出土时盛在一个大型白釉瓷缸内，叠放整齐，保存完好。缸口原盖有白釉瓷盘一个，但出土时已破碎，故缸内所盛瓷器均有水土浸蚀的痕迹。窖藏内共有瓷器六十八件（包括白釉瓷缸），器类有碗、盘、碟、瓶、盒、盅、缸；釉色有白釉、黑釉、黄釉、天蓝釉，其中以白釉为主，其他釉色次之；纹饰有印花、划花和少量的素面；既有当地淄博窑的产品，也有定窑和钧窑的产品。这件钧窑瓷瓶就是被发现的六十八件珍宝之一，属北方钧窑所产，存世极少。

清人蓝浦在《景德镇陶录》中赞美钧窑器曰："窑变之器有三，二为天工，一为人巧，其由天工者，火性幻化，天然而成……其由人巧者，则工，故以泑作幻色，物态直名之曰窑变。"这件钧窑瓷瓶就是蓝浦所述的窑变之器。

钧窑位于今河南禹县，因古称钧州，故得名钧窑。钧窑创烧于唐代，兴盛于宋代，有"宋代瓷窑之首"之誉，与定窑、汝窑、官窑、哥窑并称宋代五大名窑。宋代五大名窑各具特点，其中汝窑瓷器具有沉厚、儒雅的气质，官窑瓷器古朴、庄重，哥窑瓷器具有不规则的灵动美，定窑瓷器则是高贵与纯洁的象征，而钧窑瓷器以"釉俱五色，艳丽绝伦"的气质独树一帜，令众人沉醉。

钧窑因变而生，因变而美，虽千钧万变，但万变不离其宗，均归结为釉与火的幻化。钧釉采用氧化铜为着色剂，经过第一次素烧和施加釉彩后第二次窑烧两道工序而成。当还原焰达1250℃以上时，釉面自然流淌结晶，而釉中的铜红通过窑温和气氛的升华，产生氧化变质的微妙反应，形成浑然天成、自然而不失灵动的精美釉色。窑变釉是釉与火碰撞产生的艺术釉。随着钧窑制瓷技艺的发展，工匠们在掌握窑变规律的基础上，利用铜的呈色作用，在釉料中加入了少量铜和铁的成分，使钧窑釉中含有微量的氧化铜，其在还原气氛下烧成的釉色除浓淡不一的蓝色外，还陆续出现了葱翠青、玫瑰紫、海棠红、胭脂红、茄色紫、丁香紫、火焰红等多种窑变釉色。钧窑瓶的窑变釉是一种典型的二液相，釉中氧化铝含量低，氧化硅含量高，并含有极少的氧化磷。釉中的红色则是由于还原气氛降低了氧化铜的含量所产生的。窑变打破了以往青白瓷的单纯色调，开创了我国窑变釉瓷器的先河，这一成就是宋代瓷器发展史上的一个创造与突破，为其他窑口的产品所不及。

钧窑瓷器色彩天成，烧制极难，有“十窑九不成”之说。钧窑为皇家烧制贡品时，为达器物精美，不计工时，不计成本，好的钧瓷被送入宫廷，坏的被打碎深埋，严禁流入民间。可以说，世上绝无两件相同的钧瓷，亦寓有“君无双”之意，故历代帝王皆钦定钧窑为御用珍品，并御封其为“神钧宝瓷”。钧瓷本来就少，流传下来的更是寥若晨星，故有“纵有家财万贯，不如钧瓷一片”之说。

“晕如雨后霁霞红，出火还加微炙工。世上朱砂非所拟，西方宝石致难同。”这首诗出自乾隆之笔，表达了他对钧瓷的热爱和赞美。“绿如春水初生日，红似朝霞欲上时。烟光凌空星满天，夕阳紫翠忽成岚”几句，更是形象地描绘了钧窑瓷“入窑一色，出窑万彩”的独特神韵。

（韩贝贝）

宋代哥窑花口碗

淄博市博物馆收藏的一件哥窑花口碗，高 5.4 厘米，口径 13.3 厘米，底径 4.4 厘米。胎骨呈土黄色，施白色釉，釉面布满纵横交错、深浅不一的开片纹，有油酥光和缩釉小坑。碗内外釉点明显，是气泡破裂所致。为遮盖“紫口”的不美观，古人又在口沿处加一铜扣沿。此碗造型端稳大气，为哥窑精品。

各大博物馆所藏哥窑瓷器的造型以仿三代铜器为主，常见的有胆式瓶、贯耳长颈瓶、弦纹瓶、八方贯耳瓶、葵花口盘、葵花口洗、双鱼耳炉、三足炉、菊瓣口盘等。

哥釉瓷的重要特征是釉面开片，这是发生在釉面上的一种自然开裂现象。明代《格古要论》中有这样的描述：“哥窑纹取冰裂、鳝血为上，梅花片墨纹次之。细碎纹，纹之下也。”其特征可归纳为：黑胎厚釉，紫

宋代哥窑花口碗

口铁足，釉面开大小纹片。开片原本是瓷器烧制中的缺陷，后来人们掌握了开裂的规律，有意识地让釉面产生开片，从而产生了一种独特的美感。这种釉面被粗深或细浅两种纹线交织切割，纹线呈黑、黄二色，浅黄色的为“金丝”，深黑色的为“铁线”，俗称“金丝铁线”。哥窑瓷土脉微紫，质薄，有灰青、月白、深灰、青黄和米黄几种釉色，表面满裂纹。哥窑瓷器胎质坚细，口沿尖窄，厚釉在瓷器口沿不能存留，多在口沿稍下处垂釉，形成略微凸出的环形带。因器物口沿处露出暗色胎骨而被称为“紫口”，此为宋哥窑瓷之一绝。尽管以后历代瓷窑尝试仿宋哥窑之特色，但在烧制上皆未能臻其绝艺。

元代孔齐的《至正直记》中较早地描述了哥窑瓷器：“乙未冬在杭州时，市哥哥洞窑器者一香鼎，质细虽新，其色莹润如旧造，识者犹疑之。会荆溪王德翁亦云，近日哥哥窑绝类古官窑，不可不细辨也。”

明初吕震等人撰绘的《宣德鼎彝谱》把哥窑与其他宋代名窑相提并论，有“柴、汝、官、哥、钧、定”之说。明代陆深《春风堂随笔》记述：“哥窑，浅白断纹，号百圾碎。宋时有章生一、生二兄弟，皆处州人，主龙泉之琉田窑，生二所陶青器纯粹如美玉，为世所贵，即官窑之类，生一所陶者色淡，故名哥窑。”（琉田今名大窑，是龙泉窑的中心窑场之一）。比陆深略晚的高濂，在《遵生八笺》中又有别论：“官窑品格大率与哥窑相同……二窑烧造种种未易，悉举例可见，所谓官者，烧于宋修内司中，为官家造也，窑在杭之凤凰山下……哥窑烧于私家，取土俱在此地。官窑质之隐纹如蟹爪，哥窑质之隐纹如鱼子，但汁料不如官料佳耳。”文中“取土俱在此地”已将哥窑产地定为杭州。这一前一后的两种说法，是明代文献中最典型的关于哥窑产地的记述。

清代《南窑笔记》哥窑条记载：“即名章窑，出杭州大观之后，章姓兄弟，处州人也，业陶，窃做于修内司，故釉色仿佛官窑。纹片粗硬，隐以墨漆，独成一宗釉色，亦肥厚，有粉青、月白、淡牙色数种。又有深米色者为弟窑，不堪珍贵。间有溪南窑、商山窑仿佛花边，俱露本骨，亦好。今之做哥窑者，用女儿岭釉加椹子石末，间有可观，铁骨则加以粗料配其黑色。”《南窑笔记》把两种传说合二为一，并对后世仿制哥窑的情况稍做记述。

综上文献所述，在宋代五大名窑中，哥窑的身世最为扑朔迷离。迄今为止，我们已经在多处发现了疑似哥窑窑址，一是在杭州，二是在江西吉州，三是在浙江龙泉。宋哥窑似应出自南宋修内司官窑，只是因当时的官窑对民间保密，弃窑时又做了处理，故其窑址迄今未能发现。后世因章生一之哥窑声名大噪而以之命名为南宋修内司官窑，应有穿凿附会的成分。而关于哥窑名称的来历，也有两种不同的说法，这为哥窑瓷器增添了不少神秘色彩。

元明清三代对哥窑产品的大量仿造恰恰能说明宋代美学的高峰。这种自然质朴的开片纹饰本是缺陷，但在宋人审美之下变成了一种艺术的美。宋人的艺术审美迄今难以超越。有关哥窑之谜还需要考古、文博专家们进一步研究与探索。

（张伟伟）

宋代影青茶盏

1971 年，山东省淄博市博山区公安分局在博山大街原区公安局院内挖防空洞时发现一批窖藏的宋代景德镇湖田窑影青瓷器，皆十分精致。其中，一件影青茶盏格外引人注目。它高 4 厘米，口径 7.8 厘米，足径 3 厘米。直口，口沿下有弦纹一道，斜弧腹，腹下部内收成小平底，圈足。该器胎质细腻、薄而透明，光照下能映见指纹。釉色白中泛青，晶莹如玉。其造型精巧，是宋影青瓷中的佳品，属国家一级文物，现收藏于淄博市博物馆。

影青瓷是中国传统制瓷工艺中的珍品，又称“青白瓷”。被称作“色白花青”的影青瓷是北宋中期景德镇所独创，其釉色青白淡雅，釉面明澈丽洁，胎质坚致细白，色泽温润如玉，在历史上有“假玉器”之称。影青

宋代影青茶盏

瓷在南宋时大量生产，且“著行海内”。影青瓷器的特点是瓷质极薄，釉似白而青，暗调花纹于器内外侧都可以映见。因此，人称影青瓷“青如天，明如镜，薄如纸，声如磬”。

影青瓷器的造型非常丰富，主要有盘、碗、洗、盏、钵、盒、瓶、壶、罐、枕、注子、博山炉、动物、堆塑人物等。从窑址调查和纪年墓中的出土情况来看，影青瓷的草创时期是在宋太祖建隆至宋真宗大中祥符年间。这一时期的影青瓷产量小，器类简单，主要为碗、盘、碟之类，也有盒、钵、注子、注碗等；器物造型多承袭晚唐、五代遗风，器形低矮，圈足宽大，口沿及腹壁都较厚。宋真宗天禧至宋神宗熙宁年间，影青瓷产量大增，器类也多种多样。这一时期的产品多为广口小底，圈足窄而高，器壁弧度加大，胎体多上薄下厚，与前一时期的厚唇形成鲜明对比。

说到宋代的影青茶盏，就不得不提到宋代茶文化。北宋时期，社会安定，市民富庶，文化昌盛，为中国茶文化的传承提供了文化元素和物质条件。此时，品饮之雅兴上自皇帝下至民众，举国风靡，茶到此时方成国饮。“茶兴于唐，而盛于宋。”在中国茶文化的发展历程中，唯有宋代茶文化堪称精绝，臻于至高境界，为当时乃至今日的优雅生活注入了情趣。

南宋著名爱国诗人陆游，自号茶神。他爱茶、品茶、写茶，一生创作了 300 多首茶诗。他在众多茶诗中细致描绘了茶艺活动的情节，再现了广阔而绚丽多彩的宋人生活画面，是宋代茶文化的真实写照。陆游的茶诗中不仅有对名茶香茗的溢美之辞，还有对各式茶具的细致记述。其关于“茶盏”的诗句有《梦游山寺焚香煮茗甚适既觉怅然以诗记之》中的“毫盏雪涛驱滞思，篆盘云缕洗尘襟”、《试茶》中的“北窗高卧鼾如雷，谁遣香茶挽梦回？绿地毫瓯雪花乳，不妨也道入闽来”等。

茶盏在唐以前就已有记载，《博雅》中称其为“盏杯子”，宋代时开始有“茶杯”之名。陆游就曾写过“藤杖有时缘石磴，风炉随处置茶杯”

的诗句。宋代时斗茶之风大盛，人们极为崇尚茶具的精美，其茶盏的形状大致有两种：一种口沿较直，另一种则是撇口，像喇叭，有的还以描金装饰。受宋代理学思想的影响，宋代茶盏轻盈而优雅，造型上更为秀丽挺拔，盏壁斜伸，碗底窄小，亭亭玉立，充满了文人气质，与唐代张扬、豪放、大度的气质形成了强烈的对比。

这件茶盏沉静素雅、温润如玉，看着它，笔者思绪不禁穿越千年，来到“清风徐来，水波不兴”的赤壁之下，听苏子“诵明月之诗，歌窈窕之章”，看苏子举酒属客，直到“肴核既尽，杯盘狼藉”。这件茶盏就是那明月清风，就是那长长的喟叹，是“哀吾生之须臾”的烦恼，更是“物与我皆无尽也”的达观。这件茶盏留给我们的不仅是它本身作为文物的价值，更是它绵延千载一脉传承的“修身、怡情、养性”的茶道精神。

（刘茜丽）

金代“春水图”玉佩

淄博市博物馆收藏有一块金代“春水图”玉佩，玉佩长 11.4 厘米，宽 9 厘米。该玉佩用青色玉料雕刻成椭圆形，正面呈弧状凸起，纹饰以镂空加饰阴线刻成。背面有一椭圆形环，环内两侧有横穿的长方孔可供佩系，应为束带上的饰件。春水玉多用作带饰，《金史·舆服下》记载：“金人之常服四：带，巾，盘领衣，乌皮靴。其束带日吐鹘……吐鹘，玉为上，金次之，犀象骨角又次之。”由此可见，金人称用于常服的束带为“吐鹘”，其图案为一只长颈大雁在荷叶丛中飞窜，以逃避头顶上的海东青的追杀。这种题材在金代较为常见，但在载体选材上却大有差异。这件玉佩选用优

金代“春水图”玉佩

质的青玉，色泽圆润，玉质上乘；题材主体突出，立体感较强，周围花饰丰富，雁颈直长，雁的羽翼使用大量的粗短阴刻线去表现，雕镂穿透的层次极为丰富。该玉佩多层透雕的技法可谓炉火纯青，器物中花草枝蔓穿连交缠，雁的头颈从荷花丛中弯曲穿出，颈部变得圆大，翼面打洼，尖而不锐，与枝叶交接处有重刀分隔，其嘴颚与眼部以阴线刻画清楚。摇曳多姿的荷草等皆琢磨精细，叶脉叶缘表里翻转处均有交代，对羽毛的刻画更是细致入微，这些都表现出金代琢玉工匠高超精湛的雕刻工艺水平。

古代人们佩玉，不仅是为了简单的装饰，更是为了表现一种人的精神世界和自我修养。《礼记·玉藻》："古之君子必佩玉……君子无故，玉不去身。君子于玉比德焉。"君子佩玉是要求君子时刻用玉的品性修养自己的德行，用鸣玉之声提醒自己的行为。这种寓德于玉、以玉比德的观念把玉和德结为一体，同时又将玉与君子联系起来，物质、社会、精神三合一的独特玉意识是我们华夏民族的思想建树，成为中国玉文化的丰富思想和精神内涵。玉文化也包含着伟大的民族精神，有"宁为玉碎"的民族气节、"化为玉帛"的团结友爱风尚、"润泽以温"的无私奉献品德、"瑕不掩瑜"的清正廉洁气魄、"锐廉不挠"的开拓进取精神，在长期的历史进程中形成了根深蒂固的尊玉、爱玉的民族心理，玉的神化和灵物概念、特殊权力观点都植根于此。而玉文化本身则作为中华文明的一个重要组成部分，在中国几千年文明史中有着无法估量的深远影响。著名学者李约瑟在《中国科学技术史》中说道："对玉的爱好，可以说是中国的文化特色之一，启迪着雕刻家、诗人、画家的无限灵感。"

诞生于我国历史上辽金地区的"春水玉"和"秋山玉"源自"春水之饰"和"秋山之饰"，常见的"春水玉"正面琢有一只大雁在枝叶交错的荷叶丛中引颈飞窜，以逃避头顶上的海东青的追杀。还有的画面是海东青正在叼琢天鹅的头颅，而天鹅作奋力反抗、展翅飞窜的挣扎姿态。专家曾考证：这种海东青亦名“鹰鹘”“吐鹘鹰”，生活在黑龙江流域，因其体小机敏，勇猛异常，东北各族人将其驯养，用它来捕获大雁和天鹅。玉饰中出现以海东青捕获大雁或天鹅构成图案主题的作品，正表现了辽金时期契丹、女真等北方游牧民族“春捺钵”弋猎生活的内容。“春捺钵”又称“春水”，即春季的弋猎生活。

“春水玉”“秋山玉”的艺术成就表现在创作方法的革新方面。从相关的作品可见，它们已彻底摒弃了汉魏以来的玉雕作品对神灵怪兽等题材的热衷，可谓“礼”性大减，“玩”味大增。在具体的玉器制作过程中，不再琢磨那种夸张变形的图案或以谷纹、云纹、回纹等特殊符号去表现特别的意旨，而是通过对事物生动自然的描绘表达出作者的情感。把富有北方民族生活习性的生动场面装饰在玉雕艺术的画面中，显得清新脱俗，充满生机活力，体现出金代玉器鲜明的时代风格和民族特色。

契丹、女真等北方游牧民族建立封建政权后，不仅在政治体制上吸收、采用汉民族的做法，在舆服、器用等社会生活方面也取得很大的进步。“春水玉”和“秋山玉”就是在这种土壤中成长起来的。辽、金时期的玉器碾作技艺取得如此令人惊羡的成就，还有一个重要的原因是民族间的文化交流。“春水玉”“秋山玉”诞生于宋、辽、金对峙分治时期，这一时期从公元960年开始，历时274年。在此期间，宋、辽、金既互相攻掠又互通贸易，人口、经济、文化交往频密。反映民族间文化交流的“春水玉”“秋山玉”的出现，标志着少数民族在中华民族玉文化史上谱写了辉煌的篇章。大量实物表明，在此之前，这种刻画逼真、造型准确的写实性玉雕作品并不多，多层镂空透雕以表现枝蔓交错的玉器也是此时才出现，可谓“前不见古人”而“后以启来者”。这种表现技法也影响至明清，为各类装饰工艺所采用。透过出土和传世的“春水玉”“秋山玉”可以发现，辽、金等国的能工巧匠们以其聪明才智创造了中华民族玉器雕刻艺术史上现实主义创作风格和水平的一个高峰。相互间的交流与启迪使得宋、辽、金玉器艺术共同繁荣，北宋的花形镂雕玉佩、南宋的玉荷叶杯、女真和契丹的“春水玉”“秋山玉”都是代表这一时期琢玉水平的佳作。

（高晓阳）

“春水图”玉佩细部

金代黑釉粉杠双耳罐

金代黑釉粉杠双耳罐

淄博市博物馆收藏有一件金代黑釉粉杠双耳罐，罐通高 7.5 厘米，口径 5 厘米，足径 3.1 厘米，出土于博山金代壁画墓（1075）。此罐圆唇，直颈，鼓腹，圈足，肩部置两耳，器腹饰竖凸棱粉杠。

“粉杠”这一陶瓷装饰名称是淄博当地的习称，陶瓷界一般称作黑釉线纹或黑釉凸线纹，指在光亮莹润的黑色釉面上装饰白色细线纹饰，使得厚重朴实的黑釉器平添轻盈与雅致。使用这种装饰最有名的器物是罐，又称“线条罐”。根据陶瓷专家的研究，黑釉粉杠双耳罐是宋金时期磁村窑生产的瓷器中最富有特色的品种，是淄川古瓷文化中具有代表性的瓷器品种，同时也被古陶瓷研究界认为是宋金瓷器中最富有特色的代表之一。

宋金时期，淄博地区是我国北方重要的瓷器生产基地之一。经考证，淄博于北朝晚期开始生产瓷器，是我国北方较早烧制瓷器的地区之一，距今已有1400余年的历史。淄博淄川寨里窑址是淄博最初烧制瓷器的地点。从淄川古瓷文化来看，隋代时，该地仍以寨里窑产品为代表，瓷器更多地体现出北朝早期青瓷的特点。而唐代是淄川陶瓷发展史上一个空前繁荣的时期，这一时期的另外一个主要代表——磁村窑的窑火开始点燃，并开辟了淄川陶瓷发展史上一个新的时代。

磁村古瓷窑遗址的烧造年代上限在唐代中期，下限在金元时期。唐代晚期，磁村窑烧造出光亮纯正的黑釉瓷，其釉色晶莹滋润，色墨如漆。目前所知唐代烧造黑釉瓷的地区有今陕西、河南、山东三省的7个县，但是磁村窑的产量较陕西、河南为大，是当时当之无愧的最大的黑瓷生产中心。

黑釉瓷的生产并不容易，很难在黑色釉面上做装饰。宋金时期，淄博瓷器烧制规模日益扩大，烧制工艺也得到迅速发展。这一时期，淄川的工匠们在充分吸收各大窑瓷器烧制特点的前提下，创造性地烧出精美的粉杠器等特色工艺瓷器。这是淄川瓷业区别于其他窑系的最主要标志，在淄川古瓷文化发展序列中具有极高的地位，在整个中国陶瓷美学史中亦占有一席之地。

这种黑釉凸线纹罐在河南汤阴窑、密县窑、登封窑也有生产，但是其凸线纹多为黄白色而且线条较细，器内壁一般无釉或半釉。而磁村窑的这类产品，线条白而粗，器内满釉，从艺术效果上要超过河南诸窑。其实，磁村窑的粉杠产品风格也是多种多样的：从器形上看，除罐以外，还有精美的花口瓶等；从线条的排列方式上看，有平行的也有放射性的，有的两根一组或三根一组间隔排列，有的则整齐地分布在器物表面。最特别的是一种白釉粉杠器，它完全以白釉线条装饰器物，而没有用黑釉作为底色。各种丰富多彩的造型无不结合器形、釉色等多方面因素，显示出很高的艺术水准和较强的艺术创造力。

总之，粉杠是淄川瓷业的一种创造性的装饰工艺，它丰富了黑釉瓷的装饰技法，也是金代陶瓷中的奇葩。

（夏林峰）

金代绞胎碗

淄博市博物馆收藏有一件金代的绞胎小碗，碗高 4.8 厘米，口径 11.3 厘米，底径 4.8 厘米。碗口沿一周为素胎，微向内敛，弧腹，平底，施黄釉。碗腹部及内外器底呈褐色相间的绞胎木纹。

1993 年，博山大街古窑址及附近堆积层中出土了一部分造型各异、装饰精美的绞胎瓷器，其中以绞胎碗的数量最多。这批绞胎碗可分为三种：第一种为撇沿花口绞胎碗，鼓腹靠下，硬折腰，高圈足底，器物施一层透明黄釉，圈足无釉，绞胎纹饰呈规整的花朵状；第二种为侈口高圈足绞胎碗，弧腹，高圈足，外施一层黄色透明釉，圈足无釉；第三种与我们见到的这种绞胎小碗相似，弧腹，平底，施黄釉。这件小碗极有可能就是此窑址出土，后流落民间古玩市场的。此碗系经市文物商店征集入

金代绞胎碗

馆，并在淄博市博物馆“馆藏文物精品”展中陈列展出。

“绞胎”指将不同的胎土像绞麻花一样绞制，通常是用两种或三种不同颜色的瓷土（一般主要用褐白、黑白或棕白两色）交替叠摞、互相揉和，分别制成泥条，然后再像绞麻花或绞花卷一样将它们绞在一起，制成新的泥料，用于直接拉坯制作器物。做好的器物坯体出现两色相间、十分美丽的图案，再罩以晶莹玉润的透明釉、绿釉或黄釉，将绞胎花纹表现得淋漓尽致，给人一种流动、变幻的美感。绞胎器可以做出几形纹、回形纹、团花纹、菱花纹、鸟羽纹、云纹、流水纹等各种美丽的纹路，变幻无穷，具有非常明显的艺术特色。它的出现或是受西域玻璃器绞胎工艺的影响，或是受当时流行的漆器工艺的影响。

绞胎器自唐代开始，一直到宋金时期都有烧造，元以后逐渐衰亡。在唐代，生产绞胎器的窑口除了河南巩县窑外，还有山东淄博窑、陕西黄堡窑等，五代时期有浙江上林湖地区的越窑、山西介休窑等，北宋到金代则有河南焦作当阳峪窑、江西吉州窑、山西浑源窑等。绞胎器的烧造方法是匣钵仰烧，器物底部一般采用三支钉垫烧，所以在绞胎器内底的釉面上，有明显的支钉垫烧痕迹。由于工艺复杂，制作难度极高，流传下来的绞胎器十分稀少且名贵。

因为这件绞胎碗是淄博窑的典型器物，这里就不得不说一下淄博窑。

山东淄博的陶瓷文化源远流长，淄博窑在汉代称“博山窑”，以烧制琉璃和陶器著称，有准确可靠的文字记载。淄博窑极具地方特色，烧制品种多样，从北朝烧制青瓷开始，逐渐烧制成功了黑釉瓷器、三彩器、酱色釉瓷器、白釉瓷器，且有雨点釉、兔毫釉、茶叶末釉等各种结晶釉器，更有白地黑花、黑釉凸线纹（粉杠）、绞胎、绞釉等品种，并出现了白釉点彩、白釉红绿彩等装饰，装饰手法有刻花、印花、剔花、篦划花、沥粉等，几乎涵盖了陶瓷行业的各种釉色和装饰技法。

淄博窑是个区域性的概念，它包括烧制年代始于南北朝时期的寨里窑，创烧于唐代的磁村窑，宋金时期的岭子郝家窑、巩家坞窑、博山大街窑、八陡窑、山头窑、西河坡地、龙泉渭头河窑，也包括元明清及民国时期的南万山窑、福山窑、窑广窑等。

淄博窑在山东中部地区有着二十余个不同的窑场，这些窑场有相同的原料和釉料，使用相同的制作工艺和烧制技术，在宋金时期烧制过无数经典器物。窥一斑而知全豹，从这件金代绞胎小碗中可以看出淄博窑历经千年积淀而造就的高超工艺水平，以及对中国陶瓷发展做出的突出贡献。

（曹萌）

金代博山窑三彩印花枕

淄博市博物馆征集了一件金代三彩印花枕，形如银锭状，枕面下凹，两边上翘，底面平坦。此枕长 18 厘米，宽 10 厘米，枕面长方形框内饰印花钱纹，四周以回纹相围，釉色主要为黄釉，中间饰绿釉。前后两立面各模印麒麟一对，立发翘尾，圆目，作回首状。两侧面模印双狮火焰纹。这件三彩印花枕是金代博山窑的代表产品。

三彩器属于低温铅釉陶器，经两次烧制而成：胎坯成形后，先入窑素烧，出窑冷却后涂三彩釉入窑进行二次釉烧。由于釉烧温度低，所以成品器形规整，胎釉结合紧密。金代三彩器的釉色主要是黄色，釉料调配得当，色彩的透明度和饱和度都非常高。在烧制过程中，主釉色互相交融、互相渗透，由此又衍生出介于主釉色之间的中间色，使金三彩呈现出异彩流光、斑驳淋漓的艺术效果，成为我国陶瓷发展史上的一朵奇葩。

博山窑的烧造历史悠久，可以上溯到汉代。宋金时期战乱频发，但博山地区远离战乱区，受战争的影响较小，因此博山地区的陶瓷产业能够持续发展，规模不断扩大，陶瓷器品种也不断增多。金代是博山陶瓷发展的鼎盛时期。受唐三彩的影响，博山窑大量烧制三彩器，并且凭借其制作铅釉陶的经验，发展了三彩工艺，使得博山窑三彩艺术在金代达到了高峰，形成了具有独特地域风格的“博山金三彩”。博山金三彩的制作工艺有着鲜明的地方特色和浓厚的时代特征，它除继承了唐、宋三彩的特点外，又在自身传统工艺的基础上有所创新，使其不论在生产工艺、造型式样、装饰表现形式，还是在黑釉的巧妙应用方面都形成了自己独有的工艺特色。博山金三彩器均为日常实用器，与唐三彩被作为冥器使用的性质形成了鲜明对比，其特殊的使用功能为其增添了别样的形式美感，并成为博山窑的特色之一。

金代博山窑三彩印花枕

除三彩枕外，瓷枕也是中国陶瓷宝库中的一朵奇葩。考古发掘和研究表明，瓷枕最早创烧于隋代，唐以后开始大量烧造，河南安阳隋开皇十五年（595）张盛墓中出土的长仅3.9厘米的箱形瓷枕，是已发现最早的瓷枕。唐代瓷枕的用途主要有三种，一是作为医生诊病用的脉枕，二是用作书写时垫手腕的腕枕（唐代流行写经，手腕会酸痛，于是便把瓷枕垫在手腕下），三是外出旅行露宿时作枕头使用（这种瓷枕又称为袖枕）。可见唐代的瓷枕并非专门用于睡觉。到了两宋及金、元时期，瓷枕的发展进入繁荣和鼎盛期，并开始主要作为卧具使用。这一时期名窑众多，瓷枕烧造也进入全盛时期，瓷枕造型多样，形制、装饰题材也日益丰富多彩。

两宋及金元时期，瓷枕形制多样，流行箱形枕、腰形枕、银锭形枕、如意形枕、人形枕、兽形枕等，造型千变万化，多姿多彩。装饰技法有刻、划、印花、剔、雕塑、彩绘等，使装饰纹样的题材更广泛。具体纹样有山水画、人物画，有诗词歌赋，有格言警句，有花鸟鱼虫，还有很多反映人们日常生活场景的画面，意趣盎然，生动活泼，雅俗共赏。

宋代文风大盛，北宋晚期诗人张耒《谢黄师是惠碧瓷枕》中有“巩人作枕坚且青，故人赠我消炎蒸。持之入室凉风生，脑寒发冷泥丸惊”之语。说明宋人有馈赠瓷枕消暑的习俗。李清照《醉花阴》中也有“佳节又重阳，玉枕纱厨，半夜凉初透。东篱把酒黄昏后，有暗香盈袖”之句，词中的“玉枕”指的就是瓷枕。清代乾隆也曾在瓷枕上题诗：“瓷枕通灵气，全胜玳与珊。眠云浑不觉，梦蝶更应安。”不仅文人墨客喜欢作词，民间匠人也经常在瓷枕上书写词句，如一方磁州窑瓷枕枕面上以黑彩书五言诗一首“夏日景（影）偏长，遥天转暑光。如人会消遣，何处不清凉”，另一枕上写着“为惜落花慵扫地，爱观明月懒胡（糊）窗”。这些词句反映了宋人悠闲自在、与世无争的生活状态。当然，瓷枕上的诗词并非全都是表现闲情逸致的，也有忧国忧民之作，如一瓷枕上写着“故国三千里，深宫二十年。一声何满子，双泪落君前”，这显然是作者借唐朝诗人张祜的名作表达对金人灭北宋的悲愤之情。另外，瓷枕上还常见格言警句，如“众中少语，无事早归”“为争三寸气，白了少年头”等。可见上至皇室贵胄下至普通百姓，清凉沁肤、祛暑怡神的瓷枕都是其心中所好。元代以后，随着各种软枕的出现，瓷枕的烧制便开始走下坡路，使瓷枕的辉煌定格在宋、金、元时期。

枕是中国陶瓷宝库中的一个特殊品种，它融陶瓷技术、文学艺术、保健医学、民俗风情、吉祥文化等于一体，集历史价值、艺术价值于一身，具有丰富的文化内涵。工匠们把对美好事物的追求和丰富的想象都渲染在小小的枕面上，枕也因此成为中国民俗文化的符号和载体。这件三彩印花枕形制规整、纹饰清晰，为我们进一步研究金代博山窑三彩器提供了宝贵的实物材料。

（李鸿雁）

金代三彩莲花灯

淄博市博物馆所藏的这件三彩莲花灯，高 12.5 厘米，口径 5.7 厘米，足径 7.5 厘米。

全器饰黄绿釉，由灯碗、柄和底座三部分组成。灯碗呈莲花形，四周均匀地分布着四层莲瓣，每层 6 瓣，共 24 瓣。第一层莲瓣呈黄色，每个莲瓣外有一尊背光坐佛；第二层莲瓣呈绿色，每个莲瓣外有缠枝纹图案；第三层莲瓣呈黄色，每个莲瓣外同样有一尊背光坐佛；第四层莲瓣也呈黄色，花瓣极小。灯柄粗短，中鼓，底座不施釉。

淄博是我国北方重要的陶瓷生产基地，其制瓷历史已有 1400 多年。但是在众多的陶瓷史料中，淄博境内除寨里窑址和磁村窑址多有记述之外，在淄博陶瓷史上留下绚烂一笔的博山窑却鲜有所见，博山窑所产的晶莹润泽的三彩器更是不为世人所熟知。笔者仅以这件三彩莲花灯为代表，与大家共同分享博山窑三彩器带给我们的视觉盛宴。

博山窑三彩器主要生产于宋金时期，因此当地俗称“宋三彩”或“金三彩”，其得名由唐三彩演化而来，并非单纯指颜色的数量。与唐三彩大多用作王公贵族墓中的随葬品不同，博山窑三彩器主要是生活实用器，带有浓厚的民间色彩。这些三彩器是低温彩色釉陶制品，釉色一般由黄、绿、白、酱、红等色彩混用，色彩艳丽斑斓、明亮夺目，具有较高的艺术欣赏价值。其产品主要有两大类：一类是日常用品，如碗、盘、枕、灯等器皿；另一类是各种瓷塑制品，如佛、菩萨、仕女、武士等塑像。这其中，最能代表博山窑三彩器成就的当属各种形制的灯具。

灯作为人们日常照明用具，经过了漫长的历史演变。至宋金时期，随着博山窑三彩技术的发展，各种造型的三彩灯开始进入人们的生活中。这些灯具大多釉色明亮，造型美观，形制多样，体现了当时博山窑三彩器

金代三彩莲花灯

的制作水平。

“莲花灯”因灯形似莲花而得名，是佛教灯种之一，观音大士专用。在佛教中，莲花代表净土，象征纯洁，有吉祥平和的意思。此盏莲花灯造型美观，技法凝练，远观恰似一朵怒放的莲花，给人一种典雅庄重的美感。

博山窑三彩器最大的特点是釉色光洁晶莹，玻璃质感强，没有其他窑口三彩器釉色灰暗的现象，也极少出现较高的返铅状态。即使一些器物因年代久远，表面呈现云母光泽，但也亮如幻彩，犹如虹霓。此外，博山窑三彩器不仅造型丰富，种类繁多，而且每件器物纹饰都刻画得细腻多姿，栩栩如生。

博山窑三彩器充分反映了艺术工匠们高超的审美创造能力，是中国古陶瓷百花园中一朵绚烂的奇葩，是淄博古代劳动人民审美爱好和智慧情趣的结晶，是淄博地区陶瓷艺术的骄傲和宝贵财富。随着研究和宣传的深入，它必将散发出愈来愈绚丽的艺术魅力。

（张海蓉）

元代白地黑花鱼藻纹盆

淄博市博物馆藏有一件元代白地黑花鱼藻纹盆，系1977年淄川坡地窑址出土。盆口径47厘米，底径24厘米，高14厘米。敞口，平折沿，斜腹，平底，内施白釉，外部无釉，胎质粗糙，呈红褐色。从内壁平滑乳白的釉面看，其釉下施了一层化妆土，外壁则因火候过高而烧成了瓦缸色。虽然也是匣钵覆烧，但大凡这种大盆都处在匣钵的最上层，起隔火作用，因此盆外部烧结程度很高。这件盆口沿绘有黑色弦纹和六组由黑色双线勾绘的莲瓣纹，绕内腹部一周有三组水草纹，底部则绘有一条游于水藻之中的鲤鱼，鳞鲭清楚，眼睛传神，十分生动写实。俯视盆内，如一塘清

元代白地黑花鱼藻纹盆

水，荷花盛开，水草涟涟，鱼儿畅游其中，一片水甜鱼肥的殷实景象。这或许是人与自然和谐相处的一种惬意与满足的体现，或许是人们追求恬然生活的一种自然流露。

盆作为人们的日常生活用具，是陶瓷器中常见的器形。在古代，人们在注重器物实用性能的同时，也十分注重器物的艺术欣赏性，因此常在盆的腹部及底部描绘一些图案，如飞鸟走兽、游鱼、花草、人物等。这些图案贴近人的生活，反映了制造者和使用者的艺术素养和生活情趣，包含着他们的精神寄托和追求。在这些艺术图案中，鱼纹是经常见到的题材。早在仰韶文化时期，我们的祖先就在彩陶盆上绘出过许多形象各异、生动逼真的鱼的图案，成为先民生活景象的艺术写照。

进入历史时期，随着瓷器图案装饰的兴起，鱼纹又成为瓷器上常见的装饰纹样。一般来说，宋代以前的瓷器以釉色的变化为主，图案装饰并不发达。宋代以后，除了釉色丰富多彩之外，瓷器的花纹装饰越来越繁茂。由于“鱼”与“余”“玉”同音，鱼纹即有“连年有余”“富贵有余”“金玉满堂”之寓意，在宋代的定窑、景德镇窑、龙泉窑、磁州窑生产的盆类器物中，均有模印或刻划的鱼纹，如莲池游鱼、水波游鱼、水藻游鱼等。元代景德镇窑的青花瓷器和磁州窑的白地黑花瓷器上，鱼藻纹十分盛行。明清时期景德镇窑的彩瓷中，鱼纹也十分繁多。

淄博窑作为山东地区著名的民用瓷产地，其鱼盆生产历史悠久。在宋代淄博窑的许多窑址中，所出鱼盆的模印鱼纹图案，风格与同期窑址十分接近。金元时期，由于受磁州窑的影响，淄博大街窑、坡地窑均生产白地黑花的鱼纹产品，其中坡地窑所产鱼盆特色鲜明。该窑位于今淄博市淄川城南十五公里处，1977 年 5 月，淄博市博物馆等单位对该窑址进行了调查发掘，确定其制瓷时间为北宋中晚期至金元时期。金代后期至元代，鱼盆生产量大，成为最具时代特色的器物，盆内所绘鱼纹既有三鱼游于荷塘之中，又有单鱼在海藻之间戏水。这些白地黑花图案的线条显得无拘无束、自然流畅，像是信手拈来，又似意趣天成，恰到好处，其布局疏朗有致、重点突出，有的鱼纹占据大部分画面，给人跃出水面、跳出盆外的感觉。这件元代白地黑花鱼藻纹盆就是当年的发掘品。明代淄博窑开始衰落，但其黑釉和酱釉瓷器上仍不乏鱼纹图案。清代至民国时期，淄博窑在继承传统的基础上，又引进了景德镇窑的青花和彩瓷装饰艺术，生产绘有金鱼、鲤鱼、鲫鱼等各式图案的大小鱼盘、鱼盆，其产量大、使用广、艺术特色明显，深受人们的喜爱。

（夏敏）

元代白地黑花题书荷口瓶

元代白地黑花题书荷口瓶

淄博市博物馆“古代淄博”展厅中央柜里，端立着一件白地黑花题书荷口瓶。该瓶高 30 厘米，口径 12.5 厘米，足径 12 厘米，为六瓣荷叶形口，长直颈，腹上部略鼓，下部内收，喇叭形足。瓶身饰花卉纹，墨书题款："至正廿六年五月廿五日，颜神镇东窑头张全谨献花瓶一对，义勇武安英济王保佑合家安康，如意大吉，降福老右（幼），谨献上。"全文共计48字。

至正，元顺帝孛儿只斤·妥懽帖睦尔的年号，至正二十六年即1366年。博山，古称"颜神镇"，在金代属济南府淄州，《金史·地理志中》记载："淄州，中，刺史。宋淄川郡军……淄川倚有黉山、夹谷山、商山、淄水。镇三：金岭、张店、颜神店。"元代至元二年（1336）设置颜神镇，属益都路益都县管辖。明代属青州府益都县。清雍正六年（1728）始称博山，清雍正十二年（1734）设博山县，仍隶属青州府。

"义勇武安英济王"是帝王赐予关羽的封号。该瓶是武庙（关帝庙）供奉关帝圣君关羽关云长的。历代皇帝对关羽十分推崇与敬重，并赐予其各种封号。宋徽宗先后封关羽为"忠惠公""义勇武安王"；元文宗加封为"显灵义勇武安英济王"；明宪宗加封为"壮缪义勇武安显灵英济王"；明神宗加封为"协天护国忠义大帝""三界伏魔大帝、神威远震天尊、关帝圣君"；清朝顺治皇帝则尊奉之至，加封号为"忠义神武灵佑仁勇威显护国保民精诚绥靖翊赞宣德关圣大帝"。

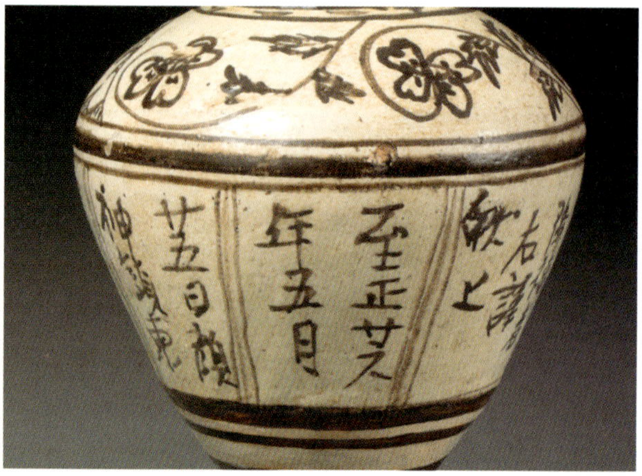

瓶身题款

该白地黑花荷口瓶出土于博山，2014年征集入藏淄博市博物馆，因瓶身上有题款，所以有确切的纪年，即元至正二十六年，有着较高的史料价值和科研价值，为淄博瓷器的传承发展和当时社会民间信仰的研究，增添了重要的、珍贵的实物资料。这件白地黑花题书荷口瓶为五部分拼接而成，增加了制作与烧制的难度。从造型、装饰等风格分析，该瓶应为博山大街窑烧制。2015 年 5 月，国家文物鉴定委员会委员，南京博物院研究员，复旦大学、南京艺术学院兼职教授，中国古陶瓷研究会副秘书长张浦生先生莅临淄博市博物馆，看完实物后对该瓶评价颇高，认为“可以定为国家一级文物”。

在整个淄博窑系中，白地黑花瓷器是风格独具的品种，特点鲜明。金元时期是其发展的鼎盛时期，虽然其他窑口在不同时期也烧制白地黑花瓷器，但从烧制时间、数量和质量来看，淄川坡地窑是白地黑花瓷器的重要产地。坡地窑位于今淄博市淄川西河镇，距淄川城东南约 15 公里，距西河镇约 2 公里。坡地窑址面积较大，周围群山环抱，形成四周高中间低的天然盆地。窑址主要集中于盆地的东北部，东西绵延约 1.5 公里，南北约 1 公里。古时该地被称为“孤坪洲”，后世建村时因地势改名为“坡地”。窑址自东向西分布在东坡地、中坡地、西坡地三个自然村。村内外的地面、地下和已废弃的明清民房断壁残垣及土坯墙上，散布有大量的白瓷片、黑瓷片、白地黑花瓷片、窑基砖、窑炉灰渣以及废弃匣钵等，个别窑具上刻有“刘三公瓦底”“叶子成”“于三”等标记。地下堆积层最厚的地方可达 4 米。20 世纪 50 年代开始，文物部门先后对窑址进行过两次科学发掘，并收集、保存了大量的实物资料。

白地黑花瓷器的科学名称应该叫作“白地釉下黑彩瓷器”，其早期产品为釉下彩器，釉面光滑平顺，而且釉色牢固；彩绘技法泼辣随意、凝练，且为一次烧成，是不可多得的艺术珍品。白地黑花瓷器造型别致，黑白两色分明，对比强烈，图案纹饰十分醒目，具有较强的视觉冲击力，风格各异，富有笔墨情趣。

装饰题材的别具一格和丰富性，是坡地窑白地黑花瓷器的又一大特色。制作瓷器的能工巧匠们怀着朴素的情感，赋予了白地黑花瓷器独特的艺术魅力，形成了浓郁的淄博地域特色。这些瓷器承载着他们对幸福生活的渴望，对美好未来的憧憬，以及对生活的不同感悟和体验。他们运用极其娴熟的手法和高超的画技，将百姓喜闻乐见的花鸟鱼虫、珍禽瑞兽、山水人物、戏曲故事、传说典故、诗词书画等绘书于瓷器上。在装饰风格上，工匠们以大写意手法并结合图案纹样变化特点，使画面简练生动，富有节奏感。白地黑花瓷器的花卉纹行笔流畅，线条自由奔放，活泼多姿；动物纹、人物纹注重神情描绘，笔画线条生动传神，刻画到位，具有较强的亲和力、感染力，表现了当时劳动人民自娱自乐的市井生活和朴实无华的精神诉求，使白地黑花瓷器在北方地区民间陶瓷中有着较为独特的艺术风格。

（王滨）

元代龙泉窑青釉双鱼盘

淄博市博物馆“馆藏文物精品”展厅中，陈列着一件元代青釉双鱼纹盘，1982 年 12 月出土于淄博市博山大街。盘高 5.7 厘米，口径 22.6 厘米，足径 10.5 厘米。圆唇，折沿，弧壁，矮圈足，圈足底部无釉，胎骨坚实，露胎处呈红褐色（俗称朱砂底）。全器施豆青色釉，釉色均匀，釉下开细片，盘外壁绕莲瓣纹一周，内壁有暗刻水纹，盘内底有弦纹两道，底心贴印背向小鱼一对，鱼身线条清晰流畅，技法高超，立体感较强，呈摇头摆尾游动状。该器造型古朴，釉色莹润，为同类器中之精品。据专家断定，该器从造型和釉色特征来看，属元代龙泉窑烧制，是龙泉窑的典型

元代龙泉窑青釉双鱼盘

器物。盘内堆贴双鱼装饰在元代比较常见。

众所周知，中国是陶瓷之乡，是世界上最早发明和使用陶瓷的国家，世界各国特别是欧洲国家，最早认识、了解中国，也是从中国的陶瓷开始的。中国人把瓷器的实用性、艺术性发挥到了极致。

据《中国陶瓷史》记载，龙泉窑是宋代著名的瓷窑之一，因其主要产区在浙江省龙泉市而得名。它始于三国两晋，盛于宋元，终于清代，生产瓷器的历史长达1600多年，是中国制瓷史上最长的一个瓷窑系，它的产品畅销于亚洲、非洲、欧洲的许多国家和地区，影响十分深远。北宋中晚期是龙泉窑发展的重要时期，龙泉窑在此时开始形成自己的风格：胎体较为厚重，造型规整，釉色淡青柔和，釉层稍薄；产品多为生活用具，如碗、盘、杯、壶、瓶、罐等；装饰工艺有刻花、划花和篦纹，图案有花卉、飞鸟、鱼虫、婴戏纹等。龙泉窑青瓷具有独特的风格特征，是中国宋元时期驰名中外的青釉品种。

关于龙泉青瓷的开片，民间还有一个传说。浙江龙泉有章姓两兄弟，分别建窑烧制瓷器，就是享有盛誉的哥窑和弟窑，哥窑的特点是釉层晶莹、如玉似冰。哥哥勤劳朴实，善于经营，故哥窑生意十分红火。弟弟生意惨淡，十分嫉妒哥哥，为了报复哥哥，便偷偷用水泼向哥哥炉火正旺的窑炉。结果，高温炉内的瓷器遇冷发生窑变，釉面显露纹片，间有大小纹片的叫“文武片”，形成细网纹的叫“鱼子纹”，仿佛冰裂般的纹片叫“百圾碎”。《外州府志》称哥窑的“百圾碎”冠绝当时。而弟窑的产品胎骨厚实，釉层饱满丰润，色泽青碧柔和，有如翠玉，代表龙泉窑正色，也是龙泉青瓷的一大类型。

龙泉窑瓷器曾远销欧洲。据资料可查，1504年英国威尔海主教送给牛津新学院一件精美的中国龙泉窑瓷碗，轰动整个英国，这件精美如玉的瓷器，是传到英国的第一件龙泉青瓷。如今，在土耳其总统的贵宾接待室内，还挂着几十件龙泉青瓷。古代阿拉伯人把珍贵的龙泉青瓷作为高雅和富有物品装饰在室内。东非哥迪和基利菲遗留下的 15 至 16 世纪的清真寺废墟里，可以看到按一定比例间隔镶嵌在墙壁上的龙泉青瓷。

龙泉窑的制瓷工匠不断吸取历代名窑的优秀传统技艺，在宋元时把青瓷生产推向一个全盛时期，当时江河两岸，群窑林立，江上运瓷的船舶往来如梭，产品驰誉全球。这件龙泉窑青釉双鱼盘是不可多得的瓷器艺术珍品，它伫立在淄博市博物馆的展厅中，向观众展现着其独特的釉色与开片之美，诉说着其高贵的身世和辉煌的经历。

（傅强）

明代龙泉窑三足洗

淄博市博物馆藏有一件龙泉窑三足洗，三足洗通高 9.4 厘米，口径 31 厘米。其口沿内折，圜底，三兽蹄足，釉色青翠，这是明代龙泉窑瓷器的特征。器外腹口沿下两弦纹内饰乳钉九枚，其下饰八卦纹，整个造型有一种向上劲挺的流畅感。最协调统一之处是弦纹的应用，从器口开始至外底部有数道弦纹，或凸或凹，并与八卦纹饰相呼应，形成对比变化，体现龙泉窑匠师高超的装饰技艺。特别是来源于青铜器造型的兽面纹三蹄足，具有独特的形式美。

龙泉窑是中国历史上的著名窑口、宋代六大窑系之一，因其主要产区在浙江龙泉而得名，属我国南方青瓷系统。它开创于三国两晋，结束于清代，生产瓷器的历史长达 1600 多年，是中国制瓷历史上最长的一个瓷窑系。它的产品畅销于亚洲、非洲、欧洲的许多国家和地区，影响十分深

明代龙泉窑三足洗

远。龙泉窑以烧制青瓷而闻名，北宋早期以前的产品，其风格受越窑、瓯窑、婺州窑的影响，特征与三窑的产品相似，胎质较粗，胎体较厚，釉色淡青，釉层稍薄。朱伯谦先生在《龙泉窑青瓷》一书中曾将龙泉窑的发展归纳为开创、发展、鼎盛和衰落四个阶段：魏晋和五代十国时期是开创期，瓷窑少，龙泉窑的生产时断时续，处于就地销售的生产阶段；北宋至南宋前期是发展期，龙泉窑发展快，逐渐形成一个较大的瓷窑体系；南宋后期至元代是鼎盛期，龙泉窑迅速发展，青瓷质量大大提高，产品畅销国内外广大市场；明清时期是衰落期，尤其是明代中期以后，龙泉窑处境艰难，瓷窑不断地倒闭，清代晚期结束烧造。

元代龙泉青瓷烧造量大，风格与南宋迥异：器形高大、胎体厚重；胎色为白中带灰或淡黄；釉色为粉青带黄绿，光泽感较强，釉层半透明；装饰手法多种多样，有刻、划、印、贴、塑等，以划花为主，花纹粗略，线条奔放，纹饰以云龙、飞凰、双鱼、八仙、八卦、牡丹、荷叶等为多见。明代龙泉窑青瓷延续了元代的大器风范，将厚实雄浑的审美理念发挥到极致。明代龙泉窑以豆青和深绿釉色的瓷器为主，器物胎壁厚重，器底粗糙，釉层厚，透明度高，釉表光泽感强。

八卦纹是典型的瓷器装饰图案之一，指《周易》中的乾、兑、离、震、巽、坎、艮、坤八种图形。《易传》认为八卦象征天、地、雷、风、水、火、山、泽八种自然现象。《易经·系辞上》曰："易有太极，是生两仪，两仪生四象，四象生八卦，八卦定吉凶，吉凶生大业。"太极八卦是中国文化的基本哲学概念，是古代阴阳学说的基础。八卦代表易学文化，渗透在东亚文化的各个领域。根据中国民间传说，八卦起源于三皇五帝之首的伏羲，伏羲氏在天水卦台山始画八卦，一画开天。八卦表示事物自身变化的阴阳系统，用"—"代表阳，用"--"代表阴，将这两种符号按照大自然的阴阳变化，组成八种不同形式，叫作八卦。在中国文化中，它与阴阳、五行一样是用来推演世界空间、时间内各类事物关系的工具。每一卦形代表一定的事物，乾代表天，坤代表地，巽代表风，震代表雷，坎代表水，离代表火，艮代表山，兑代表泽。八卦就像八只无形的大口袋，把宇宙中的万事万物都装进其中；八卦互相搭配又变成六十四卦，用来象征各种自然现象和人事现象。

此件器物设计古朴典雅、古色古香，釉包浆浓厚、莹润似玉，为明代龙泉窑的精品之作，对于研究龙泉窑瓷器的历史价值、艺术价值都具有重要意义。

（高晓阳）

明代白玉螭虎纹带钩

带钩是中国古人用来束腰之用，相当于今天的皮带扣。其用料十分丰富，有金、银、铜、铁、玉、翡翠等，其中最为珍贵的应属玉带钩。淄博市博物馆珍藏着一件白玉透雕螭虎纹带钩，其造型优美、玲珑奇巧，颇具神韵，是明代玉器的精品之作。该器通长 10 厘米，通宽 2.2 厘米，整体呈琵琶形，钩为一只神采飞扬的玉龙形象，宽额阔嘴，眼睛突出，双角后弯，体现了制玉工匠的巧思。

这种龙形玉带钩早在战国时期已经出现，只是当时由于制玉技术不够发达，龙首只见其轮廓，而且当时除龙首带钩外，还流行禽鸟带钩。到了元明清三代，龙首带钩才成为主流，且钩面上常采用浮雕与透雕方法雕一小螭爬行，螭头短小，面对龙首。东汉时期螭纹带钩也较多见，但与明清时期有很大差别，主要为浅浮雕螭纹。宋代带钩也大多带有汉代遗风。

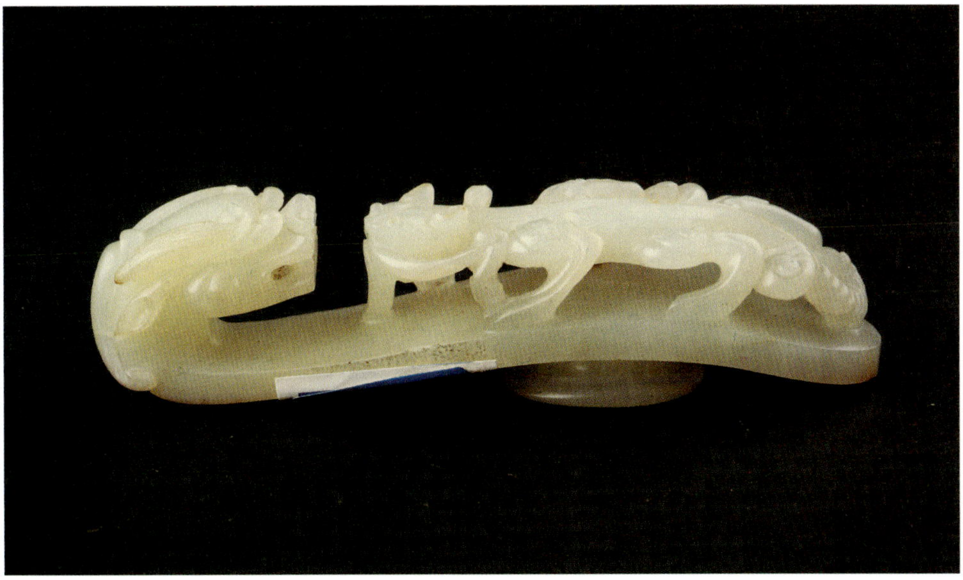

明代白玉螭虎纹带钩

元代时，整个螭龙开始贴于钩面。明代时，螭开始立于钩面。清代更加拉开螭与钩面的距离，使其更显腾空之势，同时螭与龙首距离逐渐拉近，钩钮呈圆形。这件带钩是明代带钩的典型代表，带钩的龙首与螭纹比例恰当，线条刚柔并济、清晰流畅。

以带钩连接的腰带，是古代中国的特有发明，也是中国传统服饰中历时最长、持续最久的腰带样式之一。自西周至汉晋的男性贵族服饰中，皮带主要凭借带钩系结，所谓“带约其要（腰），钩挂于带”（王充《论衡》）。这一漫长时期当中带钩的缤纷造型及其具体使用方法、相关的皮带样式，在孙机先生《汉代物质文化资料图说》中“带钩”一节及高春明先生《中国服饰名物考》中“鞶带”一章均有精彩与完整的考证。

大致到北朝时期，与今日皮带的样式基本一致的腰带“蹀躞带”兴起，一跃成为最主流的款式。带钩的角色不再像往日那么风光，不过它也并未就此绝迹，而是逐渐转变成男子便服上的配件。它不再与皮带相连，而是改与织物或绳编的软带构成组合。明代佚名画家所绘《宪宗调禽图》中，明宪宗朱见深在腰间系一条软带，身前正中的地方有一个龙头形、嵌有红宝石的金带钩。画面中很清楚地描绘出，软带的一端隐没在钩尾之后，另一端则套入带钩的龙头形弯钩之内。定陵恰恰出土有明神宗的龙头形带钩实物，与《宪宗调禽图》所绘带钩相似，由此可知，明代宫廷中，皇帝以带钩与软带系束便服是长期沿袭的习惯。

明代龙纹玉带钩上的龙纹特点是：龙头刻划的刀口深，脸雕得又长又宽，大多是侧面脸，但两只眼睛都露出来了；明代晚期及清代早期玉带钩上的龙纹鼻梁凹进，眼睛突出，呈虾米眼形，俗称“虾米眼”；明代末年和清代前期研磨工水平较差，玉带钩底子上往往出现小波纹痕迹，虽然光洁度很高，但终究掩盖不住琢磨粗糙的缺陷，故有“粗大明”之称。

有人将这种龙纹带钩造型称为“苍龙教子”。传说，螭是龙的九子之一。龙首与螭首相对，体现了大龙对小龙的谆谆教诲，亦表达了儒家文化中长幼有序、大小有别、融洽相处的含义。“苍龙教子”是玉器中的一种常见题材，《三字经》中说：“窦燕山，有义方。教五子，名俱扬。”古人教子，满目琳琅，而窦燕山教子，堪称榜样。窦燕山先是为富不仁，以势压贫而一直无子，后幡然悔悟，克己利人，广结善缘，其妻连生五子。燕山身教言传，十数年如一日，培育他们的品德修养。五子先后登科及第，当时人称窦氏五龙。“苍龙教子”，强调父辈言传身教的重要性。“桃李不言，下自成蹊。”在“苍龙教子”上，我们认识到“以身作则”“言传身教”的重要性，父辈是孩子最好的老师，父辈能够修身养性，行克己利人之举，何患后辈有不良？

在我国出土和传世的古玉器中，带钩是常见的器形。其形制各异，造型别致，雕琢精细，令人赞叹。螭虎纹与和田美玉的完美结合，形成了这件白玉透雕螭虎纹带钩。中国传统文化又赋予了它一些内涵，更加衬托出它的弥足珍贵。

（张伟伟）

明代王象晋《二如亭群芳谱》

《二如亭群芳谱》一套四函，每函七册。书函为硬纸版平纹老蓝布装裱，书函封面题签已漫漶。书页为淡黄色竹纸，质地细致绵薄。书本封面为厚板竹纸，呈黄褐色。书本为四眼线装，封面书名题签为正楷体“二如亭群芳谱”。每册书厚薄不一，书高 26.8 厘米，宽 16.8 厘米，扉页刻印“二如亭群芳谱”两行大字，字的笔画内能看到飞白细纹，当是印刷木版老旧干裂所致。正文版心高 22 厘米，宽 30 厘米，白口，左右双边，有眉

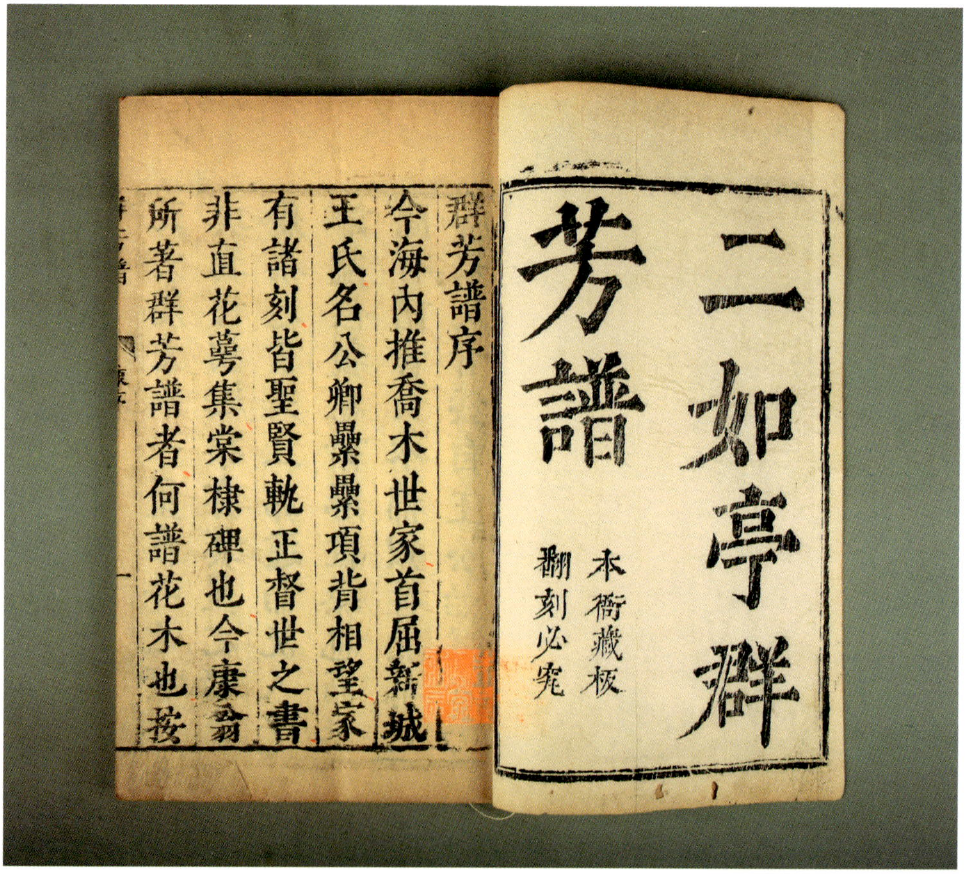

明代王象晋《二如亭群芳谱》

栏、脚栏，单黑鱼尾。此书为1989年淄博市博物馆从山东省邹平县宛城镇征集而来。

王象晋（1561—1653），字荩臣、子进、三晋，号康宇，自号名农居士，桓台新城（今属山东）人。明万历三十二年（1604）中进士，万历四十一年（1613）任翰林、御史等职，与其兄王象乾皆为东林党人。因触怒阉党，王象晋被迫辞职还乡，数年后复职，历任河南按察使、浙江右布政使等职。王象晋一生著述颇丰，有《赐闲堂集》20卷、《清寤斋心赏编》、《剪桐载笔》、《奏张诗余台壁》、《保安堂三补简便验方》、《保世药石》、《卫生铃释》等。王象晋为人正直，思想开放，勇于纳新，广采博引，在政事之余潜心农事，遂成农学和植物学方面的专家，集16世纪以前古代农学之大成，编著成了有明一代的植物学巨著《二如亭群芳谱》。“二如”二字源自《论语》中“吾不如老农”“吾不如老圃”，这是作者自诩对草木的理解如老农、老圃一般熟稔。

全书分元、亨、利、贞四部，分装于四函之中。“元部”有天谱三卷、岁谱四卷。“亨部”有谷谱全一卷、疏谱二卷、果谱四卷。“利部”有茶竹谱全一卷（目录为茶竹谱全一卷，书中正文分为茶谱一卷、竹谱一卷）、桑麻葛棉谱全一卷（书中正文分为桑麻葛谱一卷、棉谱一卷）、药谱三卷、木谱二卷。“贞部”有花谱四卷、卉谱二卷、鹤鱼谱全一卷。全书目录为二十八卷，正文实际为三十卷。

该书扉页后依次有陈继儒、朱国盛、毛凤苞、张溥所作的序，以及王象晋自己写的“谱序”。这些序文和谱序的版式、格式各有差别，皆是手写体，无眉栏和脚栏，版心高都是21.5厘米，上白口刻“群芳谱”三字，鱼尾下刻“陈序”“朱序”等，并有每序的页码“一”“二”等。陈继儒的序，每版12行，每行12字，正楷体，文末刻印有阴文“麋公”、阳文“陈继儒印”两方印章；朱国盛的序每版10行，每行12字，行楷体，序文末行为“崇祯二年仲春”字样，文末刻印有阴文“云来”、阳文“朱国盛印”两方印章；毛凤苞的“小序”每版10行，每行15字，正楷体，文末刻印有阴文“毛氏子晋”、阳文“毛晋之印”两方印章；张溥的“群芳谱序”每版10行，每行14字，行草体，文末刻印有阴文“天如”、阳文“太叟之章”两方印章；王象晋自己撰写的“二如亭群芳谱序”，每版12行，每行14字，正楷体，文末有“好生居士王象晋荩臣甫题”一行，并刻印有白文“王象晋印”、墨文（朱文）“一片冰心在玉壶”两方印章。全套书后有王象晋“天启辛酉（1621）花朝好生居士再题于涉趣园”撰写的“群芳谱跋语”。跋语每版12行，每行14字，行草体，跋语文末刻印有阴文“荩臣之章”、阳文“缘岭望鹤”两方印章。

关于《二如亭群芳谱》的纂辑时间和成书背景，王象晋在“天启辛酉花朝”写的“跋语”中说：“回忆甲寅、乙卯间，同乡二三贵人，得时行志，衔宪握爵，念之所向，山岳动而风雷驰，三事六曹而下，颐指唯命。予时方备员秘省，迂愚戆拙，不能承顺意旨，用是摈归林麓。八庚岁龠，未敢以片楮达长安。”而朱国盛所写的序中也明确指出：“盖王公于先朝寅、卯间，避权居山。观生之暇，深明物理，悟朝槿之虚幻，扶孤松而盘桓，间有删辑，根极《尔雅》，取裁《月令》，原‘恭秩’、‘平秩’之义，究‘一食’、‘二货’之宗，其言斐然，自足名世。”由此可知，《二如亭群芳谱》开始纂辑的时间应是万历四十二年甲寅（1614），定稿于天启元年辛酉（1621），正是王象晋“摈归林麓，八庚岁龠”之时。

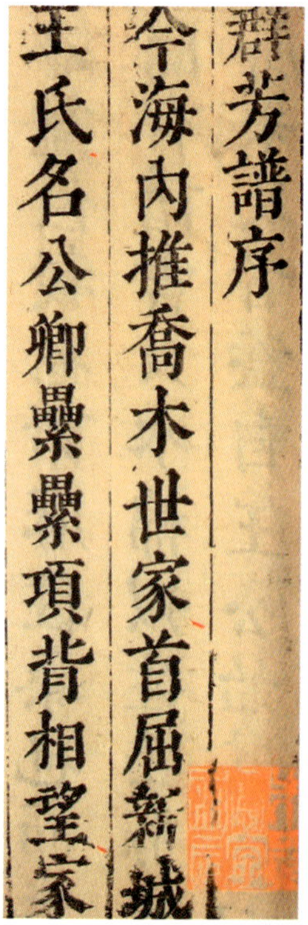
群芳譜序
今海內推喬木世家首屈新城
王氏名公卿纍纍項背相望家

《二如亭群芳谱》局部

淄博市博物馆所藏的此套《二如亭群芳谱》为崔

建英先生所说的甲种本（见崔建英《〈二如亭群芳谱〉版本识略》,《文物》1986年第2期)。如崔建英先生所言，甲种版本的镌刻时间应在崇祯二年（1629）至崇祯七年（1634）之间。这期间王象晋被重新起用，任参政道，督苏、松四郡粮储，驻节常熟，是当地的最高长官。在此期间，王象晋委托当时常熟地区著名的藏书家、刻书馆“汲古阁”主人毛晋将《二如亭群芳谱》精工镌刻，流布于世，而且于扉页刻上“本衙藏版，翻刻必究”以示郑重。

这套《二如亭群芳谱》凝结着一代名贤王象晋的农学成就，是不可多得的文物价值与文献价值兼备的古籍藏品。

（毕洪量）

朝宗贻龙友端砚

朝宗贻龙友端砚长 15 厘米，宽 12 厘米，厚 3 厘米，现藏于淄博市博物馆。

此砚为端石随形砚，呈猪肝色，石质细腻，造型淳朴。背面依砚石原形浅刻薄意卷云纹，纹饰自然生动，颇具排山倒海之势，云层内外各有一斑眼，亦称鸲鹆眼，内大外小，呈日月形，右下端镌有隶体铭文："衔日吐月，排云冲斗，宣德岩石，贻龙友。朝宗。"此砚为明代宣德（1426—1435）时期的作品，距今至少有 580 多年的历史了。此砚历经明清两代，辗转于文人墨客之手，在相互馈赠中传至当代，后由博山退休干部张志中同志捐赠给淄博市博物馆。

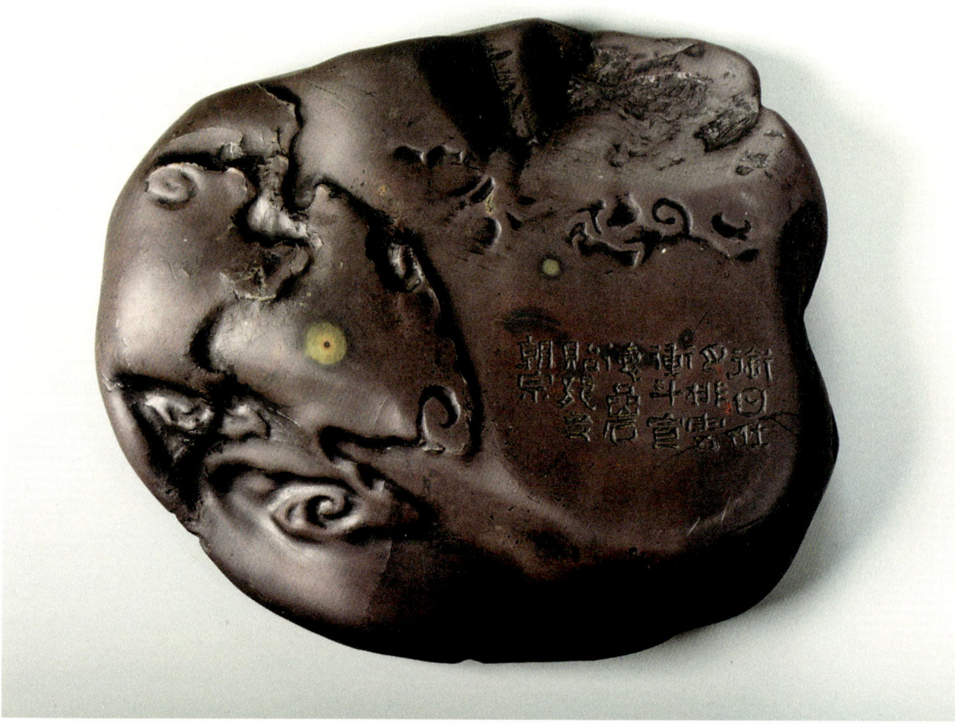

朝宗贻龙友端砚

朝宗是侯方域（1618—1655）的字。侯方域，明末清初著名文学家、散文家、诗人、画家，商丘（今属河南）人。其祖父及父辈都是东林党人，均因反对宦官而被黜。其父为明代户部尚书侯恂。朝宗少年即有才名，为复社成员，常与东南名士交游，与方以智、冒襄、陈贞慧并称明末“四公子”。入清以后，朝宗曾于顺治八年（1651）应河南乡试，中副榜。朝宗擅长散文，他提倡学习韩愈、欧阳修，尊唐宋八大家，以古文雄视当世，为清初三大家之一。他曾在南京与“秦淮八艳”之一、歌妓李香君结识并相爱。清初戏剧家孔尚任依据其与李香君的爱情故事写成了《桃花扇》一书。

铭文中的“龙友”即杨龙友（1596—1646），万历四十六年（1618）中举。天启四年（1624），龙友移家南京，不久复社组建，杨龙友成为早期会员，与董其昌等名士交往甚密。崇祯十七年（1644）清军入关后，杨龙友任南明弘光朝官兵备副使。次年，南京陷落，他又任隆武朝兵部右侍郎兼右佥都御史。顺治三年（1646），龙友在浙江衢州抵抗清兵，兵败被俘后被杀，以身殉国。龙友诗、书、画皆擅，堪称三绝。其诗与董其昌、陈继儒、王思任等共入选时人夏云鼎编选的《崇祯八大家诗选》。龙友的画风主要受董其昌影响，并上追黄公望、倪瓒之笔意，与董其昌、王时敏等大家齐名。

1638 年，侯朝宗去金陵参加秋闱，结识李香君；1640 年，他返回商丘。此间，杨龙友在浙江青田任职。1642 年农民军攻破商丘，朝宗与父侯恂流寓南中，是年冬，朝宗始转南京。此时，正逢杨龙友由永嘉赴江宁任，两人相见甚欢，朝宗赠龙友砚亦应在此时。

杨龙友被杀殉国后，此砚流落民间，后辗转流传到清代常州著名收藏家陆其清手中。此时，博山籍著名诗人赵执信因在 1688 年康熙帝第三任皇后——孝懿皇后佟佳氏国丧期间观看戏剧《长生殿》，被以“大不敬”

罪革职后，心灰意冷，离乡云游四方已近三十年。1717 年，他在常州结识了陆其清，因意气相投，惺惺相惜，陆其清遂以“朝宗贻龙友砚”相赠。赵执信晚年叶落归根，此砚也随之被带回山东。赵执信在《饴山文集》中写有一篇《藏砚记》，曾提及陆其清赠砚一事，但未明言其砚。合理的推测是，杨龙友作为殉明义士，其遗物在那个年代属“禁物”，赵执信不敢提，是担心节外生枝——因对三十多年前的“长生殿案”仍心有余悸故耳。斗转星移，世事无常，该砚后流出赵家，散落民间两百多年。

中华人民共和国成立后，博山区文化馆原副馆长景介忱先生收藏了此砚。景介忱于“文革”中去世，留下体弱多病的遗孀无人照顾。博山区机关干部张志中的夫人韩玉兰女士是位心地善良、乐善好施之人，常登门看

与张志中先生合影

望景介忱夫人并为其送汤送药，景介忱夫人十分感激。一天，她捧着这方砚台，登门向韩玉兰女士表示感谢，并紧握着韩女士的手说："我这几年多亏你的热心照料，不知当如何感谢为好，我家里仅留有这方小砚，你家张志中是个有文化的人，留给他可能有用。"于是这方砚台到了张志中家中。

张志中先生对此砚十分珍爱，从不轻易示人，更不让人拍照，唯苏州籍徐植农先生例外。徐植农早年毕业于东吴大学，中华人民共和国成立后在淄博从事高等教育工作长达三十多年。徐先生博学多才，曾参与《元明清名诗鉴赏》《中国文学家大辞典（清代卷）》的编纂工作。作为张志中的挚友，他曾有幸受邀品赏过此砚。徐植农离休后回到苏州，此砚方广为人知。1988 年苏州沧浪诗社组团来淄博观赏此砚，他们对砚石的别致造型及古朴铭文赞叹不已，更为侯方域、杨龙友、李香君这些《桃花扇》主要人物的命运唏嘘不已。回到苏州，沧浪诗社随即组织了一次以"卖花声"词牌为题的《卖花声联唱》，以歌咏此文坛盛事，参加者有吴频加、朱齐良、王也六、王白坚、陆少平、谢孝思等三十余人。2003 年，徐植农先生请苏州老书法家顾超先生将《卖花声联唱》的全部内容书写成近四十米的长卷。书成后，徐先生遂将此长卷赠予张志中先生收藏。

2017 年 11 月 30 日，病中的张志中先生与夫人韩玉兰女士在自己家中将此砚捐赠给淄博市博物馆，同时捐赠的还有《卖花声联唱》书法长卷。至此，这方承载着丰富文化内涵和厚重历史价值的古砚终于有了它最好的归宿。

《卖花声联唱》

田遨

顽石与痴情，一例坚贞。是谁凿出紫云坑？一自侯生持赠友，红泪纵横。扇上小桃英，扇底卿卿，兴亡有恨付寒泓。历劫不磨磨不尽，心事分明。

王西野

玉貌过江人，结客情真，金陵王气荡烟尘。留赠一双鸲鸽眼，冲斗排云。头自始监军，末路成仁，楚歌哀怨国殇魂。洒墨剩留画兰卷，碧血同芬。

江波

一爪雪鳞鸿，仰慕秋风，月明日晦失玲珑。毁誉当年难定论，巧拙同工。晚节傲梧桐，不似沙虫，文骢马上亦强龙。人去空留情切切，鸲鸽啼红。

徐植农

石背勒奇文，中有哀音，日衔月吐大明分。谁念侯郎歧路哭，心迹无闻。赠与画兰人，马上行吟，龙泉三尺伴苍琳。扇坠秦淮花事尽，点点啼痕。

张志中

日月失无垠，世事纷纷，秦淮一梦若浮云。呵砚濡毫桃叶渡，扇底情殷。夕照有斜曛，胆识钗裙，侯生传记小香君。掷笔文骢持剑去，片石留芬。

王白坚

片石记分明，点染丹青。模山貌水费经营。多少伤时忧国句，各泪书成。壮举忆苏城，笔落墨倾。锄奸告谕震雷霆。报捷飞章传八闽，砚上留馨。

王也六

鸲鸽眼纹开，端砚桃腮。当年曾照玉人来。冲斗排云豪气在，日照天街。血溅紫霞杯，桃扇添梅，须眉应是负裙钗。史话长留方砚系，月冷妆台。

王颜山

鸲鹆泪涟涟，紫色皴鲜。南明风雅久流传。淮水岸边云与月，无限缠绵。莫问晚烟残，灯尽油干。桃花扇上血如丹。绝代难销兴亡恨，似砚贞坚。

（王振华）

明代鎏金铜佛像

淄博市博物馆所藏的这尊鎏金铜佛像通高45.3厘米。此鎏金铜佛像为明代所造，佛像通体鎏金，跏趺坐于莲台之上，高螺髻，面相丰满、祥和，双耳垂肩，着右袒袈裟，衣纹写实，手施转法轮印。佛像整体的鎏金保存较好，这与明代铜佛像的鎏金工艺有关——明代多采用“沥金”工艺，使鎏金层匀厚、亮泽，不易脱落。造像头部较大，颈项粗短，这也是明代鎏金铜造像的一个重要特点。

佛教自汉代传入中国，初期只被视作神仙道术的一种，流传不广。西晋以后，社会动荡，人民生活痛苦，为佛教的传播提供了的宽广的民间土壤。另一方面，匈奴、鲜卑、羯、氐、羌等少数民族入主中国北方，它们的文化传统与来源于西域的佛教更易于相互认同。因此，在南北朝时期佛教得以迅速生长，并渗透到社会各个阶层。南北朝时期也是中国佛教艺术的辉煌时代，莫高窟、炳灵寺石窟、麦积山石窟等早期石窟寺开凿于这一时代，现存佛教造像也始见于此时。

鎏金是自先秦时代即产生的传统金属装饰工艺，至今仍在民间流行，亦称“火镀金”或“汞镀金”，是把由金和水银合成的金汞剂涂在铜器表层，加热使水银蒸发，使金牢固地附在铜器表面不脱落的技术。中国的鎏金技术始于战国，汉代以后颇为流行，是当时最值得称道的铜器表面装饰工艺之一，曾先后称“黄金涂”“金黄涂”“金涂”“涂金”“镀金”，宋代始称“鎏金”。鎏金工艺是我国一种传统的技术。

用铜或青铜铸造的表面鎏金的佛造像，俗称“鎏金铜佛像”，这种佛像是供宫廷、寺庙使用的。它始于两汉，盛于隋唐，延续至明清。民国乃至现在，部分地区仍在使用鎏金铜佛像。鎏金铜佛像的种类有若干，常见的有释迦牟尼、观音、文殊、普贤等。

明代鎏金铜佛像

佛像的各种手势称为“印相”，各种印相有不同的含义，代表佛像的不同身份，表示佛教的各种教义。佛像的手印形式可以有多种变化，尤其是密教手印多达几百种，变化莫测，常见的有说法印、无畏印、与愿印、降魔印、禅定印五种，即“释迦五印”。淄博市博物馆收藏的这尊佛像，其手势即为说法印，佛像拇指与中指（或食指、无名指）相捻，其余各指自然舒散，这一手印象征佛说法之意，表现佛陀于鹿野苑初转法轮时的状态，所以称为说法印，也称转法轮印。印度有个传说，谁能统治全印度，自然会有“轮宝”出现，它无坚不摧，无敌不克。得到“轮宝”的统治者便被称为“转轮圣王”。把佛的说法称为“转法轮”，即含有这种意义。

（李媛媛）

明代青釉香炉

淄博市博物馆收藏有一件明代青釉香炉，炉通高 13.2 厘米，口径 23.4 厘米。炉颈外饰火焰纹，下腹饰连续菱形及蝙蝠暗纹，内底平，外底部露胎，足脊圆润。该器造型优美，施豆青釉，色泽淡雅柔和，是一件雅俗共赏的香炉艺术佳品。

中国香炉文化源远流长，香炉不仅是寺庙中的佛门法物，也是民俗、宗教、祭祀活动中必不可少的供具。在数千年的历史进程中，香炉的形制、釉色及作用，随着时代、经济、文化、审美情趣的变化而变化。今天，让我们追随香炉所营造的幽雅氛围，穿越时空去感受它博大深远的文化内涵。

青釉是我国使用最早、延用最久、分布最广的一个釉种，青色稳重

明代青釉香炉

而高雅，体现了汉民族的传统审美情趣。浙江、江西、河南等地已出土了不少商周时期的原始青釉瓷。至明代，青釉烧制水平趋于平稳，基本色调仍以青中闪黄为主，青色比以前更淡雅，釉面光泽比粉青、梅子青稍弱。陶瓷釉根据不同的依据有多种划分，按烧成温度可分为低温釉、高温釉。低温釉烧制温度在 1120℃以下。豆青釉是高温釉，它的烧制温度高于 1300℃。豆青釉器的制作流程是先在素胎上勾勒出纹饰轮廓线，再施以豆青釉，然后入窑烧造。豆青釉透明度不及白釉，豆青釉青花的效果也不及豆青釉釉上彩，但豆青釉器作为单色瓷器，无论胎、釉、造型还是纹饰工艺水平都相当高，在中国陶瓷发展史上占有重要位置。

淄博市博物馆收藏的这件青釉香炉主要由火焰纹、蝙蝠纹、菱形纹饰组成。火焰纹一般是佛教中的纹饰，古代佛像背面大多饰有各种火焰纹样。蝙蝠纹被古人视为吉祥图案，因为蝙蝠在神话传说中是可以昼伏夜出、捉鬼除魔、驱邪避祸的神物。连续的菱形暗花纹的运用则表达了先民祈求通过焚香祭祀引来无穷无尽的“福”音，寓意非常美好。先人通过这些直观可感的形式，表达着对驱邪祈福祭祀的热切和渴望。

明代时，随着经济与对外贸易的发展，香料的使用已经非常普遍，广泛应用于饮食、美容、室内环境、内服药物等方面，香文化得到了长足的发展。当时不仅香料的品种日益丰富，香具设计也更加美轮美奂，各种祭祀活动已成为人们最重要的礼仪活动。淄博市博物馆收藏的这件明代青釉香炉应该就是那时应运而生的。

细观整个香炉，其由颈、下腹、足三部分巧妙衔接组成。香炉结构衔接处修胎精致平整，接口组合处完全被釉料覆盖。只有用手轻轻抚摸接口，才会感觉它的存在。细观炉内，还有烧制瓷器时留下的大片窑粘痕迹及草木灰飘落留下的零星黑点。如今，窑粘已成为鉴定瓷器真伪的秘诀之一。香炉底部露胎处可见其所用瓷土色。炉的三足饱满，留有较深的摩擦痕迹。

这件青釉香炉瓷质精细，里外满釉，釉肥色正，光润匀净，高雅之中不失秀逸，由此可窥它应是香炉中的精品。此香炉的用途亦有多种，宜熏香，可陈设，亦可作为佛寺敬神供佛的器具使用。但从这件青釉香炉无镂空盖且口径大等器形特征考虑，它应不是熏香器具，而应是佛堂、寺庙或大户人家敬佛、礼佛、拜祖祭祀用的礼器。

众所周知，现代人工作、学习、生活的快节奏会给人们带来身体和心理压力等问题。现代香薰疗法便起到了解压、宁神、保健的显著功效。如今，香薰疗法已经走进每一个人的生活，它是缓解社会和生活压力的代名词。人们在认真体验香薰疗法的过程中，可以放松身心，贴近世界，回归自然。在这个惬意的过程中，人们可以得到精神上的愉悦。它会给予人们积极信号，让人们重新获得对生活、生命积极的思考和热爱。

在悠悠几千年的中华民族发展进程中，我们的祖先创造了无数灿烂的文化。香文化所具有的独特魅力和其昭示的内在品格，成就了中国香文化的博大与绵长，也使香炉成为今人极富文化特色的收藏主题之一。

（袁红葵）

明代晚期犀角杯

淄博市博物馆收藏有一件明代晚期的荷叶形犀角杯，该杯高 5.6 厘米，长径 12 厘米，宽径 10 厘米，重 115 克。这件犀角杯雕刻工艺精美，造型创意独特，全杯呈红褐色，杯形呈自然荷叶不规则喇叭口，浅腹，圆底，口沿微残。杯内壁至杯口勾勒荷叶叶筋，外壁浮雕成一束浮雕莲花状，三枝荷叶、荷花及莲藕浑然一体，一枝莲茎做足，构思巧妙，呈现出了犀雕大师的绝妙技巧。

犀角杯，顾名思义是以犀牛的角制作而成的杯子。犀角是非常稀有的珍宝，《战国策·楚策》记载，楚王“遣使车百乘，献鸡骇之犀、夜光之璧于秦王”，《汉书》中也有南越王赵佗献文帝“犀角十”的记载。此外，道教文化的八宝之一就是犀角。所以，古人将犀角与夜光璧、明月珠相提并论，将视它为稀世珍宝。

明代晚期犀角杯

在古代，人们有用犀牛作为崇拜物的习俗，认为犀牛可以辟邪、镇凶、保平安。此外，犀角本身就是一种名贵药材，它性寒、味苦酸咸，具有清热解毒、凉血止血、镇惊等功效。李时珍在《本草纲目·犀》中说："犀角，番名'低密'……弘景曰'入药惟雄犀生者为佳'。"

根据犀牛的产地不同，犀角可分为亚洲犀角和非洲犀角两类。亚洲犀角的角质比较柔韧，颜色为棕褐色且不透明，角的正前方上部有一凹槽，在杯底的边缘上经常可看到凹进一段，角的正后方下部又有一条凸起，使杯的口部不是规整的正椭圆形，这种现象俗称"天沟地岗"。非洲犀角的角质看上去胶质感强，纤维比较细密，内肉呈半透明状，且非洲犀角不如亚洲犀角柔韧，显得脆硬，受干湿气候的影响时会裂，药用价值也低很多。

明代时，人们利用犀角的材质和药用特性，开始用犀角雕刻艺术品，犀角雕进入迅速发展的时期，加工地主要集中在苏州、扬州、南京、杭州、福州、广州等地。明初郑和七下西洋时输入过一些犀角，明中期海禁解除，允许民间自由贸易，外国犀角较多地输入我国，民间才开始制作犀角杯。明清两代是犀角雕高度发展的时期。

明代犀角的雕刻技法讲究各种精细的多层镂雕，而且将圆雕、浮雕、阴刻等技法很自然地结合在一起，追求刀法的圆润，还通过高温蒸煮等特殊处理使材料软化，便于改变器形。这一工艺在犀角雕刻中是较为独特的。清代犀角雕刻技法比较成熟，其纹饰通常以花卉为主（葵花、玉兰、荷花等最常见），山水人物则往往构图疏朗，饶有画意，而颇具仿古风格的蟠螭纹也是常见的纹饰。犀角雕仿古铜器的风气始于清代雍正时期，盛行于乾隆时期。乾隆皇帝认为犀角本质古色古香、浑厚苍劲，做仿古铜器的造型和花纹自有得天独厚之处。故犀角雕成一时之风，许多雕刻也采用这种艺术表现形式，犀角雕在这个时期发展到了高峰。犀角雕通常以雕刻兼具实用功能的艺术品为主，纯为实用器的不多。犀角的原始形状为圆锥体，下端较大且中空，上端尖锐。与其他角所不同的是，犀角根部粗大，易于雕成杯形，因其价格昂贵，雕刻者不愿稍有所费，故往往将它倒转过来制成盛器。另一方面，在古代，以犀角杯盛酒而饮是当时达官贵人的一种时尚生活方式。因犀角有清热解毒、定惊止血的药用功能，工匠把犀角做成酒杯，希望犀角的药性能溶于酒中，使人在饮酒的同时，达到治病强身的目的。历史上拥有犀角杯的都是帝王将相、富商巨贾、文人骚客，犀角杯成为他们用来炫耀财富地位的一种奢侈品。此外，由于年代久远，犀角会被侵蚀，流传下来的犀角雕刻品少之又少，全国还不足5000件，且基本都是明清时期的作品。

（李娜）

清代三尚书碑

淄博市博物馆收藏的清代石刻中，不乏书法艺术精品，其中较有影响力的是集李化熙、王铎、刘余祐三人书法的碑刻，因三人皆官至尚书，该碑故称“三尚书碑”，又因其中以王铎所书信札最多，故又称“王铎碑”。（《后汉书·窦宪传》中注：“方者谓之碑，圆者谓之碣。”）石碑共两方，大小基本相同，第一方长 111 厘米，宽 34 厘米，厚 10 厘米，第二方长 107 厘米，宽 34 厘米，厚 10 厘米。石碑共录三人所书 1816 字。两方石碑石质细腻，均两面刻字，雕琢精致，字迹清楚，为石刻书法艺术中的上乘之品，亦是难得的书法艺术珍品。

李化熙（1594—1669），字五弦，号长白山樵，淄川县周村店（今山东淄博市周村区周村镇前进村）人，累官至都御史，总督三边，统领西征军务，官至刑部尚书、晋光禄大夫。明崇祯七年（1634）中进士，授湖州推官，后升为天津道尹。时值久旱大灾，灾民外逃，他主持各地设立粥厂，救济河北、山东、河南灾民达数十万。后改任陕西巡抚，但尚未到任，又被任命为榆林三边总督，统理西征军务。清兵入主中原后，他被任命为工部右侍郎，又转为工部左侍郎，不久升至刑部尚书，继太子太保。随后不久，他以家母年迈为由，辞官回乡。李化熙平时为人慷慨好客，健谈而幽默。

刘余祐，字申徵（一作中徽），号玉吾，又号燕香居士，顺天宛平人。先世居滨州，故自称“滨苑”。其生年不详，约卒于清世祖顺治十年（1653）。明万历四十四年（1616）中进士，累官河南布政使、工部侍郎。福王时，以附李自成，定入从贼案。降清后，授原官，官至户部尚书；后在刑部时因受贿被革职杖徒，永不叙用。寻卒。刘余祐工诗文，著有《燕香斋文集》四卷，诗集六卷，《四库存目》有著录。

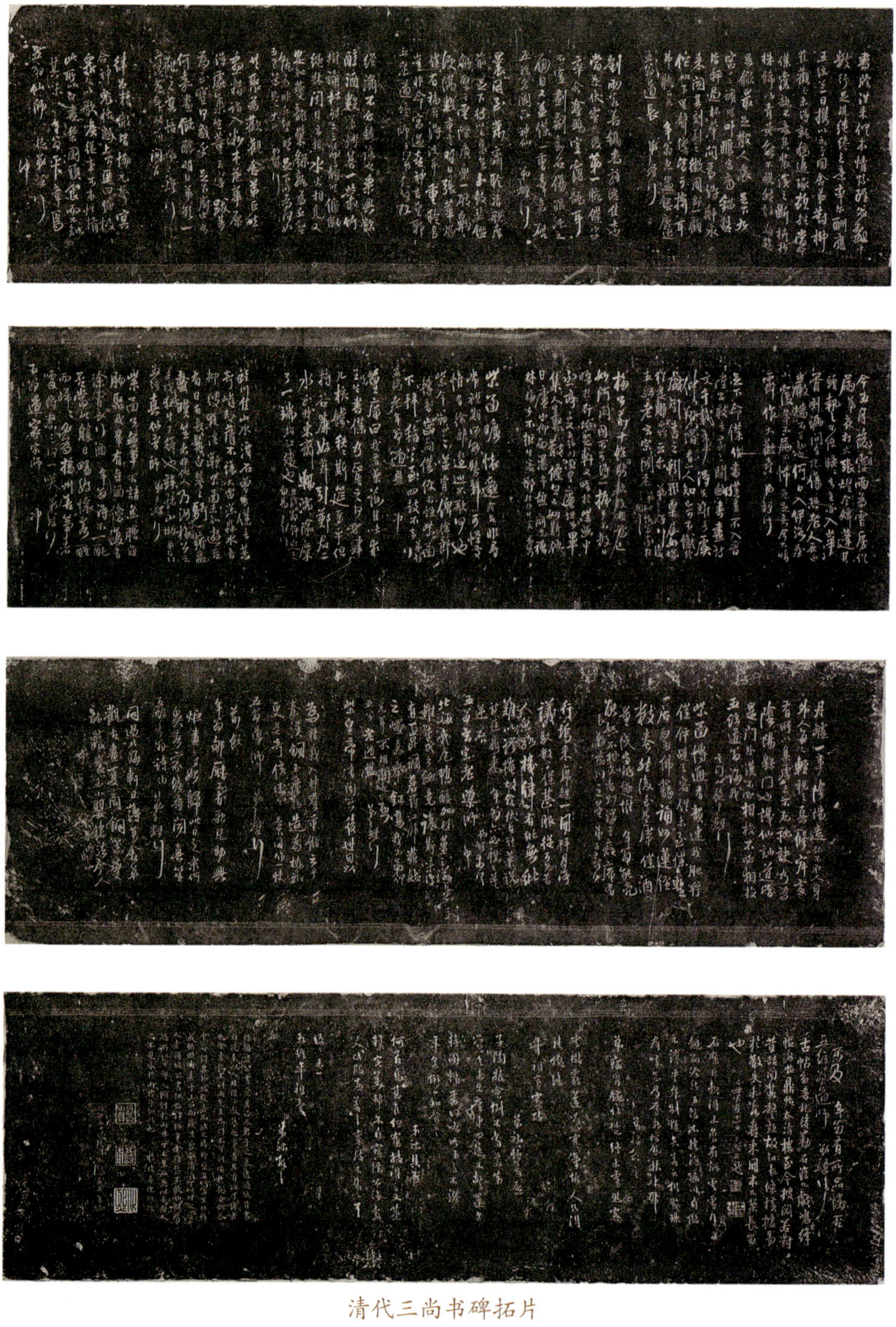

清代三尚书碑拓片

王铎（1592—1652），字觉斯，一字觉之，号十樵、嵩樵，又号痴庵、痴仙道人，别署烟谭渔叟，孟津（今河南孟津）人。他幼时家境十分贫寒，过着“不能一日两粥”的生活。明朝天启二年（1622）中进士，累擢礼部尚书。王铎身逢乱世，仕途多变，1644 年李自成攻克北京，崇祯帝自缢景山，马士英等在南京拥立福王，王铎被任命为东阁大学士。清军入关后，他又被授予礼部尚书，官弘文院学士，加太子少保。王铎由明朝旧臣变为清廷新贵，在以气节自持的明代遗老眼中是被鄙夷的贰臣，因此，他始终抑郁不乐。乾隆帝时，朝廷借敕编《四库全书》之际，查毁了王铎的全部书刊，并将王铎列入《贰臣传》。王铎博学好古，诗文书画皆有成就，尤其书法独具特色，世称“神笔王铎”。他的书法与董其昌齐名，明末有“南董北王”之称。其书法用笔出规入矩，张弛有度，流转自如，力道千钧。王铎于顺治九年病逝故里，享年 61 岁，谥文安。

三尚书碑是李化熙收集王铎、刘余祐的信札摹刻而成，其中李化熙书写小楷题跋共 153 字。李化熙的书法用笔平实端正，恭恭谨谨，中段丰实，且于体势平正中寓有姿态，而在结构上又能各尽字的自然之态，显得不激不厉，姿韵萧散，自有一种超然于尘表之外的雅逸之风。

石碑中收录刘余祐书札 4 封，共 178 字。其书法以草书为主，作品以拙为巧，合而成雅，形成婉丽遒逸、古雅有余的独特风格。其结构纵横舒展，体势开张，奇正相参，大小错落，点画清劲润秀，字里行间洋溢着一种萧散妩媚的气息，别具一番风貌。

石碑中共收录王铎书札 20 封，题记 2 封，共 1485 字。从落款时间上看，有两篇信札均为己丑年所书写，王铎时年 50 多岁，已是晚年。石碑中王铎的行草作品，在结构方面以奇险取胜，节奏对比强烈；书体气势恢弘，潇洒自如，刚柔兼济；笔法独特，用笔沉着富有变化，粗犷豪放又不失法度，章法灵动且酣畅淋漓，既发扬了明代草书气势奔放、直抒性灵的特点，又矫正了线条粗率的弊病，系王铎的代表作品。

王铎的书法追求传统精神，在取法上，尊羲献，溯篆隶，取唐宋，正书师钟繇，亦多自出胸臆，各代书法精华无不纳入其师法之中。他不断地从王羲之、王献之的作品中汲取精华，后受米芾影响，使之成为创造他个人风格的有力支点。明末书坛受董其昌书法的影响，追求所谓俊骨逸韵。王铎等人反其道而行之，以“敏而好古”为标帜，追求雄强、激烈的风格，力图表现对动荡生活的内心感受。王铎拓展和丰富了前人书法的技法，其行书和草书都有很高的成就，并且他对笔画结构十分敏感，创造出不少新的构成方式。戴明皋在《王铎草书诗卷跋》中说：“元章（米芾）狂草尤讲法，觉斯则全讲势，魏晋之风轨扫地矣，然风樯阵马，殊快人意，魄力之大，非赵、董辈所能及也。”

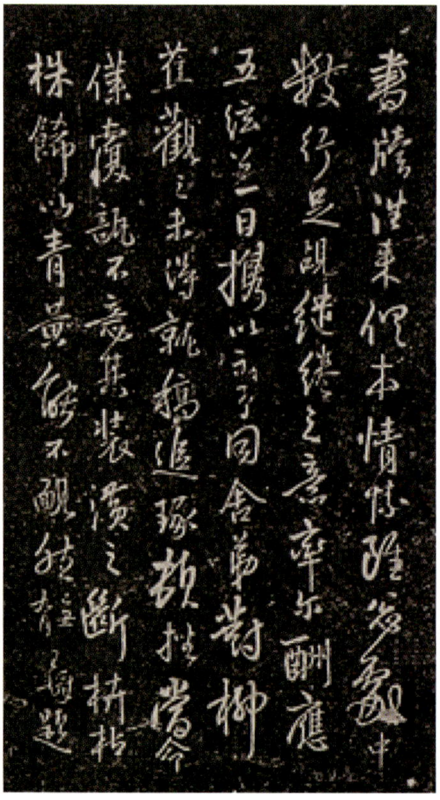

三尚书碑细部

王铎还兼画山水、兰竹，其山水丘壑峻伟，皴擦不多，以晕染作气，傅以淡色，沉沉丰蕴，意趣自别。他的山水、花木、竹石，皆用书中关纽，洒然有物外趣。同时，他在用墨方面也突破了前人，成功地使用涨墨法，增加了书法作品的神采，故而自成一家。王铎在总结历代书法家风格特征之后，在雄强书法流派的不断完善和书法风格多样化方面做出了巨大贡献。他以骨力洞达、流动多姿、变幻无穷等风格特点驾驭书法的结构和用笔，使书法作品产生出强烈的运动力和行掣力，达到了前无古人的字法造势特征。

因在明亡之后降清，王铎在气节上有颇多可疵之处，故许多人对他的人品常有微词，但这并不能抹杀他在书法艺术上的成就。他的墨迹传世较多，不少法帖、尺牍、题词均有刻石，其中最有名的是《拟山园帖》和《琅华馆帖》，诸体悉备，名重当代，学者宗之；顺治三年（1646）所作《渔舟萧闲图》，被收入《历代名贤画粹》；顺治八年（1651）罢官归里，作《兰石图》《山水卷》。他的书法在日本、韩国、新加坡等地深受欢迎，尤其是日本人对其书法更是推崇备至，将其列为第一流的书法家，提出了“后王（王铎）胜先王（王羲之）”之说。

李化熙出于对王铎及刘余祐书法艺术的钦慕，将二人给他的信札“请善手上石”，从而给后人留下了这一具有书法与历史价值的作品。就书法而言，三尚书碑中同时出现了三位明清时期书法大家的作品，并且由当世著名的刻碑师刘光旸摹刻而成，基本上保持了书法的原貌，实属罕见，具有极高的艺术价值。从内容上看，三尚书碑集结了刑部、户部、礼部尚书的信札与跋文，还从一个侧面道出了部分降清的明朝孤臣遗老在政治上仰人鼻息、失意无聊，在思想上遭人非议和良心自责的苦闷心情，对明清史的研究有一定的史料价值。

除了用碑刻的方式使书法艺术得到保护与传承外，李化熙还曾为周村古商城的繁荣做出过突出贡献。至今，在古商城大街、丝市街、银子市街的交汇处，在一棵苍郁古树的旁边，端立着一座六边形石碑（依原碑仿制），碑体虽算不上高大，但它记录了一段历史，同时也是周村成为中国历史上第一个“保税区”这一辉煌历史的见证。该碑正面镌刻着“今日无税”四个楷书大字，世称“今日无税”碑，余面则刻《周村义集记》，为长山知县金鉽于清康熙四十九年（1710）视察周村后所撰写。

那么，“今日无税”碑背后，又具有怎样的历史故事呢？原来，李化熙因母亲年事已高，便于顺治年间辞官回周村。临行时，他向皇帝请求免除家乡的沉重赋税，顺治帝便赐一道手谕："免除爱卿家乡一日税款，以示皇恩。"回到周村后，李化熙却因免"一日税"并不能彻底解决赋税问题而闷闷不乐。一日，他忽听门口吵嚷，管家禀报说："一老道姑天天来化缘，每次来都说只今日来化缘，明日不来，可不知何故第二日又来化缘。"正为"一日税"烦恼的李化熙听罢"今日"二字，幡然醒悟，便派人将皇帝的圣旨巧妙地以"今日无税"的形式刻在石碑上。于是，人们不论哪天去看，石碑上都写着"今日无税"。后人在瞻仰"今日无税"碑时，便自然想起李化熙，他因此成为立在人们心里的一座丰碑。这便是周村历史上流传的一段千古佳话。

（王滨）

顺治青花将军罐

顺治青花将军罐

淄博市博物馆“馆藏文物精品”展厅中，展出着一件由社会征集而来的清代顺治时期的青花将军罐。此罐高 42 厘米，口径 14.2 厘米，通体绘有缠枝牡丹纹、如意纹及山子纹，美轮美奂。

将军罐因罐的盖子像将军的头盔而得名，出现于明嘉靖、万历年间，基本定型于清顺治年间，盛行于康熙年间。将军罐的外形似一个丰肩敛腹的将军，气魄雄伟挺拔，深受人们喜爱。

现今有关顺治青花瓷的文献记载并不多。顺治时期主要烧造了青花、五彩、白釉、黄釉和茄皮紫釉等几个品种，这其中青花占主流。通过这件实物我们可以更好地研究、欣赏清早期的青花瓷。顺治朝历时十八年，初期因社会动荡、经济凋敝、百废待兴，政局尚未完全安定下来，所以景德镇瓷业一度萧条，产量很少。官窑时停时产，官窑瓷器并不多见。后因推行“官搭民烧”制度，民窑开始全面恢复大规模生产，为康熙瓷业的繁荣打下了基础。顺治青花瓷还延续着一些明代晚期青花瓷的特点，所以就为断代增加了难度，但随着对考古出土器物和传世品的研究不断深入，人们对顺治青花瓷有了新的认识。将这件将军罐定为顺治时期的器物，是有一些依据的。

我们先从造型说起。顺治青花器风格趋于简单，线条平直，比明代晚期所做青花器更加细腻规整；常见的有日常生活用的盘、碟、杯、碗等，还有笔筒、筒瓶、蒜头瓶、洗口兽耳瓶、观音尊、橄榄瓶、直口罐、莲子罐、将军罐、花觚等，以及一些出口欧洲的外销瓷如各种样式的大盘、盖罐等。将军罐作为实用器来说比较常见，存世量大，始见于明代嘉靖、万历年间，官窑民窑都有烧造，大小、高矮不一。顺治时期，将军罐的风格是底部比口部大，胎体厚重，罐身肥胖适中，给人以稳重感。

再看胎体。顺治青花器胎体偏厚重，胎质有粗、细之分，粗者为渣胎，有灰白或灰黄色，细者洁白坚致，瓷化程度较好。明代烧制此类器物时不管精粗，为了节约瓷土原料、降低成本，一律垫砂烧制，所以明代将军罐的圈足或多或少都沾砂。到了顺治时，景德镇陶瓷供大于求，烧制时一律垫瓷饼，所以瓷器底部无沾砂。此件将军罐为粗胎，平底内凹，且底部露胎处不施釉，无沾砂。

再看青花釉色。顺治青花器的釉面多数是白中闪青的鸭蛋青色，釉层较厚，透明度较差。其使用的青料有质量较好的浙料和质量较差的石子青。发色最好的青料呈翠青色，由浙料提炼而来，主要用于画出口瓷器。其次的一种青料呈淡青色，含蓄有韵味，是以浙料和石子青按比例调制而成的，主要用于画内销高档摆设瓷和庙宇供奉瓷。再次的一种青料呈灰青色，由于是青料中的下脚料，含杂质较多，烧成后使青花纹饰普遍带黑褐色斑点，且纹饰晕散不清晰，主要用于画粗瓷。这件将军罐的青花纹饰发色深沉，稍有晕散，是用石子青所画。

再看纹饰。顺治青花纹饰的画面构图饱满，绘画一反过去单线平涂的方法，而采用双勾填色的技法，并且一改明代写意画较多的局面，写实画开始增多，认真描画的作品增多，随意描画的作品减少；其纹饰虽然比晚明时工整，但仍未见康熙时严谨、细致的作风。这一时期，青花纹饰画面布局较丰满，在罐身与口部之间常用一圈纹饰作为分隔，纹饰线条流畅稳健，填色准确，很少溢出轮廓线，一些瓶、罐上使用皴染分水技法描画，层次色阶不是很明显。这一时期常见的纹饰有云龙纹、二龙戏珠纹、行龙纹、浮云纹、怪石山林纹、虎纹、狮纹、豹纹、麒麟纹、异兽纹、蝴蝶纹、雀鸟纹、虾蟹纹、花鸟纹、牡丹纹、玉兰纹、菊纹、缠枝莲纹、洞石花卉纹、雉鸡牡丹纹、博古纹、喜鹊登梅纹、山石芭蕉纹、松竹梅纹、月映梅纹、人物故事、八仙罗汉等。总体来说，以山水、洞石花卉纹出现最多，其次是人物纹；纹饰都粗壮稚拙，单纯的图案性质的花卉纹很少见。此件将军罐以牡丹为题材，布局合理，绘画生动有层次，画工精美。

综上所述，这件顺治青花将军罐虽是实用器，但确系当时民窑的精品之作，历经三百多年而完整地保存并流传下来，实属不易，做为一件文物精品展出，名副其实。

（曹萌）

清初青花云龙纹香炉

该香炉为淄博市博物馆征集品，时代为清初。此器形制优雅端庄，胎质洁白如玉，胎壁厚薄适中，釉面莹润光亮。器高 17.3 厘米，口径 21.5 厘米，足径 14.3 厘米。其口沿施一周酱釉，炉身绘二龙戏珠纹，双龙威猛霸气，活灵活现，动感十足。青花发色纯正，淡雅适中，过渡自然，富有层次感。

香炉起源于何时，尚未有定论。香炉的历史可以上溯到新石器时代的陶器“豆”和商周青铜时代的青铜器“鼎”。我国古代青铜鼎有烹煮肉食、祭祀等用途。为让神灵和祖宗保佑自己的宗族和国家平安，古人用太牢（牛、羊、猪三牲）以及珍贵的礼器，虔诚地向上天祈祷。香炉的真正

清初青花云龙纹香炉

出现，同佛教盛行也有密切的关系。佛教在中国的发展过程也是中西文化交流和佛教本土化的过程，随着佛教文化的逐渐融入，儒释道三位一体成为华夏文明中的主流文化。在数千年的历史进程中，香炉的形制、釉色及功用随着当时经济、文化、审美情趣的变化而发展，香炉从敬佛礼佛和祭祀祖先的器物，慢慢地也成为文人雅士的心爱之物。“日照香炉生紫烟”，唐代大诗人李白的《望庐山瀑布》千古流传，作品描写的庐山香炉峰上，旭日映照，紫烟氤氲，瀑布高挂，飞流奔腾的景象，展示了盛唐气象和时人对香炉的偏爱之情。

龙在古代传说中有多种类型，其共同特点是躯体长，眼睛突出，嘴边有长须，四爪，有鳞片，叫声如牛。龙的传说和龙文化是中国和其他一些东亚国家的重要历史文化传承。此件青花云龙纹香炉以钴为着色剂，釉面滋润，修胎规整，胎体厚重，符合清早期瓷器的特点。这件香炉的纹饰是清顺治一朝典型的若隐若现的“一龙三现”纹饰，很好地展现了龙活灵活现腾飞游走在云雾中的英姿。

明朝后期统治腐朽，统治者不断加重对人民的剥削，加之连年灾荒，人民群众生活在水深火热之中。后经历明末农民起义和清军入关，更是民不聊生，人民群众盼望和平与安居乐业，只能通过烧香拜佛祈求神灵庇护，致使清早期香炉比较多，也比较流行。这件青花云龙纹香炉应是官员士绅在家中烧香礼佛用的器皿。

（张晓雷）

清代释迦牟尼鎏金铜佛像

这尊清代佛像高23.7厘米，重2354克。佛像表面鎏金，全身髹红漆，红漆多有剥落，更显悠远神韵。佛像面相丰润，佛陀头微垂俯，两耳角向外撇垂，螺发规整，肉髻高耸，顶严呈宝珠形；宽额高鼻，细眉长目，神态端详。佛像结全跏趺端坐，右手置于右膝处，直伸下垂结触地印，左手横置右足上结禅定印；身着袒右肩式袈裟，仅袈裟一角披右肩头，袈裟领和下摆均有阴线刻卷花枝纹，衣褶转折自若，十分典雅。覆莲座上、下缘各密饰一道联珠纹，莲瓣宽阔。

佛教在传入中国内地之前，已在西域地区广泛流传。汉武帝开辟西域交通后，为印度佛教的传入准备了条件。当时中国历史的发展现状也为佛教传入中国提供了土壤条件：汉末社会动荡、儒家经学地位的动摇以及本土宗教道教的发展等。

佛教传入中国内地的确切时间很难确定，长期以来有三种说法。一是认为在西汉哀帝以前，佛教就传入内地，有“三代以前已知佛教”“周代已传入佛教”“孔子已知佛教”“战国末年传入佛教”“秦始皇时有外国僧众来华”“汉武帝已知佛教”“刘向发现佛经”等说法。二是认为在西汉哀帝时，佛教从西域传入内地，在当时西域派来的使节和商人中，有一些佛教信徒。这在三国魏鱼豢《魏略·西戎传》中有所记载。三是认为在汉明帝永平年间，佛教传入内地。汉明帝梦佛求佛，这一说法是比较可信的。1998年佛教界举行了关于佛教传入中国2000年的纪念活动，似已公认西汉哀帝时期佛教初传中国的说法。

清代在佛教政策上仿照明代，建立僧官制度：在京设立僧录司，所有僧官都经礼部考选，由吏部委任；各州府县僧官由各省布政司遴选，报送吏部授职。所有僧官名称都和明代一样。清在入关之前就与藏传佛教有联系，在清皇室的扶持下，藏传佛教在全国有相当大的发展。相反，汉地佛

清代释迦牟尼鎏金铜佛像

教则处于全面衰退阶段，但文士之中的佛教义学出现异常活跃的现象，居士弘扬佛法成为一大特色。

历代流传下来的各类佛像，在材质上不仅有金佛、铜佛、石雕石刻佛、木佛，还有泥塑佛、玉佛、瓷佛、夹纻佛，其中则以金佛、铜佛、石佛最受后人珍视。

此尊释迦牟尼佛像左手作禅定手印，右手作降魔触地印，结跏趺坐，以右手覆于右膝，指头触地，以示降伏魔众。相传释迦牟尼在修行时，有魔王不断前来干扰，以期阻止其清修。后来释迦牟尼即以右手指触地，令大地为证，于是地神出来证明释迦牟尼已经修成佛道，魔王终于惧伏，故此印称为降魔印，因以手指触地，所以又称触地印。结跏趺坐是佛教坐法之一，即互交双足，将右脚盘放于左腿上、左脚盘放于右腿上的坐姿。在诸坐法之中，此坐法为最安稳且不易疲倦。交一足为半跏趺坐、半跏坐。交双足为全跏趺坐、大坐、莲花坐，此为圆满安坐之相，诸佛皆依此而坐，故又称如来坐、佛坐。七处隆满相，指两手、两足下、两肩、颈项等七处之肉皆隆满、柔软，是由舍己所爱之物施予众生而感得的胜相，表示一切众生得以灭罪生善之德。白螺代表佛陀的三条颈纹，指佛陀的法音像螺声一样悠扬，像白螺一般清净美好。佛教中，以释尊说法声闻四方，如海螺之音，广传天下，利益众生，故法会之际常吹响海螺。《大日经》中有云："汝自于今日，转于救世轮，其音普周遍，吹无上法螺。"即表示弘扬佛法，普渡众生。

（秦力兴）

清康熙斗彩“陈母教子”人物笔筒

清康熙斗彩“陈母教子”人物笔筒

淄博市博物馆“馆藏文物精品”展厅中陈列着一件康熙斗彩“陈母教子”人物笔筒，该笔筒高 14.8 厘米，口径 11.7 厘米，底径 11.8 厘米。笔筒胎质细白致密，呈直筒形，玉璧形底，外壁以斗彩形式绘“陈母教子”人物故事。

瓷器发展到清代时，在器形或种类方面都有显著增加，并且制作精巧。康熙笔筒最为多见，有直筒形、敞口束腰形、竹节形等，大小、高矮不一，口部露胎无釉或酱釉、粉白釉，器足或为圈足或为三足，或为无釉平底，或为宽窄不等的璧形底、双圈底。该笔筒在绘画上采用的是斗彩这一瓷器釉彩形式。斗彩瓷是釉下青花与釉上彩色相结合的一种瓷器。这种瓷器先在瓷胎上用青料画出花纹或勾出花纹的轮廓线，然后罩上透明釉，入窑高温焙烧，烧成后，再在原先留出的空白处或青花轮廓线内填上各种彩料，再次入窑低温焙烧，形成釉下青花与釉上彩色相互辉映、争奇斗艳的效果。斗彩瓷成功烧制于明成化年间，仅供宫廷赏玩之用，数量有限，所以极为珍贵。

康熙时期的瓷器装饰纹样，内容丰富，题材广泛，或花鸟虫鱼，或题写辞赋，或山水人物等，涉及社会生活的各个方面。此笔筒所绘“陈母教子”就是取材于元代关汉卿的《状元堂陈母教子》。

关汉卿，元杂剧的奠基者及元前期的剧坊领袖，被后人列为“元曲四大家”之首。他以毕生精力从事戏剧创作，所作杂剧今知有 67 种，现存 18 种。其剧作多揭露封建统治的黑暗腐败，表现人们的苦难和抗争，塑造了众多性格鲜明的人物形象。他尤其重视妇女题材，着力反映妇女命运，他的戏剧中具有强烈的反抗精神和理想主义色彩。

“陈母教子”说的是陈省华之妻冯氏教子苦读的故事。五代时有位陈省华，十三岁便成了孤儿，生逢乱世又穷苦无依。这一切都激励着陈省华“端诚力学，奋节不倚”(《陈省华神道碑》)，后因才德兼备，陈省华步入仕途，先事后蜀，后入北宋，历任西水县尉、陇城主簿、栎阳令等职，官至左谏议大夫。史载陈省华娶妻冯氏，生了三个儿子陈尧叟、陈尧佐、陈尧咨。《宋史·陈尧叟传》记载：“母冯氏，性严。尧叟事亲孝谨，怡声侍侧，不敢以贵自处。家本富，禄赐且厚，冯氏不许诸子事华侈。景德中，尧叟掌枢机，弟尧佐直史馆，尧咨知制诰，与省华同在北省，诸孙任官者十数人，宗亲登科者又数人，荣盛无比。”关汉卿根据这些记载，用艺术想象丰富了故事情节，创作了杂剧《状元堂陈母教子》，全剧共四折一楔子。大致剧情是：冯氏训子读书甚严，筑状元堂令三子苦读，朝廷开科选士，长子、三子先后中状元，二子夸下海口，以为必得头名状元，谁知状元另有其人，后被冯氏招为女婿，娶了女儿梅英；二子陈尧佐仅中探花，被冯氏痛责，陈尧佐羞愧之下，发奋攻读，再次应试，终于得中状元，却因接受民财孩儿锦又被冯氏责罚；寇准此时担负采访贤士之责，闻知此事，赞叹一门四状元，母贤子孝，遂奉旨对其一家进行加官赐赏。

这件清代笔筒，绘画工细精丽、典雅富美，人物刻画生动自然、寓意深远，以具有代表性的画面讲述了“陈母教子”的励志故事，实为一件难得的艺术珍品。

（夏林峰）

仿清康熙粉彩镂空棒槌瓶

淄博市博物馆收藏有一件粉彩镂空棒槌瓶，瓶高 34.5 厘米，口径 10.6 厘米，底径 9.5 厘米。

这件粉彩镂空棒槌瓶颈部饰两组高浮雕蝙蝠和寿星，腹部四壁饰高浮雕粉彩“八仙过海”，有八仙庆寿之意，瓶底部有六字篆书款“大清康熙年制”，此瓶现陈列于“馆藏文物精品”展厅中。

据工作人员介绍，这件瓶是 20 世纪 90 年代初自社会上征集而来的。当时淄博市文物店的一名同志在下乡收购文物时，发现这件棒槌瓶被摆在一户人家的桌子上，随即便与这户人家商量购买。这户人家的主人表示自己在这方面没有研究，只知道它是祖上传下来的一个老物件，所以并不打算出售。文物店的同志和这户人家简单商量后，留下了联系方式，表示他们如果想卖的时候可以去文物店找他。事情一晃过去几年，当年的那户人家的年轻人拿着瓶子来到文物店，说家里有事急需用钱，想把这件瓶子卖掉，文物店便收购了这件文物。那么，这件瓶在现在看来有什么样的价值呢？

清代康熙年间流行一种器形——棒槌瓶，无论是青花、粉彩，还是五彩，该种造型的瓷器都不少见。这种瓷瓶因形似洗衣服的棒槌，所以称“棒槌瓶”。这种器形烧成难度大，最常见的形制有洗口、直颈、筒腹、圈足者，有口沿外侈、束颈、溜肩、筒腹、圆尖足者，也有撇口、短颈、平肩折成四腹、方形宽足者。雍正以后，棒槌瓶已很少烧制，清末、民国时期有不少仿制器。

此瓶在笔者看来应该为清末仿康熙器，我们可以从以下几个方面进行论证。一是造型。康熙时无论官窑还是民窑，其瓷器造型都很规矩严谨、古朴端庄，其瓷胎是经过精心修坯的，但造型气势不失，仍留有凝

仿清康熙粉彩镂空棒槌瓶

重质朴的感觉，而这件造型过于雕琢，稍显制作粗糙，有轻薄之风，是清代晚期的特征。二是纹饰工艺。镂空亦称“镂雕”“透雕”，是瓷器装饰技法之一，指在器物坯体未干时将装饰花纹雕通，然后直接或者施釉后入窑烧制。镂空的纹样一般较为简单，多为几何形图案，而这件瓶的镂雕人物比别的装饰纹饰更难且更有价值，只是在人物的开脸和造型上较康熙朝略逊一筹。三是釉色。康熙时烧制的黑彩有黑漆般的光泽，这件瓶的黑彩发色不够，其他的釉彩整体都偏淡，不如康熙时的釉色鲜艳明亮。另外，由于釉面不平，器表出现明显的“浪荡釉”，这是清代晚期瓷器的一个重要特征。

古人除了用陶瓷作为日常生活用器外，也用作装饰物和艺术品，精美的陶瓷纹饰使人们的精神文化生活得到了很大的满足与升华。这件粉彩镂空棒槌瓶内在胎质与外在造型、色釉和刻画装饰所呈现出来的文化风韵，具有赏心悦目而又陶冶心灵的艺术魅力，折射出中华民族的审美理念和精神诉求。

（曹萌）

清雍正青花缠枝莲纹双兽耳洗口瓶

清雍正青花缠枝莲纹双兽耳洗口瓶

淄博市博物馆收藏有一件青花缠枝花卉纹瓶，瓶高 36.5 厘米，口径 18.8 厘米，底径 14.3 厘米。该瓶洗口，束颈，颈间饰双兽耳，鼓腹饱满，底足微扩。胎釉细致洁白，胎体匀称，釉汁明亮滋润，器形端庄俊雅。瓶外部主体绘饰缠枝莲纹，口沿饰卷草纹，颈部分别饰蕉叶纹与莲瓣

洗口瓶细部

纹，并以连珠纹相隔。腹部主体饰缠枝纹，上下分别以如意云纹和仰莲纹相互承接，更显整体的端庄、雅丽。青花发色清新典雅，整体画风飘逸潇洒，运笔细腻流畅，用点、染、晕、散的方法使青花深入胎骨，仿出苏麻离青的效果。综合几个方面的特征来看，此洗口瓶应为清代雍正时期的器物。

莲纹是中国瓷器装饰题材中最常用的图案之一。在佛教中莲花被尊为圣花，常用来比喻佛法，如《妙法莲华经》是佛陀世界的重要象征。在中国文化中，莲花因她美丽的外形、芬芳的气质、不染纤尘的高洁品德而深受人们的喜爱。莲是花中君子，莲字与“连”“廉”谐音，因此许多莲花纹样被赋予了吉庆寓意如“一品清廉”“连年有余”“连年如意”“路路清廉”等，这使得莲花装饰纹样在民间的象征意义更加丰富。

缠枝莲花图案的构图优美，枝叶连绵起伏，节外生枝，枝外生节，枝、叶、花生生相息。这种图案特别适合在瓶、盆、碗这种几何体上描绘，经过美化，花头、枝叶变化多端，装饰效果强烈。人们因莲花的自然特性而赋予它各种象征意义，从而影响到中国吉祥纹饰的发展。不论是佛教的“步步生莲”，还是道教的“虚、空、静”，都与莲花题材所展现的苍翠优雅、冷静素洁的意境相吻合，表达人们心中对美好事物的愿望和祝福。

双耳瓶因颈部两侧贴附双耳而得名。宋代南北方瓷窑普遍烧造双耳瓶，由于耳的形式不一，双耳瓶的名称各异，如龙泉窑、哥窑、官窑多生产贯耳瓶，系仿汉代投壶式样。

洗口瓶是中国古代工匠烧制的瓷瓶样式之一，以瓶口似浅洗而得名。宋代南北方瓷窑都有这种瓶式，其中以龙泉窑烧制量最大。洗口瓶器形归纳起来大体可分为三种：第一种为洗口，直颈，垂圆腹，圈足；第二种为洗口，直颈，折肩，筒式腹，浅圈足；第三种为洗口，长颈，扁圆腹，圈足。洗口瓶通体以数道弦纹装饰。一般来说，南方瓷窑生产的洗口瓶腹部修长，北方瓷窑生产的洗口瓶腹部圆浑，如耀州窑的洗口瓶颈部较短，鼓腹似球状。

此洗口双耳瓶的造型首见于耿宝昌先生《明清瓷器鉴定》一书中，为雍正官窑系列的产品。淄博市博物馆收藏的这件洗口瓶正是那个年代的一件精品。

（刘蕾）

清乾隆玉如意

淄博市博物馆收藏的这件清乾隆时期玉如意，玉料青白色，长 41 厘米，体作长柄形，柄前有一椭圆形结。如意正面饰大小灵芝两朵，通体雕蝙蝠和缠枝梅花，用料考究，琢工精细，寓意吉祥，是如意中的上乘之作。明清时期，以灵芝造型为主的如意被赋予了吉祥驱邪、祈福禳安的涵义。“君子比德于玉”，这件玉如意更是将玉的坚润不渝与如意的吉祥寓意结合，成就了具有中国吉祥文化特色的如意器物。

中国人自古讲究礼仪，吉祥用语特别多，在节日、喜庆活动中，人们最常用的就是万事如意、吉祥如意、事事如意、平安如意、称心如意等带有“如意”二字的祝福语。借其音，人们制作了一种工艺品，互相赠送，这就是“如意”。如意一般长尺许，一边是翘起的如意头，中间是适宜用手把握的柄。如意大都用珍贵材料制作，如玉、翡翠、珊瑚、玛瑙、象牙、紫檀木等，并且镶嵌金银宝石，精工细作，华丽高贵。

清乾隆玉如意

如意的起源有多种说法，其中最普遍的说法就是如意本为“痒痒挠”，也就是古代的爪杖。清厉荃《事物异名录》引《稗史类编》云：“如意者，古之爪杖也，或用竹木削作人手指爪，柄可长三尺许，或背脊有痒，手不到，用以爬搔，如人之意。”由此可见，如意的来源就是今天所谓的“老头乐”或者“不求人”，即痒痒挠。因为它能够在背脊痒时帮助人们解痒，因此古人形象地称它为“如意”。

如意在传承、发展的过程中，逐渐被赋予了更多吉祥寓意，故如意又称“握君”“执友”“谈柄”。据说在魏晋时期，如意已经受到士大夫贵族的青睐，但是它不仅是搔痒工具，也是防身武器，还是一种地位身份与权威的代表，朋友见面时又是表示恭谦心意的物品。宋代的如意上越来越多地出现祥瑞图案，工艺也越来越复杂，且制作材料贵重，用金、玉、水晶、珊瑚、玛瑙、沉香木、骨角、奇竹等制作的如意就是在这一时期出现的。那时的如意多镶嵌珠宝，长度也逐渐缩短，如意头上雕刻的图案大都是借“如意”二字顺意发挥而成的吉祥图案。有的如意头被雕成两个柿子状，而“柿”与“事”同音，因而这种如意寓意“事事如意”；有的如意头上刻有五只蝙蝠围绕一个大寿字飞翔，“蝠”“福”同音，寓意“五福捧寿”。这时的如意已变成了高雅的陈列品。清代的如意，其工艺水平达到顶峰，一直被视为宫廷贵重礼品。清代帝后的宝座旁、寝殿中均摆有如意，以示吉祥、顺心；皇帝也经常赏赐王公大臣如意，表示皇恩浩荡；臣子、下属还常用各种材质特殊、贵重的如意，作为进献给皇上的贡品、上司的礼物；外国使者来朝，也常常能得到皇帝馈赠的如意；民间在节日或喜庆活动中，也常将如意作为礼品，互相馈赠，祝愿彼此称心如意。

（李媛）

清乾隆青柯亭刻本《聊斋志异》

淄博市博物馆收藏的这套珍贵的青柯亭刻本《聊斋志异》，是该馆于2009年在上海嘉泰秋季拍卖会上，经过十几轮激烈竞价后拍得的。该套《聊斋志异》为16开线装本，全套两函16本，长20厘米，宽12厘米，总重1705克。书扉页的上款题“淄川蒲留仙著”，中款为大字隶书书名“聊斋志异”，下款题写“青柯亭开雕”。其题款字迹饱满，运笔有力，顿挫有致，富有节奏感，笔锋苍劲而不张扬。卷首有余集序，次有高珩序、唐梦赉序、继有赵起杲弁言、聊斋小传（淄川县志）、聊斋自志、刻聊斋志异例言、王士正及鲍廷博等人的题词，最后是十六卷总目，卷末附蒲立德乾隆五年（1740）所作跋。青柯亭刻本《聊斋志异》共收文431篇，每卷首篇名前均印有“淄川 蒲松龄 留仙 著”“新城 王士正 贻上 评”。“新城王士正”即清代杰出诗人、文学家王士祯（1634—1711），原名王士禛，因避雍正讳

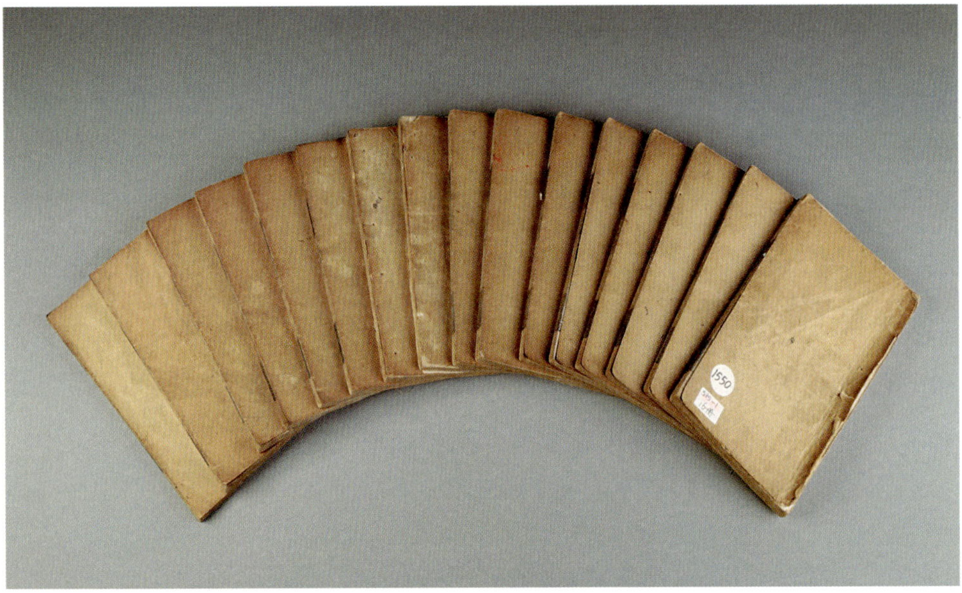

清乾隆青柯亭刻本《聊斋志异》

而改名王士正，又号渔洋山人，人称王渔洋。乾隆三十九年（1774）被赐名士祯。蒲松龄曾携《聊斋志异》求教于他，王渔洋对其作品评价颇高。“开雕”意为开始雕刻，说明该书为木雕版本，而非影印本、翻印本等版本。

蒲松龄的《聊斋志异》在我国文学史上有着非常高的艺术成就，且蜚声海外，它以简练的文笔讲述了一个个情节曲折离奇的故事，塑造了众多个性鲜明、家喻户晓的艺术形象，堪称中国古代文言短篇小说的巅峰之作。

版本繁多是《聊斋志异》与众不同的一大特色。这是因为《聊斋志异》在完稿之后，卷帙浩繁，加之蒲松龄一生潦倒，无力付梓，所以，它只能以“手抄本”的形式在世间流传。蒲松龄去世后，其长孙蒲立德曾多方谋求官方和私家的资助，亦未能如愿。直到蒲松龄过世五十一年后，同为山东人的赵起杲组织刻印的青柯亭刻本《聊斋志异》问世，《聊斋志异》才最终实现了由稿本、抄本到刻本的重大突破。《聊斋志异》的版本，除蒲松龄手稿外，还流传有铸雪斋抄本、青柯亭刻本、二十四卷抄本、三会本等，总数达六十余种。毋庸置疑的是，青柯亭本对后世的影响最为巨大，其后相继出现的版本，如石印本、铅印本、评注本、图咏本、拾遗本、辑校本、合编本、民族语译本、外文译本等，大都以青柯亭本为祖本、母本翻制刻印。在对境外传播中，《聊斋志异》也是外文版本较多的一部著作，被翻译成二十多种语言，版本近百种，足以说明其影响力。

该套《聊斋志异》无缺本，内页无缺失，雕工精到，笔画清晰，棱角分明，选用纸张考究，印制墨色均匀。经过“蒲学”研究专家盛伟先生等人鉴定，这是青柯亭版本的真本、初刻本，并且还是罕见的初印本！初印本因其印制数量有限，流传下来的更是少之又少，所以，能够完好地保存至今实属不易，更彰显其珍贵。但是，在它问世的曲折道路上，有一个人居功至伟，他就是青柯亭本初刻发起者——赵起杲。

赵起杲（1715—1766），字清曜，号荷村，又号冠峰，今山东莱阳人。他出身书香门第，是进士赵嵩之曾孙。乾隆初年，他以贡生起家任小吏，因为善于治狱、处事英敏，历任福建连江、古田知县，浙江杭州府总捕、同知。乾隆十一年（1746），赵起杲得到两本《聊斋志异》手抄本，如获至宝，对其珍爱有加，遂萌生出版刊印的意愿。之后，在相继采集了周季和、郑荔芗、吴颖思等人收藏的手抄本的基础上，赵起杲又将多部手抄本集合在一起相互校核，逐渐形成了一套较为完整的本子。

直至乾隆三十年（1765），因接待乾隆南巡有功，赵起杲升任严州（今浙江省建德市东北梅城镇）知府，随后开始着手《聊斋志异》的编辑校订工作。为更加专业、严谨，他邀请当时杭州博学多才的文人雅士余集担任主编，负责对《聊斋志异》进行校勘、编排、刻印。由于当时木雕制版成书费时费力、耗资巨大，赵起杲动用自己的薪俸甚至典当家产筹集资金，可以说是倾其所有、历经磨难，才使这部《聊斋志异》得以顺利刻印。乾隆三十一年（1766）年，《聊斋志异》前 12 本在严州刻成问世，原本准备一并把余下的 4 本刻完，赵起杲却因积劳成疾而不幸去世。余下的 4 本，后由其四弟赵皋亭及友人鲍廷博主持刻成。

纵观清代品类繁多的雕版印刷书籍，若综合评判其优劣，则以私家刻书价值为最高。它们大致分两类，一类是有名望的文人所刻本人的著作和前贤诗文，此类书大都是手书上版，即所谓的“写刻”，对于纸墨的选用较为考究，完成后的刻本即为精品，世称“精刻本”。另一类则是辑佚、考据、校勘学兴起之后，藏书家和校勘学家辑刻的逸书、丛书或影摹校勘付印的旧版书。乾嘉时期的一些藏书家聘请著名校勘学者从事校书刻书，且以校刻丛书居多，其中以鲍廷博的《知不足斋丛书》较为著名。

鲍廷博（1728—1814），清代著名藏书家、目录学家、刻书家。字以文，号渌饮，别号通介叟，室名知不足斋，取“学然后知不足”意。他藏书甚富，广录先人后哲所遗手稿不计其数，仅流传至今且有名可稽者就达 140 余

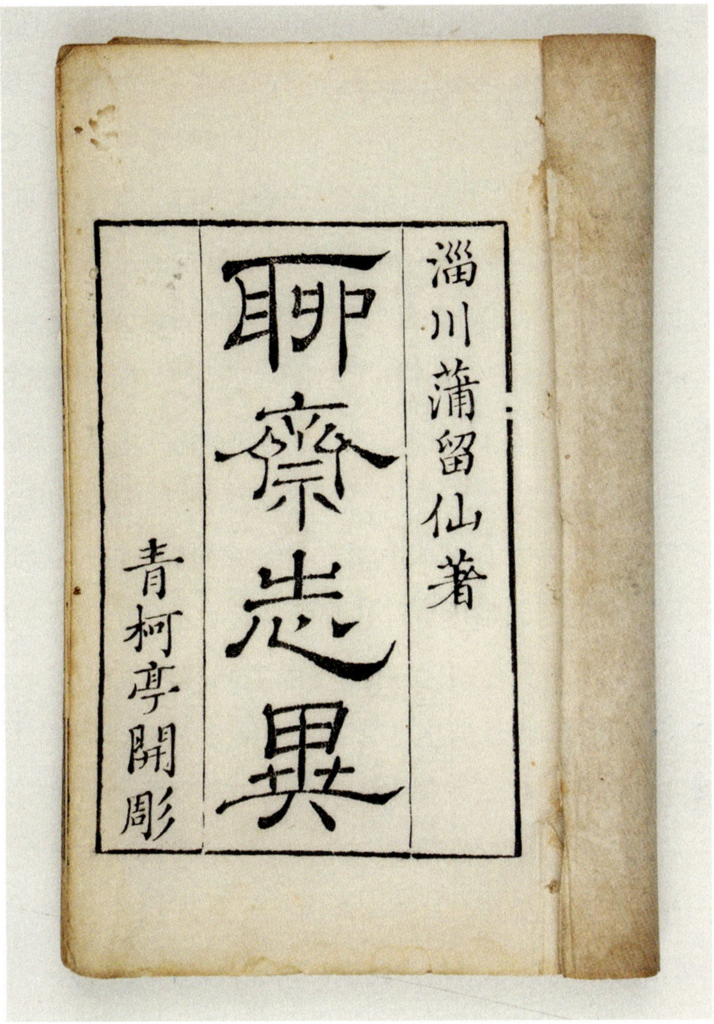

清乾隆青柯亭刻本《聊斋志异》

种。鲍廷博同时也是赵起杲的至交好友。他以藏书家、刻书家的独到眼光看到了《聊斋志异》所蕴含的市场价值，鼓励赵起杲完成刻书。他不仅出资相助，在正式“开雕”后，还帮助赵起杲审定解决遇到的问题。后来赵起杲猝然离世，更是鲍廷博完成了他的未竟心愿，为后世留下了一部完整的16卷本《聊斋志异》。所以鲍廷博成为青柯亭本《聊斋志异》完整刻印成功的关键人物，自始至终起到了至关重要的作用，为后世做出了重要贡献。

赵起杲为《聊斋志异》的出版殚精竭虑，为缅怀他，《聊斋志异》的首刻版本即被称为“青柯亭刻本”，简称“青柯亭本”“青本”。“青柯亭”是严州府里的一座普通四柱石亭，当年，赵起杲和编辑勘校人员常聚于亭中讨论稿本，“青柯亭刻本”因此而得名。青柯亭现坐落于严州中学后面，亭匾“青柯亭”三字为国家图书馆前馆长任继愈先生的墨宝，亭联“桂馆秋香青柯传世，梅城春丽志异留仙”，则由诗词大家戴盟老先生亲笔题写。

青柯亭本《聊斋志异》在当今“蒲学”发展史上有着很高的地位，对《聊斋志异》的广泛传播起到了推动作用，进一步扩大了其社会影响力。青柯亭本是《聊斋志异》的首刻本，是依照蒲松龄原稿本校排的，内有赵起杲的长篇弁言，详细讲述了《聊斋志异》抄本的流传过程，因此，青柯亭本在一定程度上就显得更加珍贵，具有极高的学术价值。与手抄本相比，刻本在流行传播中有着明显的优势，印量大且可以避免在传抄过程中发生谬误，保证了书籍版本传承的相对稳定性。青柯亭本《聊斋志异》所依据的几种抄本中，山东乡宦郑荔芗的抄本是淄川蒲家的“原稿”之抄录本，虽不一定是定本，但与原稿已相差无几，保证了青柯亭本源头上的纯正。不仅如此，青柯亭本的编者在与各种抄本、稿本做了比较对勘后，改正了稿本和抄本的讹误，提高了书稿的质量，具有一定的权威性。

长期以来，淄博市博物馆为弘扬和传承地域文化，把与淄博清初三大名人（王渔洋、赵执信、蒲松龄）相关的遗物和文献资料作为征集收藏的重点。青柯亭本《聊斋志异》存世量极少，仅有山东、天津等少数博物馆或图书馆有收藏。因此，淄博市博物馆这套珍稀的青柯亭刻本《聊斋志异》不仅是祖国文化遗产保护中的重大收获，而且为对《聊斋志异》及作者蒲松龄的进一步研究增添了重要的文献依据。

（王滨）

清末松年的画及其《颐园论画》

松年（1837—1906）字小梦，号颐园，蒙古镶蓝旗人，生于清道光年间，是清代晚期齐鲁大地上的名画家，他的书画影响很大。关于松年的姓氏，本不见著录，今有人考订为“鄂觉特氏”，济南名家镜泉先生指出，昔年济南治印名家周子桢曾为松年制过一方姓氏印章，印文曰“鄂觉特氏”，故知松年姓氏。松年因祖上军功，以荫生官汶上、单县、博山、长清等地知县或知事。因性不谐俗，其虽为官，但整日浸临书画之间，无意仕途，被罢官后定居济南，民国前夕卒于济南司里街寓所。

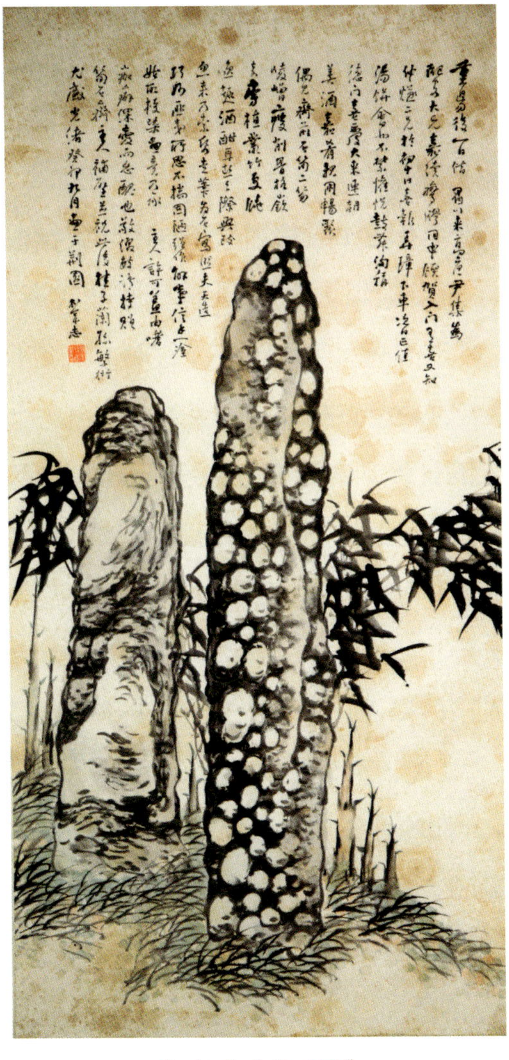
松年的《竹石图》

松年工书法绘画，喜用鸡毫，自成一家。其画工山水、人物、花卉、翎毛、兰竹，用笔豪爽，喜画元书纸，工于用水。松年初师如冠九，有出蓝之誉，晚年酬应之作未免粗率。罢官后，松年在济南创办枕流画社，被推为盟主，一时从学者众，这其中就有官宦、学士、世家子弟。松年在济南从事艺术活动20多年，有大量的书画作品留在民间。此外，松年在画论方面也颇有建树，著有《颐园论画》，其内容丰富、语言精练，对中国画各种笔墨的运用和技巧有精湛的论述，至今仍影响着齐鲁的现代画家。另外，松年还有《清画家诗史》《八旗画录》《榆园画志》等传世。

淄博市博物馆收藏的这幅松年晚年所作《竹石图》水墨图轴是其代表作品之一，此轴是早年从北京某拍卖会竞拍得来。松年在清末做过博山县知县，在民国编纂的《续修博山县志》中记载："松年，字小梦，蒙古镶蓝旗格图肯佐领下人，光绪十三年九月任。"这幅《竹石图》无疑是我们研究淄博历史、人文、艺术史的重要实物资料。松年擅长画花鸟山水，尤其以竹子、兰草、文石独具风格；他的山水画以水墨浅绿为主，花鸟画更是随意挥洒，往往寥寥数笔，就能把花草虫鸟的神态表现得栩栩如生。他画的竹子、兰草、文石，把兰叶、竹子及石头纹理描绘得淋漓尽致，浓淡干湿恰到好处。此画正如松年在《颐园论画》中所言："用于花卉者，钩染皴点，不必十分工细。然须看花卉是何画法，如工细，石亦工细，不可错乱规矩。画石之法，从山水入手者，皴擦点染，易于见长。不由山水入手者，往往画成空架，层次脉络皆不自然，实为画石之病。石无定形，实有定形，胸无成竹，下笔茫然无主。求其真诀，不外山水家之披麻、大小斧劈、解索、荷叶、鬼皮、芝麻、云头等皴而已。下笔先钩轮廓，轮廓既定，再讲皴法，总之囫囵一个乃佳。"

松年强调文人画要注重人品及人格的修养，为此，他在《颐园论画》中提出："书画清高，首重人品。品节既优，不但人人重其笔墨，更钦仰其人。唐、宋、元、明以及国朝诸贤，凡善书画者，未有不品学兼长。居官更讲政绩声名，所以后世贵重。前贤已往，而片纸只字，皆以饼金购求。书画以人重，信不诬也。历代工书画者，宋之蔡京、秦桧，明之严嵩，爵位尊崇，书法文学，皆臻高品，何以后人吐弃之，湮没不传，实因其人大节已亏，其余技更一钱不值矣。吾辈学书画，第一先讲人品，如在仕途亦当留心吏治，讲求物理人情，当读有用书，多交有益友。其沉湎于酒，贪恋于色，剥削于财，任性于气，倚清高之艺，为恶赖之行，重财轻友，认利不认人，动辄以画居奇，无厌需索，纵到四王吴恽之列，有此劣迹，则品节已伤，其画未能为世所重。”

济南民间还流传着关于松年的一些传奇逸事。大明湖北岸火神庙郭道士处，是松年常去的地方，据说这位道士精通音律，松年深以为知己。而在城北也有一座火神庙，住着一名“落脚僧”，法名慧理，与松年为友。松年曾为其禅房书一联，最为有意思，联曰：“到什么时候说什么话，当一天和尚撞一天钟。”说起对联，尚有一件趣事——时逢癸卯之年，松年曾作春联贴于自家门楣，曰“葵花向日，柳烟舒春”，将干支纪年“癸卯”二字藏头其中，极为工整。正得意间，这副春联入夜竟被人揭去，此事一时传为美谈。

松年的书画气韵生动、立意雅致，得到了齐鲁收藏家的喜爱。多位收藏家均有收藏松年的画作，并于近年在济南等地多次举办了松年的专题画展，观者众多，颇为轰动。

（明继烈）

清康熙王士禛《池北偶谈》

《池北偶谈》，清王士禛所著，康熙刻本，长 26.5 厘米，宽 17.5 厘米，板框 19 厘米，现藏于淄博市博物馆。

王士禛，字子真，一字贻上，号阮亭，又号渔洋山人，山东新城（今桓台县）人。其生于明崇祯七年（1634），卒于清康熙五十年（1711），早年即科举中第入仕，在康熙朝官至刑部尚书。因避雍正（胤禛）讳，其曾被后人改名士正，乾隆时诏改士祯，并赐谥号文简。

王士禛是清初著名的文学家，左右诗坛数十年，他所提倡的“神韵说”影响了有清一代。在文学创作上，王士禛诗、词、文、笔记、杂著皆擅长，一生著述甚丰，诗文著作有《带经堂集》，词作有《衍波词》，笔记杂著有《蜀道驿程记》《居易录》《香祖笔记》等，均著称于世，而《池北偶谈》既是其本人笔记著作的代表作之一，也是清代笔记著作中的名作。

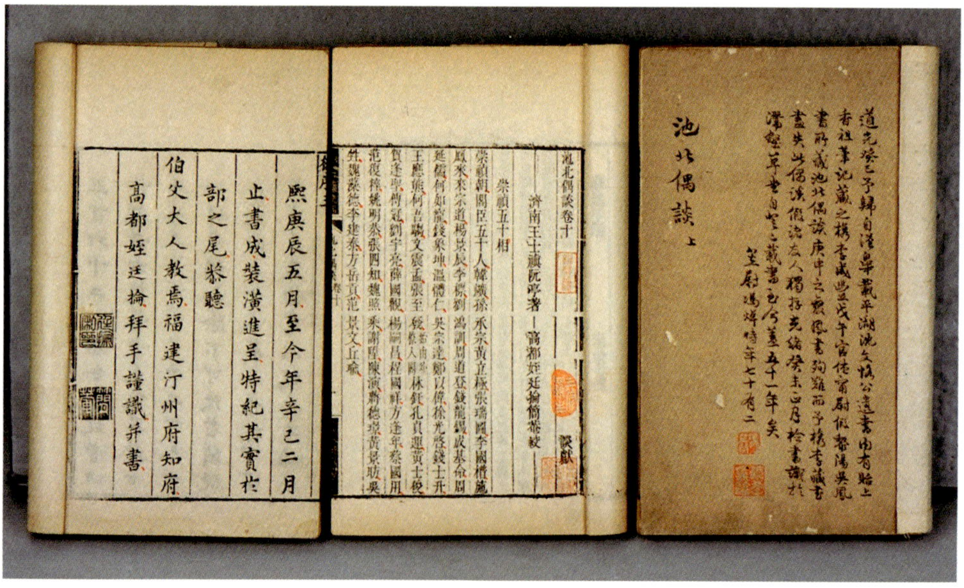

清康熙王士禛《池北偶谈》

据王士禛自序称，他所居住的宅西有圃，圃中有池，池北有屋数椽，有书数千卷度置其中，因而取白居易“池北书库”之意，将本书取名《池北偶谈》。又因为书库旁有石帆亭，王士禛时常和宾客在亭内聚谈，或议论文章的流别，或解析经史的疑义，以至国家典故、历代沿革、名臣硕儒的言行、神怪传说等，由儿辈记录整理并增益在他的《池北偶谈》中，所以《池北偶谈》又名《石帆亭纪谈》。

《池北偶谈》全书共二十六卷，近一千三百条，分为四目："谈故"四卷，记载清代的典章、科甲制度，以及衣冠胜事，间及古制；"谈献"六卷，主要记述明代中叶至清初的名臣、畸人、烈女等事；"谈艺"九卷，专门评论诗文，采撷佳句；"谈异"七卷，记述神怪传闻故事。

在全书的四目中，以前三目内容最具参考价值。如“谈故”中《翰林卿寺属》条，记载了清初太仆寺增设满洲员外郎及翰林院起居注馆增设满洲主事、中书舍人名额的情况；《八旗开科》《台湾开科》《满洲乡试》等条，记载了顺、康时乡试制度的若干情况；《殉葬》条记载了清初八旗用仆妾殉葬的旧俗，可以和相关典籍参证补充。

“谈献”中的一些条目，虽系传闻，但亦可补史籍记载之阙。如《史阁部》条，记载扬州城破时史可法骑驴自诣清军军营，不屈被杀等，可广异闻。

“谈艺”部分大约占全书篇幅的三分之一，主要是作者以“神韵说”评诗论画、阐述个人主张的，所以《四库全书总目》称“谈艺九卷，皆论诗文，领异标新，实所独擅”。其中一些条目则保存了明末清初有关文艺一类的材料，如《粤诗》条，记载了岭南三大家屈大均、陈恭尹等的诗作片段。

“谈异”七卷，专记神鬼怪异，不免带有因果报应、封建谶纬等因素，但其中有些条目在某种程度上反映出当时的社会现实，诙谐嘲谑，寓有劝惩褒贬的意思，如《相国孙》条讥刺某相国及尚书等贵胄子孙的落魄丑态，发人深省。有的条目记录、保存了一些古代的民谣，如《杨李》条就记录了隋末、南唐时的民谣。有些条目的故事情节和《聊斋志异》所载相似，如《林四娘》《啖石》《男子生子》《小猎犬》《五羖大夫》等各条便是。王士禛所居新城和蒲松龄所居淄川很近，彼此颇有交谊，王士禛就官后倾慕蒲松龄的才学，曾屡次邀请他到其麾下做事，蒲则辞谢不往。据1933年《聊斋志异》部分手稿影印本所见，蒲氏在写作过程中曾送请王士禛过目、题词，王士禛对部分书稿作了眉批或文后评语。他们对当地民间流传的谈狐说鬼故事所闻略同，或许就是两书中一些条目内容相似的原因。

王士禛在其同辈文人中号称博洽，他以其广博的见闻著成了本书的四目二十六卷数十万言。从文学角度看，其文字的简洁流畅堪称清人笔记著作中的佼佼者。作为诗坛领袖，王士禛在世的时候已经多次刊印《池北偶谈》。本书通行的版本是民国年间的《清代笔记丛刊》本和《笔记小说大观》本，刊刻年代较早的则有康熙己巳年闽中刊本、康熙庚辰年临汀郡署本、康熙辛巳年文萃堂刊本、金溪李化自怡草堂校勘本和汀州张氏励志斋刊本等。淄博市博物馆收藏的《池北偶谈》为康熙庚辰年临汀郡署本。

（毕洪量）

清康熙赵执信诗作书法中堂

淄博市博物馆所藏《赵执信诗作书法中堂》高153厘米，宽47.5厘米，宣纸呈淡黄色，无地纹，质地细软。

这件作品非原装，后经揭裱，全绫装裱，品相完好。该幅中堂是赵执信用规整的小楷抄录的自己的两篇五言古体诗，分别描绘烟台芝罘海市蜃楼和太（泰）山秋色的所谓山海旧咏：

“今晨雪乍晴，寒日升扶桑。出门邀何伯，东向同盱洋。昨日之（芝）罘山，紫翠点水如鸳央（鸯）。未至二三里，见人欲飞翔。竭来忽澓（复）不相识，回峰迭嶂皆摧藏。光然烟霭中，城郭连帆樯。疑是秦楼船，归来阅千霜。又疑瑶宫与贝阙，神山倒影沧流长。飞仙骖虎豹，晃漾凌波光。招招不得语，目极天苍黄。同游竟指是海市，对之使我神杨扬。岁序閇（闭）冰雪，鱼龙走颠僵。非时出瑰丽，此遇超寻常。当年苏夫子，雄词自炫警海王。嗟我本凡才，未敢执笔相颉颃。不请亦得睹，失喜欲发狂。巨川细流两无拒，信知大海真难量。准拟还家诧乡党，讵肯此地辞杯觞。天穷人厄两莫问，微尘大地俱荒唐。客散景变灭，半山还夕阳。辞归却听暮潮上，浩浩天风吹面凉。　雪后过海上，海市见之（芝）罘，下坐对竟日，饮酒成诗，时十月十日。

“昨行太（泰）山东，白云翕天门。但觉耳目异，岂识冈峦尊。晨朝路南转，北面朝丈人。秋风生西极，万里开朝暾。披豁盛大容，摆簸雷雨痕。洗然心眼前，光矣神灵存。两观耀日月，指顾引越秦。三溪郁参差，秀色相吐吞。左拥千寻壁，松柏晴犹昏。禅亭久荒没，辇道方增新。右暎万碧瓦，瀑布悬天绅。冉冉水帘垂，一一白崔驯。喷薄冰玉碎，腾攫蛟龙伸。谁掬沧海波，濯此青嶙峋。匡庐抱银河，失意空南奔。何况峄与蒙，停停澓（复）云云。我如蓬藁士，意外睹九阍。崴嵬但遗视，虎豹无轻

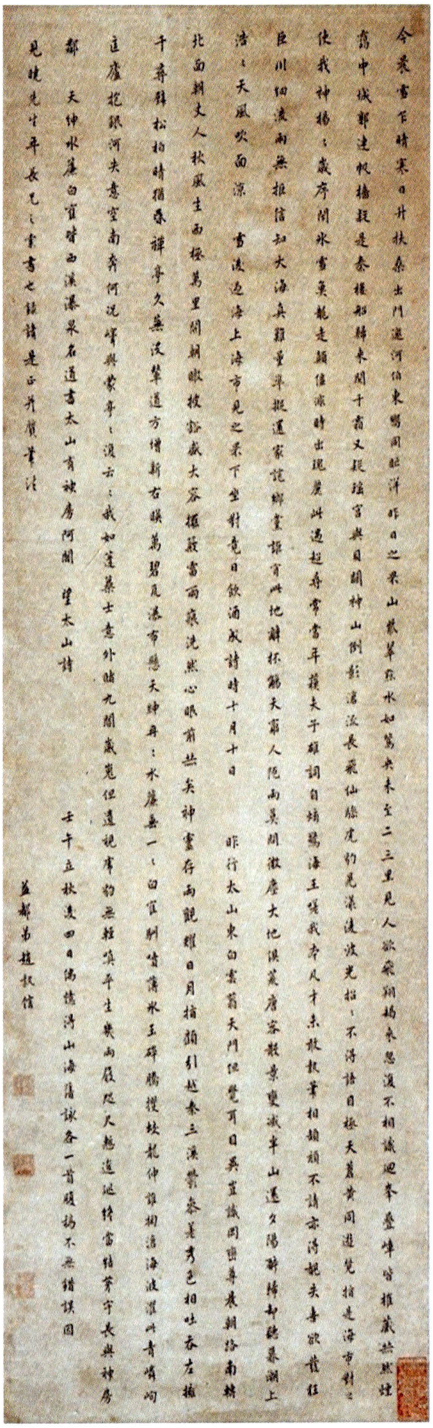

清康熙赵执信诗作书法中堂

嗔。平生几两屐，咫尺惭逡巡。终当结茅宇，长与神房邻。　天绅、水帘、白崔，皆西溪瀑泉名，道书太（泰）山有神房阿阁　望太山诗　　壬午（1702）立秋后四日，偶忆得山海旧咏各一首，腹稿不无错误，因见晓先生年长兄之索书也，录请是正并质笔法　　益都赵执信。”

该作品文末押脚印三方，一为朱文方印“执信臣印”，一为白文方印“更庵”，一为朱文的金石书画的收藏印。

淄博市境内的孝妇河流域有清一代人文荟萃，巨星争辉，在中国文学史上有着举足轻重的地位。以“神韵说”引领清初诗坛半个世纪的王士禛（渔阳）、以《谈龙录》揭橥现实主义诗学大旗的赵执信、以《聊斋志异》登临神怪志异小说顶峰的蒲松龄，被称为清初孝妇河畔的“文学三杰”。淄博市博物馆曾有幸征集到赵执信书法作品四件、绘画作品一件，其中书法作品具有代表性，对研究和鉴赏赵执信书法艺术有着重要意义。

综观赵执信的书法墨迹，我们可以看出，这些墨迹从笔划力度、行笔习惯、墨色神韵、间架结构、谋篇布局等诸多方面较为真实地反映出其书法艺术的特色：中锋用笔，骨力遒劲，劲险刻厉，于平正中见险绝；墨色凝重；间架结构以长方取势，笔划劲紧促迫，以劲力为追求；谋篇布局规行矩步，整齐划一，方方正正。不难看出，赵执信书法受欧阳询、褚遂良的影响甚大，法度谨严，自出机杼。

赵执信（1662—1744），颜神镇（颜神镇于清朝雍正年间升格为博山县，颜神镇为县治所在地，改名博山，现为淄博市博山区）人，字伸符，号秋谷，晚号饴山。赵执信十八岁中进士，官至右善赞。康熙二十八年，其因在佟皇后国丧期间观演《长生殿》被革职。赵执信少年得志，诗名远播，独树一帜，与倡导“神韵说”的另一诗界领袖王士禛分庭抗礼，独倡“诗中有人”的个性化创作主张，作《谈龙录》以攻王士禛，成为当时诗界的另一个主要的领袖人物。赵执信在诗界的赫赫盛名，部分掩盖了其在书法艺术上的成就和应有的地位。就现在所发现的许多赵执信存世的书法墨迹来看，其充满个性的书法艺术特质，在书法艺术史上亦应占据重要的地位。

毋庸置疑，书法艺术的基础是所谓的“功力”，亦即“法度技艺”。但是书法艺术和其他艺术一样，其灵魂是“个性”，是个人的“灵性”，即艺术上的“这一个”。就“功力”和“法度技艺”而言，其中的部分内容或许有其普遍意义的审美标准和评判依据。但卓立于“功力”基础之上的“个人风格”和“灵性气韵”，却人言言殊，见仁见智，很难有统一的评判标准。环肥燕瘦，姚黄魏紫，各领风骚，这方面艺术造诣和审美情趣的高低优劣，则主要受创作者和欣赏者的文化修养、审美境界、灵气及悟性高低的影响。

赵执信在《谈龙录》中曾精辟地指出："昆山吴修龄（乔）论诗甚精，所著《围炉诗话》，余三客吴门，遍求之不可得。独见其与友人书一篇，中有云'诗之中须有人在'，余服膺以为名言。""诗之中须有人在"可以作为评判一切艺术作品优劣高低的重要标准。"有人在"即有个性，有独特的个人风格。艺术作品中是否"有人在"，是区分"艺术家"和"艺术匠人"的主要依据。以此为据，审视赵执信的书法艺术，锋芒毕露，率性而为，其书风带有鲜明的个性元素和独特的风格特征，而其不趋附、不媚俗的人格跃然纸上。

总之，赵执信的书法作品，功力深厚，个性鲜明，体现了其艺术追求和个人艺术风格，为中国书法艺术史留下了一笔宝贵的艺术遗产。

（李鸿雁）

清康熙赵执信手迹册页

赵执信手迹册页，纸本水墨，旧黄色，经折装帖本，7 折 8 面，品相完好。册面硬木紫漆板护封，封面题签《赵赞善秋谷墨迹册页》并钤印，印章漫漶不清。册页页面无损，但折处大都断裂，以镜片护边。册高 33.5 厘米，宽 23 厘米，全册长 184 厘米；内页字幅纸高 26.5 厘米，宽 16.5 厘米，全篇 32 行，共计 252 字。该册页现藏于淄博市博物馆，为国家一级文物。

赵执信，清代诗人、诗论家、书法家，字伸符，号秋谷，晚号饴山，颜神镇（今淄博市博山区）人，著有《谈龙录》。赵氏家族为明清时期的名门望族、仕宦之家，名噪几百年。其曾祖父赵振业为明代进士，祖父赵双美是拔贡，父亲赵作肱是秀才，岳祖父孙廷铨官至清廷秘书院大学士，岳母是王渔洋的从妹。这样一个儒学气氛甚浓、仕宦追

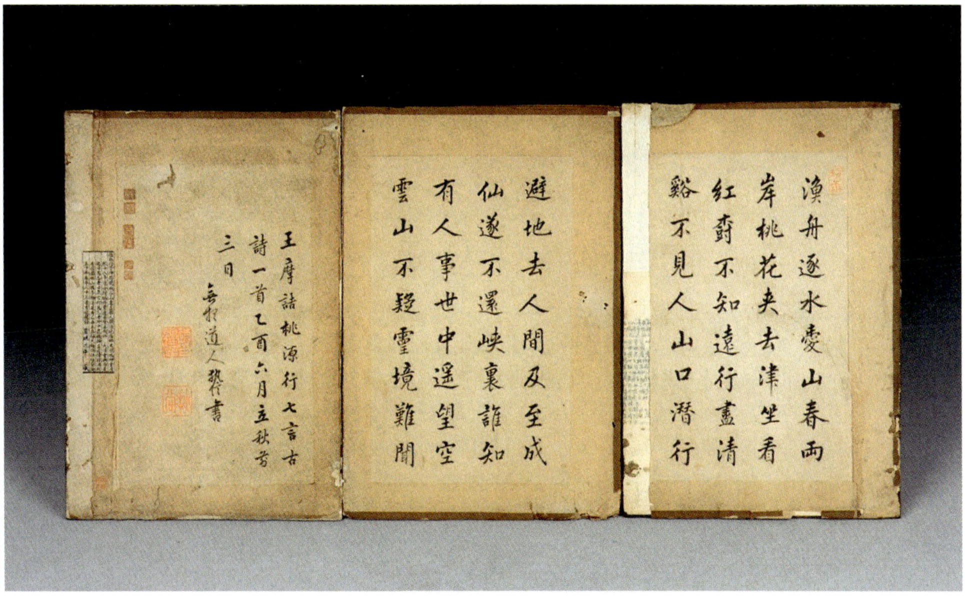

清康熙赵执信手迹册页

求甚切的家境，为赵执信的成长提供了良好的家庭教育。赵执信十四岁中秀才，十七岁中举人，十八岁中进士，后任右春坊右赞善兼翰林院检讨，二十八岁时因在佟皇后丧葬期间观看《长生殿》，被劾革职。此后五十年间，他终身不仕，徜徉林壑。

此札共8面，前面7面是王维诗句，每面4行，每行8字，第8面是题记，上写："王摩诘桃源行七言古诗一首，乙酉六月立秋前三日，无想道人执信书。"封面用木板装裱，略有虫蛀痕迹，已经比较陈旧，但保存接近完好。

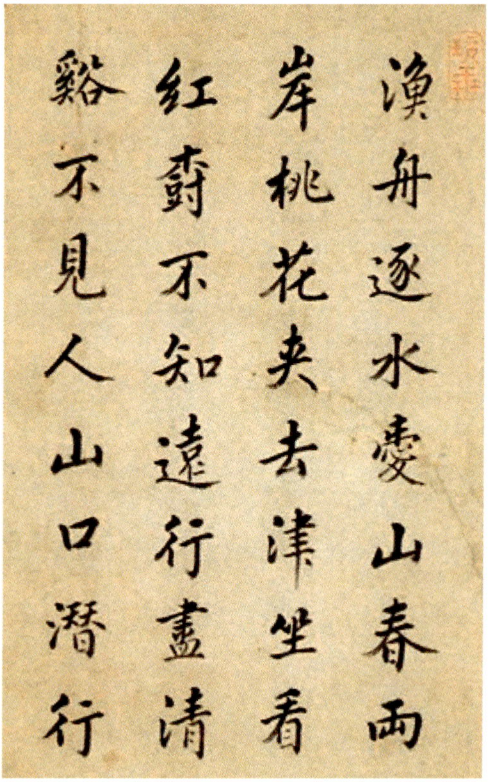

赵执信手迹册页细部

宣统元年的收藏者在册页的最末贴有一张纸条，纸条是从木刻印刷品上剪下来的关于赵执信的简短生平，可惜收藏者的印章已经模糊难辨。手札中夹带几张油印的历史地理的复习提纲，从字体看多使用繁体字，从内容看应该是1949年以后的东西，我们推测这一时期的收藏者是一名从事史地教育的工作者。

自从陶渊明写下名篇《桃花源记》以来，"桃源"就成为古典诗文中经常引用的典故和歌咏的对象。唐代有不少人题咏过桃花源，王维的这首《桃源行》是传世唐诗中最早以桃源为题咏对象的作品，在他之后，刘禹锡、武元衡等人都写过同样题目的诗，但以王维十九岁时写的这篇七言乐府最为精彩。

桃源行

渔舟逐水爱山春，两岸桃花夹去津。
坐看红树不知远，行尽青溪不见人。
山口潜行始隈隩，山开旷望旋平陆。
遥看一处攒云树，近入千家散花竹。
樵客初传汉姓名，居人未改秦衣服。
居人共住武陵源，还从物外起田园。
月明松下房栊静，日出云中鸡犬喧。
惊闻俗客争来集，竞引还家问都邑。
平明闾巷扫花开，薄暮渔樵乘水入。
初因避地去人间，及至成仙遂不还。
峡里谁知有人事，世中遥望空云山。
不疑灵境难闻见，尘心未尽思乡县。
出洞无论隔山水，辞家终拟长游衍。
自谓经过旧不迷，安知峰壑今来变。
当时只记入山深，青溪几度到云林。
春来遍是桃花水，不辨仙源何处寻。

唐诗流传久远，流传过程中出现常出现版本的差异，《桃源行》的版本差异就有七处之多。“两岸桃花夹去津”有写作“两岸桃花夹古津”，“月明松下房栊静”有写作“月明松下房栊净”，“惊闻俗客争来集”有写作“忽闻俗客争来集”，“竞引还家问都邑”有写作“竞引还家问乡邑”，“及至成仙遂不还”有写作“更问神仙遂不还”，“安知峰壑今来变”有写作“安知岑壑今来变”，“青溪几度到云林”有写作“青溪几曲到云林”。赵执信采用了通行本，所以并无大误，只有一句“安知峰壑今来变”赵执信写作“安知峰壑今求变”，各种版本中都不曾用“求”字，繁体字的

“來”与“求”字形相近，此处可能是赵执信的笔误。

赵执信这件手札，书法体式放纵、连环回绕，离合聚散大起大落，变化多端，使人如立高山之巅，心胸旷达，神情潇洒。赵执信是在王维写作这首诗接近千年之后作此手札的，两人都曾有神童之誉，都曾有官场失落，这次书写是两个诗人精神上的一次契合。王维作这首诗时只有十九岁，赵执信抄写这首诗时四十三岁，此时已经距离《长生殿》剧祸案十六年。十六年的田园生活“放情诗酒，徜徉林壑”，这让赵执信从王维的作品中看到了更多的自我，也成就了他清初大诗人的盛名。

（毕洪量）

清雍正赵执信书法楹联

此楹联长118厘米，宽27厘米。上联右上方有一椭圆形印章模糊难辨，其下题注一行小字“无愆大侄新斋成为书”，左边题“唐贤诗句于吴戕”，中间是上联“高添雅韵松千尺”。下联右边题注“乙巳小雪后”，左边落款“无想道人漫笔”，下方有两枚方形印章，已模糊难辨，中间为下联“暗养清阴竹数科”。

乙巳年为雍正三年，赵执信时年63岁。此时的他已经结束了长达三十年的壮年漫游，回到博山故乡隐居。此联为赵执信为侄女新房落成而作。

联句选自谭用之《山中春晚寄贾员外》诗。谭用之生卒年、籍贯皆不详，字藏用，五代宋初诗人，因仕途不达，长年流寓他乡。他善诗，擅七律，工写景。其“一棹冷涵杨柳雨，片帆香挂芰荷烟。绿摇江澹萍离岸，红点云疏桔满川”“秋风万里芙蓉国，暮雨千家薜荔村”等句，尤为著名。薛雪评其诗云：“谭用之最多杜撰句法，硬用事实；偶有不杜撰，不硬用处，便佳。”

山中春晚寄贾员外

不随黄鹤起烟波，应笑无成返薜萝。
看尽好花春卧稳，醉残红日夜吟多。
高添雅兴松千尺，暗养清音竹数科。
珍重仙曹旧知己，往来星骑一相过。

原诗“高添雅兴松千尺，暗养清音竹数科”，赵执信写作：“高添雅韵松千尺，暗养清阴竹数科。”“韵”“阴”两字的差异，不知是赵执信所据谭用之诗集的版本不同，还是书写时凭记忆造成的误差，亦或有意为之。

清雍正赵执信书法楹联

该诗首联写作者官场失意，避世隐居，颔联写作者身为隐士的闲居生活，颈联写作者养松怡情、育竹修身，尾联写作者希望有朝一日能重登仕途。作者先写隐世原因，再写隐士生活，写自身修养的提高，最后笔锋一转，写自己渴望得到帝王的赏识。赵执信选取第三句来表达他对大侄女的良好祝愿：一方面希望她生活的恬静舒适，另一方面也希望她的孩子成为有用之才，赵执信把“音”字写作“阴”，应该是希望新宅荫及子孙的意思吧。

赵执信选择这首诗的这两句作为对联，与他个人的命运不无关系。谭用之对于大多数人来说是个不太熟悉的名字，历史上对他的评价是“善为诗而官不达”，这与赵执信是多么的相似！

《续修博山县志》记载，赵执信在北京期间，以诗闻名天下，同朝为官的一人派人把自己的诗作拿给他看，赵执信打开只看了一眼就打发来人把诗作带回去。这件事引起很大的轰动，也让这个官员对他充满了怨恨。当时的赵执信还不到三十岁，而他写作这副楹联的时候是六十三岁，已经回乡归隐了三十多年，褪去了早年的戾气。这时的他书写工稳，用笔陈厚，规度严谨，出于王羲之、赵孟頫之间，结字紧敛，遒劲刚健，体式收放自如、恰到好处，风格洒脱超逸，表现出一种敦厚娴雅的书风。从这副楹联圆润的字体中，我们可以感受到一个温良敦厚的老人对后辈的祝福。

（毕洪量）

清咸丰毕道远书法条屏

淄博市博物馆“古代淄博”展览于2017年4月向广大观众开放，被记者评为“咫尺越千年”的淄博历史展陈，揭示了淄博的历史发展轨迹，展示了淄博灿烂的古代文明。此展览的明清部分有四条红色签纸楷书条屏特别醒目，这就是被称为“青袍尚书”毕道远为孙蚨亭的公子续娶而书写的贺诗（节选）：

管籥筝筑竽笙簧，钟鼓瑟琴列两廊。
妙舞清歌乐未央，间以环珮声琅珰。
桃花藕花各有芳，罗列七十二鸳鸯。
小院风回兰径香，依依暖日射绮窗。
芙蓉镜映紫荷囊，金帐薰笼妥后房。
就中一老气昂藏，醮子礼乐成东厢。
公昔济人倾仓箱，今朝冰泮舟为梁。
翩翩公子绣锦裳，来自昆仑沁河旁。
上巳日吉兮辰良，湔湔曲水罢流觞。
东陌香尘忽飞扬，御轮先归催新妆。
翠盖煜熻马驳皇，宝扇迎来妃妫姜。
俟庭俟著莫彷徨，宜尔室家随而倡。

这首贺诗不仅真实而生动地记述了孙蚨亭娶儿媳妇的华丽场景和热闹气氛，而且赞扬了孙蚨亭的济人善举，并向老友送上了美好的祝愿。此四条屏参以魏碑神韵，书风刚劲朴茂，显示出毕道远书法面貌的多样性。

毕道远（1810—1889）字仲任，号东河，淄川县万家庄（今淄博市周村区王村镇）人。毕道远于道光十九年（1839）中举人，道光二十一

蚨亭孫老仁兄喆嗣續鸞賀詩 并序
歲在癸未春三月清明節後
蚨亭仁兄令嗣續鸞之辰瓊宴林苑已息悽儂之歌曲水湔裙纔罷祓除之
事惟辰良兮日吉迨及公子同歸貯桃花而宜家知拈髯而微笑也同人等
道慈契心結跏伴歲見其証果之攸差知示纖條之共勉華堂笙管趋賀同
登志以徵祥詩成長古
管籥箏筑竽笙簧鐘鼓瑟琴列兩廊妙舞清歌樂未央間以璟珮聲琅璫桃花
藕花各有芳羅列七十二鴛鴦小院風回蘭送香依依暧日射綺窗芙蓉鏡映
紫荷囊金帳薰龍麝後房就中一老氣昂藏醮子禮樂成東廂公昔濟人傾倉
箱今朝水泮舟為梁翩翩公子繡錦裳來自崑崙沁河旁上巳日吉兮辰良湔
湔曲水羅流觴東陌香塵忽飛揚御輪先歸催新妝翠蓋煜爚馬駁皇寶扇迎
來妃嬀姜侯庭侯著莫徬徨宜爾室家隨而倡仙斧脩月團欒光鸞膠續絃譜
鳳皇嘉耦曰妃人之綱從此鴻案仍相莊德門有後終集祥繁息預卜五世昌
梆聊之條遠且長道慈大顯邦家光同修愚弟曹承虔王承晏賀寀虔王鏡銘
任純正王瀾大呂霞原尤至道孫瀾寬燕盛松王承錦曲綿梓王瀾桑王瀾惺
徐餘蔥仝頓首拜賀并書撰 東河畢道遠拜書

清咸丰毕道远书法条屏

年（1841）中进士，初任翰林院散馆检讨、山西正主考官、记名御史、司经局洗马。咸丰元年（1851）充国史馆纂修，后历任翰林院侍讲、侍读学士、文渊阁校理、顺天乡试同考官、广西正主考官、国子监祭酒、内阁学士兼礼部侍郎、兵部侍郎、户部右侍郎兼管钱法堂事务、户部左侍郎兼管三库事务、总督仓场。光绪八年（1882）授都察院左都御史、顺天乡试副主考兼署兵部尚书。后任礼部尚书、经筵讲官、武英殿总裁、玉牒馆副总裁兼管顺天府府尹。毕道远为道光、咸丰、同治、光绪四朝元老，为官四十余年。

毕道远为官清廉，相传他去世前曾嘱咐儿子，在他去世后把他运回家与民同葬，且回去时不走官道。当时走到清河镇的黄河渡口时，船夫趁机要高价运输费用，并且一再抬高价格，毕家支付不起，百般无奈之下就知会了当时的县知府，县知府把船夫斩了，之后毕家在河口立了一块碑，号召来往客商用良心经营生意。

毕道远的书法、诗词流传于世者甚多，上至咸丰、同治、光绪三位皇帝，下至广大士子、普通百姓，均为他的书法所折服，咸丰皇帝更是称其为“天下第一管笔”。相传咸丰元年紫禁城太和门遭雷击失火，门楼匾牌被毁，咸丰帝下令立即重修。太和门高一丈二尺，修复完工后，门额的书写就成了难题。咸丰帝于是命翰林院的学士、编修等书法高手书写“太和门”三个大字，拟择优选用。翰林们个个使出浑身解数，争相逞才显能，希望利用这一大好时机在新皇帝面前大展身手。可一幅幅作品刚被挂上就被拿下，皇帝边看边摇头，脸色越来越难看。当看到毕道远所书“太和门”三字时，咸丰帝龙颜大悦，笑着说“我就说嘛，朝中是有能人的，毕爱卿真是‘天下第一笔管’啊。”从此毕东河的书法誉满天下，被人称道，与何绍基、林凤官、牟所共称清代书法四小名家。

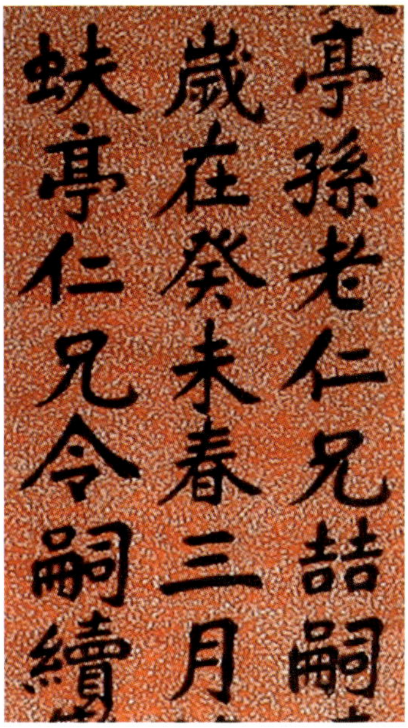

毕道远书法条屏细部

在咸丰眼中，其他人的字总有一种看上去上小下大的感觉，字虽写得不错，神采飞扬，但看上去别扭，而毕道远的字上下匀称，赏心悦目，不失庄严。其实，悬挂在高处的大字，由于视觉误差的原因，本来统一大小的字看上去上小下大，而毕道远注意到了这个问题并稍作调整。毕道远这一调整均衡使其和谐统一的书法艺术，也启示着我们做人做事既要恪守原则，又要随机应变，这样才能实现个人和社会的和谐发展。

（李克军）

清光绪微刻象牙牌

淄博市博物馆藏有两枚早年前征集的微刻象牙牌，由于其入藏时间较早，并未引起足够的重视。在进行全国第一次可移动文物普查时，它们引起普查研究人员的特别关注。经认真释读和考证，其神秘面纱最终被揭开：它是清代微刻艺术大师于硕早年所作，具有于硕微刻艺术风格的典型特征。它们填补了该馆工艺类微刻艺术收藏的空白，同时也是此次普查的重大新发现。

两枚微刻象牙牌材质和尺寸相同，选材考究，结构质地致密，纹理细腻，为便于悬挂，均以黄铜镶边并穿铜环。它们通长 2.8 厘米，通宽 1.6 厘米。牙牌净长 2 厘米，宽 1.4 厘米，宽度比现行的一角硬币窄，长度相当。正、背两面施刻，正面刻山水人物画，背面刻长篇古诗文。

其中一枚正面所刻山水人物画，是仿山水画家、“清初四王”之一的王翚（字石谷）的画风。其正面有题款：“远听橹声，近谈赤心。仿石谷子笔法，丁未初夏，啸轩。”该图构图严谨，内容丰富，画面中的山石、树木、瀑布、孤舟、水波、房舍及人物等，巧妙地利用了刻刀的特性，刀法灵活多变，犀利凝练，刻画精细；线条和皴法点线结合、繁疏有序，近远景具有较强的层次感；岸边人物与远帆交相呼应，紧扣主题，中国山水画的韵味被表现得淋漓尽致。背面全文刻录宋代文学家欧阳修的《秋声赋》，落款为“右录欧阳修文，岁为丁未，时在五月，序属中夏伏日之前三日，予客京师，作于合间南窗之右，啸轩于硕刻”。《秋声赋》刻文共 24 行，每行 18 至 22 字不等，计 411 字，另落款 41 字，背面刻文共计 452 字。

另一枚正面所刻山水人物画，为仿元代画家王蒙（号黄鹤山樵）画意，线条皴法颇得其精髓。其正面有题款：“长途何须心着急，自然有日到家乡。仿黄鹤山樵法，丁未年五月上浣作，啸轩。”该图构图饱满，宏

远听橹声，近谈赤心（正面）

欧阳修《秋声赋》（背面）

长途何须心着急，自然有日到家乡（正面）

宋濂《送天台陈庭学序》（背面）

伟大气，山石、树木层次丰富；刀法运用娴熟，刻画到位，图中所绘四人物紧贴“归乡”这一主题，各具情态，形神兼备，使整个画面自然、灵动，富有生气，意境幽远。背面全篇刻录元末明初文学家宋濂的《送天台陈庭学序》，落款为：“右录宋濂文，时在丁未年初伏前三日，作于京师，啸轩于硕刻。”《送天台陈庭学序》刻文共 24 行，每行 18 至 21 字不等，计 434 字，另落款 24 字，背面刻文共计 458 字。

从上述两幅山水画面中可以看出，于硕对所刻画面构图的疏密、繁简、动静、聚散等相互关系，处理得恰到好处。于方寸间呈现恢宏景象，细微处却又能纤毫尽显，将微刻技艺发挥到极致，充分展示了作者对画面的整体把握，彰显其精微的刻绘境界。

象牙牌背面所刻的两篇文学名作，虽是以刀代笔，却能做到笔画波磔精严，不失毛笔书法之韵味，融欧、颜、柳、苏法帖之风格。其文字刻画全凭手感运刀，意在刀先，字里行间气韵贯通、浑然天成，所刻线条的虚实粗细、徐疾轻重、抑扬顿挫，有着较强的韵律感和节奏变化。借助十倍放大镜观其细节，可见其刀法精到、繁而不乱、疏密得当，其笔画一丝不苟、一气呵成，且无败笔。这两件作品充分展现了于硕既工书、善画，又精刀刻的深厚艺术造诣，是不可多得的微刻艺术经典之作。

微雕艺术又可细分为“雕”和“刻”两种形式。“雕”指圆雕、浮雕、镂雕等阳雕，讲究“型”的塑造和雕琢，偏重三维立体空间及形象展示；而“刻”则指阴线浅刻，突出表现平面中的书法、绘画等艺术内容。微刻在技法上要求极高，由于载体太过细微，囿于当时条件所限，尚无先进的设备可以辅助，雕刻者在进行操作时完全凭借意念和感觉运刀，靠经验完成创作，属“盲刻”，所以微刻又被称为巧夺天工的“神刻意雕”，成为我国传统工艺百花园中的一朵奇葩。

于硕，早年名宗庆，字啸轩，别字啸仙，清同治十二年（1873）生于江苏扬州江都塘头。自幼受其舅父李氏家族中精通擅长刻瓷、刻竹技艺者的影响和熏陶，并师从当地书画名家邱元甫，其书法效法“二王”，兼修欧、颜、柳、苏，尤擅苏体；山水宗“四王”，仕女、人物事吴门唐寅。经潜心研修，于硕不仅书画精进，且镌刻艺术更为见长，集书、画、刻诸艺于一身，精工人物、山水，书法挺秀、笔力苍劲；其镌刻细如毫发，且竹、木、牙、角兼而用之，将浅刻艺术发展到一个前所未有的境界，成为清代晚期能书、善画、精刻，造诣深厚的全能雕刻家、一代微刻艺术大师。于硕在国际上也屡获殊荣，享有极高声誉。中华民国四年（1915），在美国旧金山举办的巴拿马太平洋万国博览会上，其象牙微刻作品《赤壁夜游图》荣膺金奖。报纸时评其：“以方寸之牙，刻万余字，真乃鬼斧神工。”在汤用彬等人编写的《旧都文物略》中，于硕被尊称“当世第一单刀浅刻大师”。于硕以微雕浅刻艺术闻名于世，与其弟子吴南愚并称“南于北吴”，对我国微雕艺术的传承与发展，做出了卓越贡献，产生了深远的影响。近代文献、著录中不乏对于硕的记载和述评。清末民初徐珂在其编撰的《清稗类钞》工艺类“工刻竹木扇骨”中，对于硕的微刻技法作了详细叙述：“光绪初，江都于啸轩目光精炯过人，方寸之中，能刻万字，至阔扇骨，可刻三十行。……其最小之字，以大十余倍之显微镜照之，犹不能见。”著名收藏家王世襄的《竹刻艺术》一书中，用“惟至其极则如江都于啸仙（轩）”来称赞于硕的微刻；史学家邓之诚的《骨董琐记》中也有“今江都于啸轩，于径寸间刻千字……每字每行第一笔刻成，即不寻行，黑暗中摩娑成之，人竭目力始辨，井然成行，无一败笔”的记载；清末著名学家、古玩收藏家赵汝珍，在《古玩指南》中记述的“能于五分方圆之象牙面上，刻字千余……是殆所谓鬼斧神工也”，更是高度评价于硕的微刻艺术达到了炉火纯青的至高境界。

在款识信息中可以看出，这两枚微刻象牙牌是清光绪三十三年

（1907）五月同时刻于北京的。两枚微刻象牙牌的艺术风格、工艺技法相同，微刻画意精妙、书法精到、刻技精湛，虽为于硕早年所作，但此时其艺术风格已日臻成熟。于硕历经清末、民国和中华人民共和国三个时期，他的传世之作大都流散存于民间，中外收藏家们都极为珍视。博物馆虽作为专业收藏机构，但笔者经过初步调查核实，目前国内也只有北京、天津、上海、扬州等少数博物馆有其藏品。其中，天津博物馆收藏其作品稍多，达 7 件。于硕的家乡扬州市博物馆仅藏其 1 件作品。因此，1983 年被淄博市博物馆征集入藏的这两枚微刻象牙牌弥足珍贵。

淄博是陶瓷琉璃之乡，传统的刻瓷艺术至今兴盛不衰，而于硕少年时也曾在陶瓷上刻文。此外，鼻烟壶内画艺术在淄博也得到传承与发扬，小小的鼻烟壶之内，可以绘制出众多的人物、动植物、宏大的场景以及长篇诗词歌赋。“以小见大，至精至微”是鼻烟壶共同的特征，这与微刻艺术有着异曲同工之妙，存在特殊渊源，正可谓“壶小绘天地，牌微刻乾坤”。

淄博市博物馆收藏的这两枚象牙牌，不仅丰富了馆藏，同时也为探索、研究和深入挖掘“微刻”这一中华民族的传统工艺门类增添了宝贵实物资料，是难得的微刻艺术精品，具有极高的历史、艺术和研究价值。

（王滨）

清代木雕檀香如意

淄博市博物馆所藏的木雕如意长 47.8 厘米，首宽 11.8 厘米，重 130 克。

这件如意通体镂雕松梅缠枝花叶为地，云首雕仙翁驾鹿伴仙鹤纹，柄中央隆起呈圆角长方形并饰三位八仙人物，长方形趾饰三位八仙人物，柄间各饰一位八仙人物。

如意是一种象征祥瑞的器物，一般用金、玉、竹、骨等制作，头灵芝形或云形，柄微曲，供指划或玩赏用。如意又称“握君”“执友”“谈柄”，由古代的笏和搔杖演变而来。有学者认为，此物搔痒抓背如意不求人，故称如意。也有学者认为，其形状类似北斗七星。南朝刘义庆《世说新语·汰侈》云：“崇视讫，以铁如意击之，应手而碎。”唐朝张祜《题画僧》诗之二：“终年不语看如意，似证禅心入大乘。”明清两代

清代木雕檀香如意

的如意，长一二尺，其端多作芝形、云形，不过因其名吉祥，以供玩赏而已。直到现在，人们用作搔痒工具的“痒痒挠”“不求人”，即古时爪杖、如意之遗制。

如意的历史比较久远，《清朝野史大观》卷一载：“如意，物名也，唐宋前已有之。”魏晋南北朝时期，如意已经得到了普遍使用，并且成为帝王及达官贵人的手中之物。到了清代，如意发展到繁盛时期，用珍贵的材质和精巧繁复的工艺制作的如意广为流行，以灵芝造型为主的如意更被赋予了吉祥驱邪的含义，成为承载祈福禳安等美好愿望的贵重礼品。臣子们敬献如意祝贺皇室寿辰，皇族也拿如意赏赐王公大臣，如意渐渐成为上层人物权力和财富的象征。

清代如意的形制十分丰富，如柄首有葵瓣、云头、莲花、灵芝等不同样式。康熙年间，如意成为皇宫里的珍玩，宝座旁、寝殿中都摆设有如意，以示吉祥、顺心。数量最多的一套如意由九件组成，名曰“天保九如”，其中每一件如意的工艺造型都极为精美。清代中后期，如意在民间也越来越普遍，逢年过节、寿诞婚嫁都用如意做礼物，贵重的如意还被用作镇宅之宝，成为人们身份、地位的象征。

淄博市博物馆收藏的这柄如意是征集而来的，木质没有鉴定，它到底是不是檀香木呢？根据鉴定檀香木的原则，通过仔细观察、审定对比，我们发现以下三点特征。第一，该如意呈黄褐色，由于时间长久颜色稍深，光泽好，包浆不如紫檀或黄花梨明显，且其质地坚硬、细腻、光滑、手感好，纹理通直微呈波形，生长轮明显。第二，其香气因暴露存放几百年之久而不甚明显，因是贵重文物不能用刀片刮削，我们只好用布手套轻轻摩擦，闻有淡淡的清香，与香樟、香楠刺鼻的浓香相比略显清淡、自然。第三，其制作工艺、精美程度符合宫廷工匠的制作水准。台北故宫博物院也收藏着两柄如意，一柄是清代檀香木福禄寿如意，长 47.5 厘米，首宽 12.3 厘米，高 6.6 厘米，重 140 克，通体镂雕松梅缠枝花叶为地，云叶式首雕饰翔鹤口衔花朵，柄中央隆起呈长方形并饰口衔蟠桃之仙鹤，长方形趾饰口弦灵芝之鹿；另一柄是清代檀香木群仙祝寿如意，长 48.3 厘米，首宽 11.8 厘米，高 5.6 厘米，重 145 克，通体镂雕松竹梅岁寒三友花枝为地，上下数层，椭圆形首饰仙翁驾鹤，柄面雕八仙祝寿。此件如意与台北故宫博物院所收藏的两柄如意，在工艺、题材、尺寸、重量等方面如出一辙，因此，我们判定这柄如意不仅属于檀香木质，更有可能是宫廷所用之物。

（明继烈）

清咸丰威武大将军——生铁大炮

淄博市博物馆地下库房中静静地躺着一威武大将军——生铁大炮。这门 1863 年铸造的大炮，炮身长 185 厘米，炮口直径 18 厘米，重 1600 千克，炮身铸有“钦命山东督办淄川剿匪事宜济南□”“监制官同知衔候补知县蒋庆篪同治二年二月吉日”“威武大将军”“重二百斤生铁三千角力”等字样。此炮原位于淄川西关炮台，系清廷为镇压刘德培农民起义军所铸，1976 年被淄博市博物馆征集，为国家一级文物。

刘德培（?—1863），字雪田，后改为春田，祖籍四川，原淄川县纸坊村（今淄博市淄川区）人。刘德培为清代淄川农民起义领袖，幼年勤奋好学，中秀才后为塾师。1860 年（咸丰十年）秋，淄川知县多仁横征暴敛，浮收漕粮，群众愤起闹漕。刘德培为群众拟写抗漕呈文，并谋划聚众去县

清咸丰威武大将军——生铁大炮

衙与知县讲理，因事情泄露被捕判死刑，并在被解往济南的途中逃脱。在避难期间，他开始进行反清宣传，组织民众武装，伺机起义。1861 年（咸丰十一年）8 月，他成立“信和团”，自任团长，团员数百人。1861 年 10 月，他带领民众开展第二次抗漕斗争，1000 余名群众揭竿而起，涌至县城，打死差粮官，逼迫多仁取消浮收漕粮规定，派民众代表代替官府收集漕粮，并令多仁按民意立碑作志，民众获胜方退。1862 年（同治元年）8 月，他率“信和团”公开举起反清义旗，团众公推他为“督招讨大元帅”，后改称“大汉德主”。他们建立政权，下设军师、太师、军机大臣、大将军等职。其纲领是：“灭清平满，重兴汉室。”他们废除清帝年号，改用干支纪年，主张官兵剪辫以示与清廷势不两立。刘德培起义使清廷惊慌失措。同年 9 月，山东巡抚谭廷襄派青州 4000 余名满营步骑包围淄城。刘德培所率义军陷入重围，但斗志旺盛，顽强作战，清军屡战屡败，城不能克。至 1863 年（同治二年）春，刘德培及其义军迫使清军五易主帅。1863 年 5 月，清廷命僧格林沁率大军前来镇压，一连两月三次攻城均告失败。僧格林沁急调官军两万余人前来增援，并加强对城内炮击，使城内军民死伤惨重。至 1863 年 6 月下旬，城内传染病蔓延，义军粮食火药殆尽，难以据城抗敌。1863 年 8 月 6 日，刘德培率义军弃城突围，清军紧追不舍，至蓼坞（今益都地区）太白山被清军围困。因寡不敌众，义军死伤惨重。刘德培决心不被敌人生擒，先挥剑斩杀妻儿，后饮剑自刎未成，遭敌人杀害。

称大炮为“将军”，始于明代朱元璋。公元 1335 年，起义三年的朱元璋得到了几十支火龙炮，这种炮“势若飞龙，洞穿层革”，威力很大。朱元璋看后十分高兴，认为如果军队装备上这样的火器，则“取天下如反掌”。于是他下令，如果这些大炮在战斗中有效果，就封这些大炮为大将军。从此，火炮就有了正式的封号。

明代万历年间，欧洲火炮开始传入中国，“将军”团也有了新成员。清朝皇帝给炮的封号更是五花八门，如制胜将军、威远将军、神威无敌大将军、神威将军、武成永固大将军、神功将军等。每年秋天，朝廷还派大臣到卢沟桥祭祀大炮。若八旗军出征，要在前一天推大炮到军帐前，陈列牺牲供物献酒于炮，领军主帅还要亲自向大炮行揖拜礼。若战斗获胜，则要为大炮披红，以鼓吹迎之，然后上奏请赏给“将军”封号；如果战败，大炮也要受到惩罚，少者被打一百或八十棍，多者要被打八百至一千棍。

淄博市博物馆收藏的这门由生铁铸成的威武大将军炮，见证了清末统治者对内残酷镇压、对外屈膝投降的历史，也体现了淄博人民勇敢无畏、敢于反抗的斗争精神。

（秦力兴）

清晚期象牙雕“五子闹灯”摆件

淄博市博物馆现藏的一件珍贵的象牙雕“五子闹灯”摆件，高 11.5 厘米，宽 12 厘米。该摆件由原淄博市文物店的两位同志于 20 世纪 80 年代末 90 年代初从河北大城县收购而得，有专家认为此物件应为清代晚期作品，类似的摆件应为一套八件，这只是其中的一件。

此件藏品充分展现了象牙质地细腻坚韧的特点，工匠采用圆雕手法，雕刻了 5 名活灵活现的孩童。孩童举着大红灯、小红灯，扛着金鱼灯，手提小纱灯，玩耍嬉戏，千姿百态，妙趣横生。图案中线条刻画圆润柔和，孩童面部表情栩栩如生。儿童在嬉戏中表现出的生动活泼的姿态，专注喜

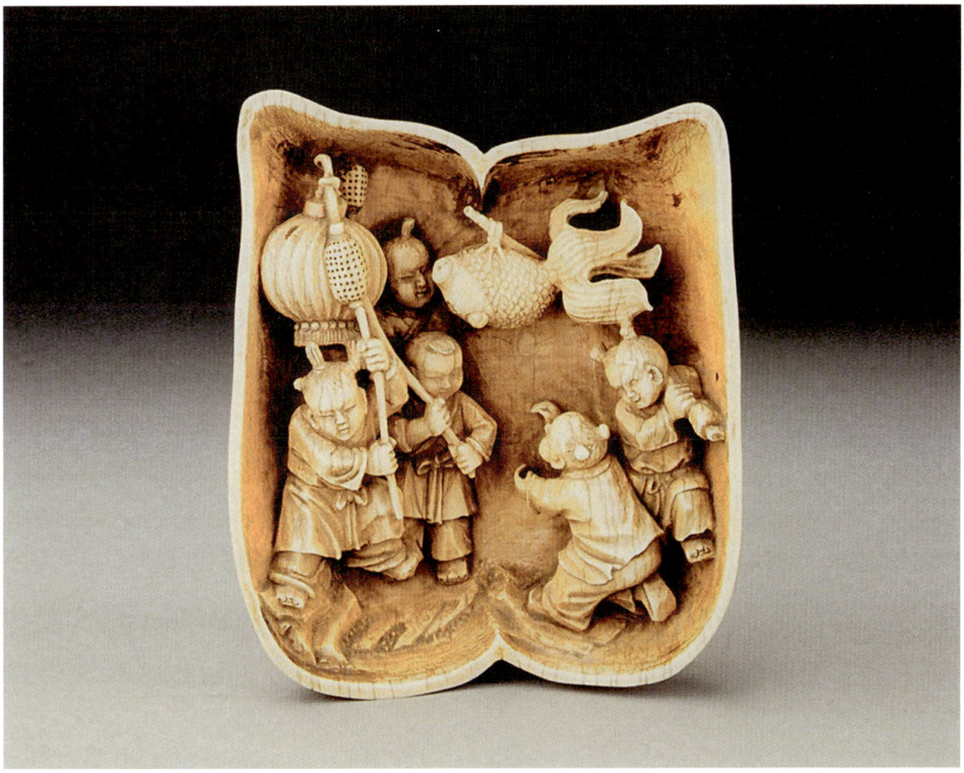

清晚期象牙雕“五子闹灯”摆件

悦的表情，稚拙可爱的模样，不仅让人心生怜爱，更能让人感受到童稚世界的无忧无虑。

大象是目前世界陆地上最大的哺乳动物，在我国具有悠久的历史。商代甲骨文中有“今夕其雨，获象”的记录，一些古籍中有“商人服象”的记载，这说明早在三四千年前，象就是中原一带人们捕猎、驯养和役使的动物。象牙在古代是一种贵重的材料，自古就有“有机宝石”之美誉。《尚书·禹贡》中提到扬州、荆州等地以“齿革羽毛”为贡品。孔氏曰：“齿，象牙。”可见人们早已把象牙当作珍贵的物品。

象牙的功用之一，是以它细密的质地为雕刻工艺提供特殊适宜的材料。我们的祖先早就认识了这一点，在新石器时代就有象牙雕刻品，如浙江余姚河姆渡遗址发掘出土的象牙雕刻、山东大汶口文化遗址出土的象牙雕刻等，均呈现出原始、简朴、实用的时代特点。商代，象牙雕刻有了较大发展，在风格上与商代的玉雕一脉相承。相较于大型青铜器礼仪、祭祀和宴飨的功能，玉器、牙骨器便成为一般小型玩物或装饰佩戴用的工艺品，但它们在装饰风格上与青铜器几乎一样，带有浓厚的青铜时代的烙印。《史记·宋微子世家》记载：“纣始为象箸（即筷子）。”汉唐时期封建统治阶级崇尚奢侈生活，牙雕艺术品成为他们炫耀财富的象征。宋元时期象牙雕刻已形成相当的规模，皇室、官府设有专门从事象牙雕刻的作坊。《宋史·食货志》载，当时一次从外国进口象牙 7795 斤。宋代的工艺美术崇尚典雅、清幽，牙雕则有世俗化、装饰化的倾向。元代“国俗”尚白，以白为吉，关于牙雕记载的文献资料也不少。明代牙雕在元代牙雕的基础上吸收了竹雕、木雕、犀雕、石雕、砖雕的工艺特色，在北京和长江下游、东南沿海等处得到了迅速的发展。清代牙雕是我国牙雕史上的鼎盛时期，这时的牙雕已经逐步走向小品雕刻，大件牙雕已不常见，文房用具成为牙雕工艺品的主要部分。康熙二十三年

“五子闹灯”摆件细部

（1884），朝廷开辟广州为外贸港口，开展海外贸易和文化艺术交流，象牙进口量增加。这为象牙雕刻工艺的发展提供了有利条件。中国牙雕历经数千年的发展，在清中期陆续形成了若干个相对集中的中心生产地，以北京、广州、苏州为代表。各个中心产地之间在题材和形式上保持着各产地的风格特色，同时又互相渗透交流。

象牙雕“五子闹灯”摆件不仅表现出工匠们超凡的工艺技术，而且具有深刻的寓意。因为灯笼不仅用以照明，而且是一种象征——“灯”与“丁”语音相近，意味着人丁兴旺。元宵观灯的习俗起源于汉朝初年。唐开元年间，为了庆祝国泰民安，人们扎结花灯，闪烁不定的灯光象征“彩龙兆祥，民富国强”，花灯风气至此广为流行。每年正月私塾开学时，家长会为子女准备一盏灯笼，由老师点亮，象征学生的前途一片光明，称为“开灯”。后来就由此演变成元宵节提灯笼的习俗。

“五子闹灯”是牙雕、玉雕、竹雕、木雕中常见的民俗题材。在古代这种题材被称为“婴戏图”，有的还与十二生肖、吉祥器物、儿童游戏结合，象征多子多福、吉祥如意、前途光明、生活美满。

（李静静）

民国淄博窑红绿彩戏曲人物纹茶盘

淄博市博物馆收藏有一件淄博窑红绿彩戏曲人物纹茶盘，茶盘直径30厘米，口沿外撇，平底，施白釉。茶盘内绘有三人物，中间是一位身穿道袍的成年男子，紧随其后的是两个娃娃模样的女童，三人站在一个设有围栏的台子上，面朝右前方。人物身后不远处是一座庙宇，侧山斜插一面飘扬的旗子，上书“腾云寺”三字。整体来看，这幅画面采用勾线填彩手法完成，风格工整写实，人物生动传神。从茶盘左上方的题记及落款可知，这件茶盘是一位名叫“荆山道人”的画师于1929年（己巳年）绘制完成的。

民国淄博窑红绿彩戏曲人物纹茶盘

看到这件茶盘，观者不禁要问：这三个人物是谁？在做什么？后面旗子上的腾云寺指的是什么地方？茶盘背后有着怎样的故事？

从人物的着装特别是脚穿云靴这一细节看，茶盘表现的应是一个戏曲场面，而且这出戏肯定与腾云寺有关，因此，腾云寺就成了破解这件茶盘故事之谜的一把钥匙。

淄博市境内有一座海拔达 1108.3 米的高山——鲁山，山上有一座著名的寺庙腾云寺。它始于后梁、成于元、兴于明，其主建筑大雄宝殿系明代所建，整个建筑系用石块筑成，至今保存完好。腾云寺位于一条龙头突出、酷似巨龙的山脉上，气势非凡。茶盘所反映的应该就是这座寺庙。

腾云寺大殿东南隅，现存有无梁石建筑志公庙和志公塔，据记载它们已有 1500 多年的历史。关于志公庙与志公塔，后世有一段传说。当年鲁山上有一老道士修行，牛志公上山同他一起修炼。一天，老道士在山中遇到两个人参娃娃，捉住一只并拿回来煮，命牛志公看锅，自己去捉另一只。老道士走后，牛志公禁不住锅内香味诱惑，把人参娃娃吃了，剩下的汤喂给了大黄狗。于是，牛志公升天成仙，大黄狗变成老虎也一起升了天，玉皇大帝封牛志公为志公神，以老虎为坐骑。后人为纪念牛志公，就在他原来修炼的地方建志公庙和志公塔。

由此可知，茶盘上所描绘的正是发生在鲁山腾云寺的一段传说故事——老道士在山中遇到两个人参娃娃的一幕。

故事的发生地距这件茶盘的制作地博山县城不足几十里路，陶瓷工匠将这个故事画在茶盘上作为彩绘装饰，说明这个传说在当地具有一定影响力。但值得注意的是，茶盘上表现的不仅是这个传说故事，而是根据这个故事改编成的一出戏。这似乎说明，这个传说故事至迟在民国时期就已经以戏曲的形式在舞台上演出，而民间画师是在看到这出戏之后，才将这个场景描绘在茶盘上的。

那么这是出什么戏？它是京戏，还是民间地方戏呢？

由于时代变迁，这出戏早已失传，上述问题的答案现已无人知晓。但我们可以依据相关资料做一番大胆的推测。

淄博是重要的陶瓷产区，其制陶中心主要集中在南部的淄川、博山一带。过去，当地有“窑工最爱看戏”的说法。据《淄博陶瓷琉璃大观》记载，旧时，窑区每年都要举行“祭窑神”活动，期间，唱戏就是很重要的活动内容，窑主出钱杀猪羊、买糕点菜肴上大供，请戏班唱戏三天，招来远近乡民观戏，形同“赶会”。

因为爱看戏，所以民间画师也爱画戏。在清末民初淄博窑生产的各类生活用陶瓷器皿中，戏曲人物故事是一大装饰题材。其中，京戏故事人物占有相当的比例，如《百寿图》《连环套》《春秋配》《龙凤呈祥》《铡美案》《白蛇传》《西厢记》《天霸拜山》等，尤以花瓶、粥罐、茶盘中最为多见。但京戏是来自京城的戏种，往往是请来戏班并由名角领衔进行表演，内容大都是家喻户晓的著名历史故事。这件戏曲人物纹茶盘反映的内容却是当地民间传说，外地名角戏班不太可能为了迎合当地观众而专门编排成戏，而且画面中人物的着装打扮也与京戏有所不同。所以，笔者认为它很可能是一出地方戏，或者说，可能就是当时风头正盛的淄博五音戏。

五音戏发源于山东章丘、历城一带，流传于山东济南、淄博等区域，属“肘鼓子”声腔系统，以唱腔优美动听、语言生动风趣、表演朴实细腻而著称，素有“北方越剧”之誉，自诞生以来已有几百年历史，代表剧目有《王小赶脚》《王二姐思夫》《拐磨子》等。凭借“一嘟噜一穗”风趣幽默的乡土语言和生动传神的表演，五音戏得到了当地百姓的狂热喜爱，更因善于表现女性角色而被戏称为“拴老婆橛子”。过去曾有戏谚“听说周姑子戏（五音戏）进了庄，忘了喝饭汤”、“卖了裤和袄，也要看看鲜樱桃（著名艺人）”、“摸摸根柱子（著名艺人）的辫子，咱就一辈子不想汉子”

等，由此可见五音戏当年盛况。

地方戏的另一特点是自编自演，其所反映的人物与故事大多是发生在百姓身边的，与百姓的生活息息相关，因而受到百姓喜爱。

果真如笔者推测的话，这件制作于民国时期的淄博窑红绿彩戏曲人物纹茶盘的发现，就为我们探讨淄博地区早期地方戏曲艺术五音戏的发展、剧目种类、舞台设计、人物形象及服饰等提供了非常宝贵的实物资料，值得珍视。

（安立华）

红绿彩“套五盆”

山东淄博陶瓷久负盛名，淄博地区各博物馆所藏陶瓷数量巨大，成为第一次全国可移动文物普查中淄博地区文物普查的重点。在普查中，淄博市博物馆征集的一套淄博民间陶瓷的典型器物——红绿彩“套五盆”，以其新颖巧妙的设计、灵活便捷的实用性，引起普查人员的特别关注。

该“套五盆”现陈列于淄博市博物馆“古代淄博”展厅中。“套五盆”，顾名思义即五只盆为一个单元（一组），由外而内、大小相次套置在一起的组合体，盆与盆之间留有适当空隙，可拆分以方便取用。它们的直径和高度根据比例依次降低。该套五盆，外围最大的一号盆直径

红绿彩“套五盆”

"套五盆"全景俯视图

约 35.7 厘米，通高 12.7 厘米，底径 21.7 厘米。二号盆直径约 28.7 厘米，通高 10.4 厘米，底径 17.5 厘米。三号盆直径约 24.5 厘米，通高 9.5 厘米，底径 14.5 厘米。四号盆直径约 20.5 厘米，通高 7.7 厘米，底径 12.5 厘米。最小的五号盆直径约为 17 厘米，通高 6.6 厘米，底径 10 厘米。盆内花卉的绘制采用没骨法，用笔豪放娴熟，画风简洁明快、清新自然。绘画色釉主要为红、绿、蓝（黑）三色，花瓣为红色、花叶为绿色。虽然花叶的用笔与花瓣的用笔技法相同，但通过灵活巧妙的构图，而使之显得并不机械刻板。蓝色虽然运用不多，但寥寥数根线条成为点睛之笔，使整个画面的色彩更加丰富，令整个构图更加饱满、疏密有致、富有层次感，为整个画面平添了几分活泼与灵性。

淄博地区陶瓷生产历史悠久，自古以来就是我国北方重要的陶瓷生产基地。近年来在临淄战国墓中发掘出土的铅釉陶罍，为我国铅釉陶器出现于战国时期提供了重要的参考资料和科学依据。考古发掘证实，距今1500年的淄川寨里窑不仅是淄博瓷业的源头，也是北方早期青瓷的发源地之一。多年来的窑址发掘和调查表明，博山、淄川一带发现的博山大街窑、淄川寨里窑及坡地窑等古窑址中，出土了大量风格各异、形式多样的陶瓷器和陶瓷片标本，如油滴釉（雨点釉）瓷、茶叶末釉瓷、黑釉粉杠瓷、白地黑花瓷以及三彩器等，在陶瓷学术研究界具有重要影响。

与古代淄博窑一脉相承且渐为陶瓷界所熟知的近代淄博民间陶瓷，也同样颇具魅力。所谓民间陶瓷，就是由民间工匠根据本地区或附近地区生活的需要，主要利用当地的陶瓷原料，采用手工艺生产的方式，烧造的具有浓厚乡土气息和传统艺术特征的陶瓷制品。近代淄博民间陶瓷始于清代中晚期，至20世纪50年代止，约有150年的历史。淄博民间陶瓷的中心产区博山，一直以来是我国北方地区民用陶瓷生产的重镇，吸引了八方客商，其中较为著名的窑厂有北岭、八陡、窑广、山头、福山、李家等。近代淄博陶瓷业的鼎盛时期，烧制陶瓷的窑炉近200座，窑工达6000人之多，终日窑火不断，一派蒸蒸日上的繁华景象，场面蔚为壮观。

近代淄博民间陶瓷地域特色鲜明，乡土气息浓厚。在器物的设计风格上，本着源于生活的基本需求作为出发点，遵循产品的“器用性”这一根本原则，近代淄博民间陶瓷形成了粗犷豪放、纯朴自然、大气率真的艺术风格，充分体现了其“以人为本，物以致用”的创作理念。

在淄博民间陶瓷大家庭里不乏精品，但极具创意和实用性的，当属著名的“山头套五盆”。它是1938年由淄博市博山区山头镇的杨瑞符先生研制，在山头“双合窑厂”试验成功后，正式生产推广的，并且有了较高的知名度，行销济南、青岛、天津、沈阳、蚌埠等地，还走出国门外销到朝鲜、蒙古等邻国，深受欢迎。“套五盆”的烧制和使用一直延续到20世纪80年代，至1987年才正式退出历史舞台，被搪瓷盆、金属盆替代，前后经历了半个世纪，这足以彰显市场对它的喜爱和认可程度。那么，它究竟有什么样的巨大魔力呢？

现存近代民间套五盆造型与装饰的整体风格基本上大同小异。胎壁稍厚，胎质较粗，外壁中部有浅折腹痕。盆内壁及底部装饰题材较为丰富，以绘制荷花或菊花纹为主，少数盆绘制梅兰松竹纹，它们均是百姓身边喜闻乐见的植物。荷花的“荷”与“和”“合”谐音，“莲”与“联”“连”谐音，在中华传统文化中，经常以荷花（即莲花）作为和平、和谐、合作、合力、团结、联合等的象征，以荷花的高洁象征和平事业、和谐世界的高洁，也寓意家庭和和美美。而菊花经历风霜，具有顽强的生命力，高风亮节，象征健康、吉庆。图案纹饰绘制的风格追求朴拙凝练，所施色釉为红绿彩，使套五盆的色彩艳丽、对比强烈，甚是喜庆，深受广大百姓喜爱。套五盆注重实用性，使用的时候可根据实际需要任意组合，发挥其最大功能。其中最大的一号盆，可以用来洗菜、和面或盛东西。其余的二、三、四号盆可以用来盛汤、饭、菜等。最小的五号盆则可以当作饭碗。总之，套五盆在使用上可以灵活多变，为具体使用环境和实际需要，增加了选择余地，扩大了使用范围。用毕，再将它们按照大小依次装好，集中放置非常方便。闲置时，叠摞收纳可有效节约空间，在运输上也更体现出集装化的优越性。至今博山地区的少数居民家中或仍在使用它，或于庭院一角出现它的踪迹。

该套五盆不由使我们想到在山东临淄张家庄战国墓中出土的一套铜餐具。这套餐具共60件，是在一件铜罍里面，大小相次装入碗、盘、碟、盒、耳杯等59件盛食器，贮藏收纳方便，在运输转移中也方便快捷，与博山的“套五盆”都有着方便实用、易于存放和携带运输的相似特征。我国的近邻俄罗斯较为著名的木刻套娃玩具，一般由多个相同图案的木质空心娃娃大小相次套装组成，套在一起可达 10 多个。虽然与前两者相比，后者只是玩具工艺品，但这三者之间是否有着异曲同工之妙呢？真可谓古人、今人及中外匠心火花的碰撞，创意与灵感的交相辉映！

淄博近代民间陶瓷在器用上的多元化和具有较强实用性的实例不胜枚举，这也充分体现了设计者“以人为本”的初衷。因此，“套五盆”所具有的构思巧妙、一器多用、灵活多变、朴实无华的风格特征，使其在众多民间生活用瓷中脱颖而出，成为淄博陶瓷传承、创新与发展的经典案例。

（王滨）

民国粉彩包袱瓶

淄博市博物馆“馆藏文物精品”展厅中，陈列着一件民国仿乾隆时期的粉彩包袱瓶。这件瓶通高27.5厘米，口径6.4厘米，底径8.1厘米。瓶为圆口，直径，鼓腹上下斜收，圈足外撇。口沿外饰一周桃形花瓣纹，瓶腹部绘干枝梅花、茶花图案，圈足外饰一周长方块形珍珠蕉叶纹饰。之所以称她为“包袱瓶”，是因为在她身上裹着一件红色的包袱。包袱采用胎浮雕，施红釉，七层折叠，每层上描金彩八宝纹，包袱的两角很自然地搭扣在瓶颈处。鲜艳的红色包袱，加上淡雅的梅花、茶花图案，远远望去，仿佛一位端庄秀丽的少女，身披大红斗篷，在那里静静地眺望远方。

瓷器作为历朝历代的宠儿，发展到清代，在胎、釉、装饰各个方面都超越了前代。明末及清初战乱频仍，瓷业一片荒芜凋敝之象。到顺治末期，天下渐渐安定，瓷业才慢慢恢复。康熙年间，国力渐渐强盛，瓷业振兴。经过康熙、雍正、乾隆三朝的励精图治，瓷业空前繁荣，瓷器在形制、纹饰和釉色方面的创新层出不穷。而包袱瓶也是这一时期瓷器器形创新的一种具体表现。不过，盛极而衰是历史的常理，清朝的国力到乾隆后期渐渐衰落，瓷器也渐呈衰微的气象。所以，嘉庆朝名瓷不多，嘉庆以后，更不待言。

清代除青花、釉里红、五彩、斗彩等品种外，粉彩、珐琅彩等是那个时期特有的名贵品种。粉彩包袱瓶就是这个五彩缤纷时代的产物。粉彩也叫“软彩”，是釉上彩的一个品种。所谓釉上彩，就是在烧好的素器釉面上进行彩绘，再入窑经低温烘烤而成。清代康熙末期，官窑匠师在珐琅彩的启发和影响下，引进了铜胎珐琅不透明的白色彩料，在工艺上又借鉴了珐琅彩的多色阶的配置技法，创造出了粉彩。这种白色颜料俗称“玻璃白”，因玻璃白和五彩彩料的融合，使各种彩色产生了粉化效果，红彩变

民国粉彩包袱瓶

成粉红，绿彩变成淡绿，黄彩变成浅黄，其他颜色也都变成不透明的浅色调，并能通过控制其加入量的多寡来获得一系列不同浓淡的色调，给人粉润柔和之感，故这种釉上彩被称为“粉彩”。粉彩在艺术上讲究淡、细、匀、柔、俏，迎合了从皇室宫廷到达官显贵的欣赏要求，也深得民间喜爱，从而发展迅速。雍正、乾隆时，粉彩瓷成为瓷器生产的主要品种，一直延烧至民国时期。粉彩瓷的主要器类有碗、净水瓶、盘、瓶、炉、灯等，装饰花纹主要有花卉、仕女、龙、凤等。

“包袱”与“包福”谐音，寓意幸福吉祥。据说慈禧太后对这个器形特别钟爱，包袱瓶因此成为后世争相仿制的样品。这件民国仿乾隆时期的粉彩包袱瓶，充分体现了粉彩工艺的特点。整件器物造型端庄典雅，包袱颜色鲜丽，纹饰舒展流畅。梅花、茶花采用写实手法，勾画简洁洗练，设色淡雅。花枝、花叶、花朵用粉彩表现出来，具有了明暗、深浅和阴阳向背之分，增加了层次和立体感。在整体风格上，其布局和笔法都具有传统中国画的特征。

（刘燕）

民国紫砂百果壶

淄博市博物馆收藏有一件民国时期的宜兴紫砂百果壶，此壶为紫砂质地，其泥色为枣红，杯体呈罐形、鼓腹，高 12 厘米。壶外壁布满瓜果，其肩部嵌以花生、大枣、西瓜子、葵花子、蚕豆、红豆、荸荠、白果。壶盖为椭圆形香菇状（盖把缺残），壶嘴形为莲藕，壶把形为菱角，造型精致，惟妙惟肖。壶下腹近底处为核桃、栗子、银杏果、荔枝、佛莲果、莲蓬，其莲蓬内镶嵌 7 粒活动的小莲子，精巧逼真，妙趣横生。壶底呈喇叭口状，瓜果形成围式，用以支撑杯体，巧妙地起到了底足的作用。紫砂壶体的装饰全部取材于生活中的瓜果造型，整体布局匀称紧凑，寓意丰富，富有浓郁的民间生活气息。这些瓜果的自然之美，经过工匠的精心构思，与壶体完美结合，把紫砂壶的情趣、雅致艺术地展现出来，从而在很大程

民国紫砂百果壶

度上提高了这件实用器的艺术价值。观赏者、使用者从中也不难领悟创作者独到的匠心和艺术追求。

中国是茶的故乡，是茶文化的发源地。茶文化的兴盛自然而然地带动了品茗茶具的兴起。在众多的茶具器物中，紫砂壶种类繁多，造型优美多变，风格多样，富含文化品位，既有使用价值，又富艺术之美。由于生活水平的提高、艺术品市场的迅速发展，紫砂壶作为最适宜泡茶品茶的茶具，已融入人们的生活之中，深受人们的喜爱，被历代品茗爱好者推崇、收藏。

紫砂壶以江苏宜兴（古称阳羡）所产最为出名，也是历代文人墨客、平民百姓公认的质地最好的茶具。紫砂壶的原料叫紫砂泥，宜兴当地人称为“富贵土”。紫砂泥分朱砂泥、紫泥和团山泥三种，烧制时温度稍有高低，就会出现紫铜、葵黄、墨绿、铁青、棕黑、海棠红等各种颜色。而这件民国时期百果壶烧制时，壶身达17种瓜果、4种不同的颜色，这也充分体现了工匠的高超技艺与艺术审美水平。

江苏宜兴人杰地灵、瓜果丰盛、生活富裕，位于素有“鱼米之乡”称号的长江中下游平原地区，此百果壶全身布满瓜果，充满了民俗文化元素，这正是紫砂壶雅俗共赏之魅力所在。据江苏的亲友介绍，此百果紫砂壶是民国前后江苏宜兴周边地区姑娘出嫁时，富裕娘家人陪送的嫁妆之一。此壶以棕黑菱角附腰作壶把，葵黄莲藕一支作壶口，以香菇作壶盖，香菇柄作盖把，莲蓬内7粒灵动的小莲子活灵活现，花生大枣等瓜果伴随周边。这些皆是生活富足人家的日常生活用品。在江南一带地方口音中，菱角谐音伶俐，莲藕谐音连偶，香菇谐音香姑娘。因此该壶的寓意是祝聪明伶俐的姑娘喜结连理、早生贵子（大枣栗子）、幸福美满、多子多孙（莲蓬）。这充分体现了人们向往富裕生活、追求美好幸福的奋斗目标，是值得歌颂的民风喜事，是典型的中国地方民俗文化。

百果壶也称花果壶，由清初名家陈鸣远开创，至乾隆时期工艺成熟，主要以宜兴紫砂烧制多见。各式各样的百果壶，壶身瓜果略有不同，以赐福纳祥、吉祥美满为主题思想，集传统民俗文化和雕塑、瓷艺观赏于一身。此紫砂百果壶是民国时期的富足人家使用的壶，因主人使用时间长，壶内茶锈较厚，壶腹老包浆与壶身融为一体，略显温润有光泽。美中不足的是，香菇盖把（钮）有缺残。椭圆形香菇盖与壶口严丝合缝，壶盖内刻有方形印章款，应是百果壶制作者的名字，由于茶锈较厚，款识的字迹模糊不清，无法辨认。紫砂茶具之所以受人青睐，除了茶具的风格多样、造型多变外，还在于它具有实用价值。据资料记载，南海“百壶山馆”主人李景康和顺德“碧山壶馆”主人张虹在其合著《阳羡砂壶图考》中总结过紫砂壶的独有特性：茗壶为日用必须之品，阳羡砂制，端宜论茗，无铜锡之败味，无金银之奢靡，而善蕴茗香，适于实用，一也；名工代出，探古索奇，或仿商周，或摹汉魏，旁及花果，偶肖动物，或匠心独运，韵致怡人，几案陈之，令人意远，二也；历代文人或撰壶铭，或书款识，或镌以花卉，或镂以印章，托物寓意，每见巧思，书法不群，别饶韵格……

实践证明，以江苏宜兴紫砂陶土烧制而成的紫砂陶茶具，是世界茶文化用具中的奇葩。宜兴紫砂壶泡茶既不夺茶真香，又无熟汤气，能较长时间保持茶叶的色、香、味。因为有了艺术性和实用性的完美结合，紫砂壶才这样珍贵，而紫砂壶泡茶的好处和禅茶一味的文化，更增加了紫砂壶高贵不俗的雅韵。紫砂因茶而生，由茶乃盛，终携茶而美。紫砂壶以其独特的功能和卓越的工艺，赢得了“世间茶具称为首”的美誉，为历代品茗爱好者所珍视。

（傅强）

民国紫砂六棱四耳瓶

在淄博市博物馆“馆藏文物精品”展厅的中央柜中，一件造型独特、制作精美考究的紫砂六棱瓶，应该会使参观者记忆犹新。该瓶高 42.4 厘米，口长 21 厘米，足径 19.7 厘米，系由六片胚体粘接而成，腹部粘接四只变形兽纹耳，圈足。其中，一面腹部刻绘梅花鹿与柏树，颈部题刻“柏鹿同庆”；一面腹部绘刻花鸟纹，颈部刻“巴拿马太平洋万国博览会纪念品，西历 1915 年，中华民国四年”，近足部刻“江苏省宜兴市利用公司、姚梧仙画、蒋舜之刻、朱鹤年监制”。瓶底部有三枚印款，分别为“中华民国江苏宜兴利用公司造”“巴拿马宝会出品”“陶作生”。该瓶所用紫砂泥均匀细腻，制作及烧制技艺精湛，刻工娴熟，表现出了较强的艺术功力，加之题款中蕴含的大量信息，使该瓶对研究我国近代紫砂艺术的历史有着重要的参考价值。

1915 年，为庆祝巴拿马运河的开凿通航，美国政府特别举办了一次盛大的庆典活动，会址便设在美国加利福尼亚州的旧金山市，这便是享誉全球一个世纪的巴拿马太平洋万国博览会。博览会从 1915 年 2 月 20 日开展，到 12 月 4 日闭幕，展期长达九个半月，总参观人数超过 1800 万人，开创了世界历史上博览会历时最长、参加人数最多的先河。应邀参加博览会的国家共有 43 个。中国作为国际博览会的初次参展者，是第一次在世界舞台上公开露面，因此对此十分重视。北京政府立即成立农商部全权办理此事，并专门成立了筹备巴拿马展会事务局，各省相应成立筹备巴拿马展会出口协会，制定章程，征集物品。物品大致分为教育、工矿、农业、食品、工艺美术、园艺等类别，征集范围从工矿企业、学校、政府机关直到普通民众。巴拿马展会是中国历史上第一次规模空前的、向世界展示经济水平的历史性盛会。

民国紫砂六棱四耳瓶

中国赴美展品达10余万种，重达1500余吨，展品出自全国各地4172个出品人和单位。屠坤华在《万国博览会游记》中记载："我获之奖，计一千二百十一枚。内为大奖章五十七枚，名誉奖七十四枚，金牌奖二百五十八枚，银牌奖三百三十七枚，铜牌奖二百五十八枚，状词奖二百二十七枚。"中国所获奖项为参展各国之首。

该紫砂瓶是为配合此次博览会，由江苏省宜兴市利用公司专门定制的纪念品。该器由姚梧山作画，蒋舜之执刀，朱鹤年监制，产品质量得到了保证。画面象征着花开富贵、吉祥喜庆的深刻寓意。这件紫砂瓶因与博览会相关联而显得弥足珍贵，其造型、绘画与刻工诸方面均体现了紫砂艺术的无穷魅力。

紫砂器是一种陶器，其特点是结构致密接近瓷化，强度较大，颗粒细小，断口为贝壳状或石状但不具有瓷胎的半透明性，而且于器表光挺平整之中，含有小颗粒状的变化，表现出一种砂质效果。紫砂器的泥色有多种，除去主要的朱泥、紫砂泥外，还有白泥、乌泥、黄泥、松花泥等各种色泽。紫砂器不挂釉，而是充分利用泥本色，器物烧成后色泽温润，古雅可爱。紫砂器表面还具有亚光效果，既可减弱光的反射，又能清晰地表现器物形态、装饰与自身天然色泽的生动效果。紫砂器古朴纯厚，不媚不俗，与文人气质十分相似，以至文人笃好、以坯当纸，或撰壶铭，或书款识，或刻花卉、印章，托物寓意，每见巧思。紫砂制品在表现形式上以中国传统文化为根源，将金石书画作为创作主题，加之造型上的匠心独具，形成风格各异的紫砂艺术。紫砂器的主要品种有各式茶具、酒具、餐具、文具、花盆、陈设摆件等。受我国茶文化的影响，一般来说，紫砂壶的制作量大且深受人们的喜爱，成为日常使用和收藏较多的门类。其他器形相对较少，尤其器形如此高大的紫砂六棱瓶就更为罕见，它同时也是我国参加万国博览会的有力见证。

链接：

紫砂盛产于宜兴丁蜀镇一带，位于丁蜀城区东北部的蜀山古南街历史文化街区，是明清以来宜兴紫砂陶器制作、生产、贸易的集散地。它保存了明清以来紫砂陶业制作、销售、运输的整体产业链和物质空间形态，成为认识、研究紫砂器生产及其文化的重要历史场所。在丁蜀镇蜀山西南，考古人员通过发掘的一个废弃物堆积层和一座清朝中期停烧的古窑址，采集到了大量明末清初至民国时期的紫砂器残片。这次发掘新发现了许多紫砂款识，款识类型多样，有堂斋款、人名款、店号款、诗联款、年号款、花款、器名款、伪托款等。早期地层中的款识以刻款为主，晚期地层中的款识多为印章款。

由于缺乏充足证据，紫砂器的起源一直颇受争议。根据文献记载以及传世实物，考古界一般认为紫砂器始于明代。1976年，宜兴红旗陶瓷厂在丁蜀镇羊角山施工时，发现了一座古窑址，根据窑址堆积层中发现的北宋时期的乱砖以及众多早期紫砂器残片，考古人员推断紫砂器应始于北宋，但这一论断在学术界颇有争议。考古研究者认为：仅凭北宋时期的乱砖就推断紫砂器始于北宋不太科学，而且在宋元时期的墓葬中没有发现过与羊角山窑址发现的早期紫砂器相近的陶器。

不仅如此，明早期墓葬中从没出现过紫砂器，目前所见时代最早的紫砂器是明代太监吴经墓中出土的一把嘉靖年间的提梁壶。这次考古发掘在废弃堆积层的最下层发现了部分紫砂陶片，其中壶嘴的形制和“铆接”制法、高领带鋬罐的口沿形制等，与江苏金坛明代井内出土的明晚期紫砂壶、罐造型基本一致，由此可以推断这批残片应是明代之物。这也为今后进一步考古发掘提供了方向，为解决紫砂器起源问题提供了实物佐证。

（谭秀柯）

集成石印局印刷石板

淄博市博物馆收藏着一块长 29 厘米、宽 24 厘米、厚 8 厘米的印刷石板，这是中国共产党早期用来印刷党的秘密文件和宣传材料的印刷工具，也是目前所知集成石印局开展早期革命活动的唯一物证。1984 年，这块印刷石板由蒋则君同志捐献给淄博市博物馆。

在国民大革命和全国工农运动日益高涨的形势下，为了培养革命骨干，从 1924 年 7 月到 1926 年 9 月，中国共产党连续在广州举办了六届农民运动讲习所。1926 年 3 月，根据中央指示，中共山东区委选派了淄博矿区工人、1923 年入党的蒋西鲁同志，去广州参加由毛泽东同志主办的第六届农民运动讲习所。同年 9 月，蒋西鲁同志结业返鲁后，中共山东区委派

集成石印局印刷石板

他以国民政府博山县农民特派员的身份，返回家乡博山宣传革命真理、组织农民协会、组建地下党组织。在此期间，他与已在博山担任小学教员的共产党员王元昌取得联系，先后发展蒋敦鲁、张学五、刘康侯、吕景屿四名同志为中共党员，并开展革命活动。他们选择革命基础比较好的博山报恩寺小学为秘密活动地点，经常深入到山头、西河、八陡一带，向农民群众宣传革命真理，组织发动群众，做建立农民协会的准备工作。

1926 年 11 月，他们在报恩寺小学成立了中共博山县第一个党小组，蒋西鲁担任组长，直属山东区委领导。为了加强党的宣传工作、扩大革命影响，同年 12 月，他们筹集资金在博山大街成立了集成石印局。蒋西鲁同志担任经理，负责管理和日常工作。在白色恐怖的年代，集成石印局以对外承担印刷业务为掩护，秘密为山东省委印刷文件和宣传材料，并负责传送到中共山东区委。为了不断发展党的力量、加强革命工作，蒋西鲁介绍石印局内部潘聘卿、王玉华、李可修、李瑞九四名印刷工人入党。1927 年 3 月，集成石印局党小组成立，直属山东区委机关印刷部领导。

1927 年 1 月，中共山东区委派王复元等人到博山，安排集成石印局为山东区委印刷党的刊物《红星》，并先后印刷了第一至第八期。除印刷《红星》外，他们配合当时斗争形势的需要，印刷了《无产政党之建设》《党的组织问题与训练问题》《宣传大纲》，以及农民协会证件和其他文件。这些文件的印刷，有力地配合了党的中心工作，为介绍党的主张，宣传发动群众，推动博山地区乃至山东的工人运动、农民运动健康发展做出了积极贡献。

1927 年 4 月，国民党在全国发动了反革命政变，疯狂迫害共产党人，革命处于低潮，党内许多意志不坚定分子和投机取巧者离开了革命队伍，有的甚至变节投降。1928 年 4 月，曾经担任中共山东区委委员的王复元腐化堕落，把由中央拨给山东党组织的 1000 元活动经费挥霍掉后，又以去上海与党组织取得联系为由，从集成石印局拿走2000元供自己享乐，给集成石印局造成了极大的经济困难，致使资金无法周转，加之当时白色恐怖日趋严重，集成石印局被迫关门停业。

集成石印局是中共山东区委直接领导下的秘密印刷机构，自1926年12月开业到1928年5月被迫停业，虽然前后历时不满两年，但在国共两党第一次合作而又遭到严重破裂的恶劣形势下，集成石印局秘密印刷、传送党的文件和宣传品，撒播革命火种，宣传党的主张，鼓舞革命士气，为山东党组织建设和中国革命都做出了重要贡献。

（王焕文）

《红军的生长壮大》画册

在淄博市博物馆的众多藏品中，有一本《红军的生长壮大》画册。该画册长约19厘米，宽14厘米，简要记述了1927年8月1日至1945年8月25日期间红军的发展历程。这本《红军的生长壮大》画册由淄博市张店区方金铎同志捐献，是方金铎同志1945年在鲁中军区九师通讯班工作时学习使用的画册，具有重要的文物价值。

全册共分为三个部分，第一部分为红军的产生与发展。大革命失败后，在以蒋介石为代表的新军阀的统治下，中国共产党及其革命力量遭到了极大的摧残。血的教训促使年轻的中国共产党懂得了武装斗争的重要性。1927年8月1日，为了挽救革命，中共中央委派周恩来、叶挺、贺龙、朱德、刘伯承等同志，领导在我党掌握和影响下的北伐军20000余人，在江西南昌举行武装起义，打响了武装反抗国民党反动派的第一枪，

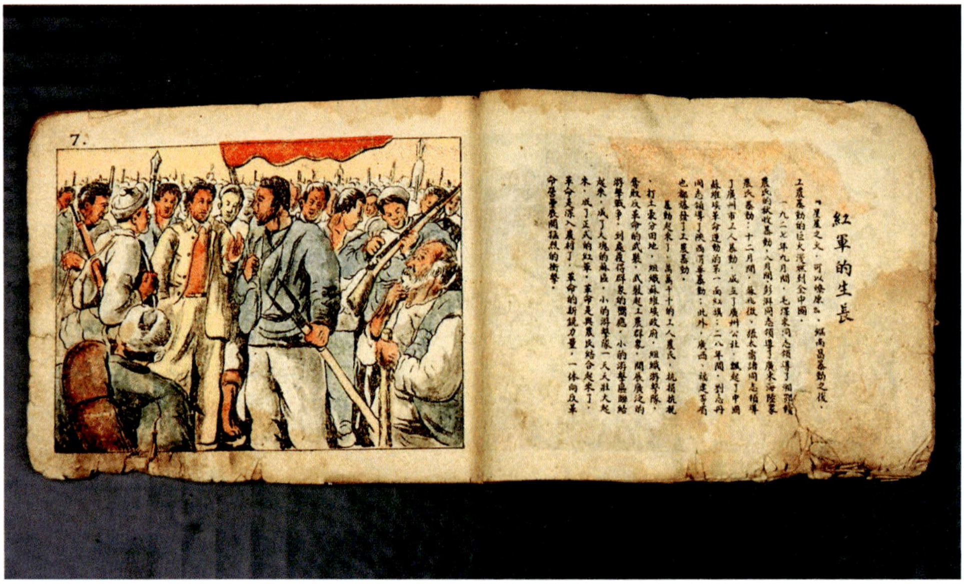

《红军的生长壮大》画册

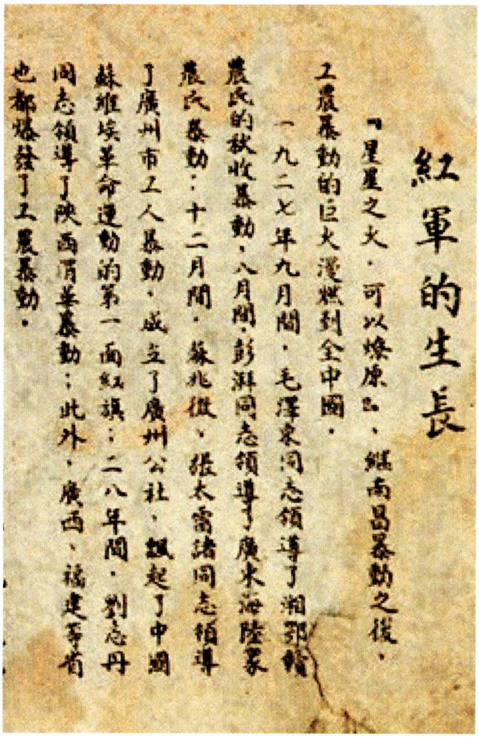
紅軍的生長

「星星之火，可以燎原」，繼南昌暴動之後，
工農暴動的巨火漫燃到全中國。
一九二七年九月間，毛澤東同志領導了湘鄂贛
農民的秋收暴動，八月間，彭湃同志領導了廣東海陸豐
農民暴動；十二月間，蘇兆徵、張太雷諸同志領導
了廣州市工人暴動，成立了廣州公社，飄起了中國
蘇維埃革命運動的第一面紅旗；二八年間，劉志丹
同志領導了陝西渭華暴動；此外，廣西、福建等省
也都爆發了工農暴動。

画册细部

在白色恐怖氛围下为全国人民树立了一面坚持武装革命的鲜明旗帜。从这时起，中国出现了一支完全由中国共产党领导的革命队伍。此后，革命的红旗插满全国，井冈山革命根据地“红四军”的创建更是标志着第一支正式红军的成立。随着各地红军和农村革命根据地的不断创建和发展，革命力量不断壮大，中国红军在战斗中发展壮大。在此期间，中国红军在党的领导下坚持抗日反蒋斗争，粉碎了敌人的四次围剿，然而由于王明“左”倾冒险主义的影响，第五次反围剿失败，红军被迫开始长征。

第二部分为二万五千里长征。红军一路克服千难万险，冲过乌江天险、巧渡金沙江、强渡大渡河、飞夺泸定桥、爬雪山、过草地、突破天险腊子口，终于实现陕北会师。从 1934 年 8 月到 1936 年 10 月，中国工农红军突破数十万国民党军的层层封锁和围追堵截，行程 25000 里，实现了北上抗日的战略转移。这是中国革命史上的伟大创举，也是中国革命由挫折走向胜利的伟大转折。从此，国内革命战争向抗日民族解放战争转变，中国革命进入了一个崭新的历史阶段。

第三部分为红军在新形势下的发展壮大。红军三大主力会师后，全军实现集中统一指挥，红军力量得到进一步发展，为在抗日民族统一战线的旗帜下进行抗日民族斗争和敌后解放区的开创创造了条件。

这是一本较早宣传中国工农红军创建、成长、壮大光辉历史的画册，书中历数了我军从诞生到发展、壮大的重大战斗事件，生动地反映了英勇的人民军队艰苦战斗、争取民族解放的光荣历史。画册用彩色生动的画卷、饱含激情的笔墨，讴歌了我们党领导人民军队前赴后继从胜利走向胜利的光辉历程。画册文字通俗易懂，语言生动激昂，群众喜闻乐见，宣传效果好，读之不免令人心潮澎湃，对红军的敬佩之情油然而生。

（赵旭）

邓恩铭墨盒

在淄博市博物馆的众多藏品中，有一方普通墨盒引人注目。墨盒长9.7厘米，宽9.4厘米，高3.3厘米，重120克，石质泛青，内嵌金属泛绿锈，盒盖表面浅刻古油灯、笔海图案，刻画简单。这就是山东省最早的共产党员邓恩铭同志，于1924年至1926年在寿光县做地下工作时所用的墨盒。1979年8月29日，该墨盒由原临淄区交通局张发思同志捐赠给淄博市博物馆。

墨盒是一种文房用品，其材质明亮，上面绘旋的图案线条明快、优美隽秀，充满文化气息。中国的刻铜艺术在商周时期就已产生，但几千年来唯有清中期至民国初年的刻铜墨盒达到了刻铜艺术的顶点，它的制作集质地、做工、造型、刻工、诗文、书法、绘画、印章、篆刻、装饰花纹多种艺术表现形式于一体。因此，墨盒成为中华古玩中的一个重要收藏门

邓恩铭墨盒

类。刻铜墨盒在中国的兴盛，其实也只是几十年间的事。随着硬笔的出现，自来水笔逐渐代替毛笔成为日常的主要书写工具，刻铜墨盒也逐渐被人们遗忘，从此几乎绝迹。

邓恩铭，又名恩明，字仲尧，贵州荔波人，1901 年生，水族。1918 年，依靠山东亲戚的资助，邓恩铭考入山东省立第一中学。五四运动爆发后，邓恩铭积极响应北京学生爱国运动，被选为学生自治会领导人兼出版部部长，主编校报，组织学生参加罢课运动。1920 年 11 月，他与王尽美等人组织励新学会，介绍俄国十月革命，抨击社会现状。1921 年春，邓恩铭参与发起建立济南的共产党早期组织。同年 7 月，邓恩铭与王尽美代表山东共产党早期组织，赴上海出席中国共产党第一次全国代表大会，会后回济南建立中共山东区支部，邓恩铭任支部委员。1922 年 1 月，邓恩铭赴莫斯科参加远东各国共产党和民族革命团体第一次代表大会，受到列宁的亲切接见。同年底，邓恩铭赴青岛创建党组织，先后任中共直属青岛支部书记、中共青岛市委书记。

大革命时期，邓恩铭先后领导胶济铁路工人大罢工和青岛全市工人大罢工，组织成立青岛市各界联合会和市总工会。1927 年 4 月，邓恩铭赴武汉出席中共第五次全国代表大会，回山东后，任中共山东省执行委员会书记。大革命失败后，邓恩铭辗转山东各地，领导党组织开展斗争。1928 年 12 月，因叛徒告密，省委机关遭破坏，邓恩铭第二次被捕。他在法庭上和监狱里同敌人作了英勇的斗争，并组织领导了两次越狱斗争，使部分同志得以脱险。但他因受刑过重，加之体弱多病，未能逃脱。

1931 年 4 月 5 日，在响亮的“中国共产党万岁”口号声和悲壮的国际歌声中，邓恩铭等 22 位烈士被国民党山东当局杀害于济南纬八路刑场。

睹物思人，他的名字和不朽业绩永远铭刻在山东人民心中。

（秦力兴）

红军十周年纪念章

这枚红军十周年纪念章直径4厘米，为原山东军区司令员杨国夫珍藏。杨国夫（1905—1982）安徽霍邱县人，1955年9月被授予中将军衔，同年9月被授予一级独立自由勋章和一级解放勋章，1957年6月被授予二级八一勋章。

这枚纪念章为青铜材料铸造而成，呈五角星形状，纪念章的上部是镰刀和锤子，象征着领导红军的中国共产党，纪念章正中是一名红军战士骑马吹军号向前跃进的图象，下部铸有“1927—37，红军十周年纪念章”

红军十周年纪念章

的文字。1937年7月7日，抗日战争爆发，民族矛盾上升为主要矛盾，中国人民开始了艰苦卓绝的抗日战争。按照中国共产党抗日民族统一战线的要求，红军接受国民政府改编。1937年8月22日，国民政府军事委员会正式宣布由原西北主力红军，即中国工农红军一、二、四方面军改编为“国民革命军第八路军”，朱德、彭德怀分别担任正、副总指挥。这个时间成为我党领导的人民军队历史划分红军时期与八路军时期的正式依据。红军十周年纪念章，就是为纪念1927年“八一”南昌起义到1937年8月红军改编为八路军前，红军建军10周年而铸，获得者应该是1937年7月7日以前红军正规部队的在编人员。红军建军十周年之际，即使经过扩红，红军总数也就四五万人，因而此枚纪念章发行量原本就很少，能流传到现在的，更显得弥足珍贵。

当时红军战士都对“红军”的光荣称号有着深厚的情结，因为红军的胜利，从某种意义上说是用无数红军战士和人民群众的生命、鲜血换来的。对于红军部队在1937年抗战爆发以后改编为八路军、新四军，把红军的红五角星帽徽、红领章取下来，而改为佩戴国民党的标志青天白日帽徽一事，许多同志在感情上一时难以接受。我们在一些影视作品中都看到过：红军战士们在这个时候都哭了，哭得非常伤心、痛心！当然，我们的八路军、新四军指战员们是晓以民族大义的，是顾全大局的。在后来的抗战中，在中国共产党的领导下，八路军、新四军和国民党军队配合作战，最终把日本侵略者赶出了中国，为中国人民的解放共同书写了新的篇章。所以当1937年9月这枚纪念章在我军颁发时，在获得者心中的分量是不可估量的。红军虽然只有十年的历史，但是当时谁也没有想到的是，“红军”这两个字在中国革命和中华民族历史上的意义将会如此“千古留芳”。

这枚纪念章尽管已经颜色发暗，但它作为红军长征到达陕北以后，自己设计和制造的唯一一枚红军纪念章，依然没有失去当年的光华。无数红军对党、对人民的忠诚，对美好理想的追求和前赴后继的奋斗、金戈铁马的生涯，不怕任何困难，勇往直前的精神、永垂青史的荣耀与功勋，都深深铭刻在这枚不平凡的纪念章上了。2017 年是中国人民解放军建军第 90 周年，让我们怀着无比崇敬的心情，深刻地缅怀那些为人民翻身解放而牺牲的共产党人和革命军人！让伟大的红军精神不断激励着我们及后代子孙，为建成我们的社会主义强国、维护国家的安宁和人民幸福而奋斗不息！

（赵旭）

黑铁山抗日武装起义用过的烧水壶

黑铁山抗日武装起义用过的烧水壶

在淄博市博物馆数以万计的藏品中，有一件烧水壶非常特别，它通高 26 厘米，外部呈黑色，水渍痕迹明显，壶底烧痕斑驳，静静地立于库房一角，浑身透露着一股坚强和不屈。这就是 1937 年山东黑铁山抗日武装起义指挥部用过的烧水壶，它铭记着炮火连天的战争岁月，诉说着一段段可歌可泣的英雄事迹。

黑铁山古称“商山”“铁山”，位于山东省淄博市张店区东北部的卫固镇，属鲁沂山系余脉，海拔255米，层峦叠嶂、山峰起伏、连绵不断，自然风光秀丽。自春秋战国起，黑铁山就以出产高质量的铁矿石闻名天下，带动了齐国冶铁业的兴盛。同时，黑铁山沟壑纵横、地势复杂，以黑铁山抗日武装起义而闻名齐鲁大地。

抗战爆发后，中共山东省委遵照中央关于在山东发动组织人民抗战的指示和中共北方局的相关号召，制定了在全省发动抗日武装起义的计划。1937年10月，刚从延安抗日军政大学结业的廖容标响应组织号召，被分配到长山中学，以体育教员的身份为掩护，与中共党员姚仲明、赵明新团结进步人士马耀南校长，发动和组织群众进行武装起义的准备工作。

1937年12月24日，日军飞机轰炸鲁中长山，国民党军与长山县政府仓皇出逃。廖容标瞅准时机，振臂高呼而起。26日，廖容标与姚仲明、赵明新以及马耀南同志一起，以长山中学60多名师生为骨干，奔赴长山、桓台、邹平三县结合部的铁山，在山脚下的太平庄安营扎寨。起义军把指挥部设在太平庄的爱国人士邱汉三的三间南屋里，部队汇集在太平庄小学的大院里，墙上挂起了有斧头、镰刀的红旗。在一盏马灯下，队员们拿着仅有的1支手枪、3支步枪和8把大刀，排好队伍，由姚仲明同志庄严地宣布举行武装起义，成立山东人民抗日救国军第五军。在半年多的时间里，这支队伍在廖容标的领导下同敌、伪、顽军进行斗争，在战斗中越打越强、越打越壮，成为一支无坚不摧的铁军，为民族解放立下不朽功勋。后来，抗日将士将铁山冠以“黑”字以体现起义队伍的钢铁意志，这便是“黑铁山”“黑铁山抗日武装起义”两个名词的由来。至1938年7月，起义军发展到30多个中队、近6000名战士，在当时的长山、邹平、博山等7个县内建立了四块根据地，后奉命整编为八路军山东纵队第三支队，汇入了全国抗日的滚滚洪流之中，屡屡重创日本侵略者，立下了赫赫战功，为中华民族的独立和解放做出了重大贡献。

作为山东抗日史上三大抗日武装起义之一的“黑铁山抗日武装起义”（另外两次起义为：文登天福山起义和徂徕山起义），在中国抗日战争史上写下了光辉的一页，留下了浓墨重彩的一笔。一个以学校师生为骨干组织武装起义的壮举，折射出他们强烈的社会责任感和爱国热情。他们在当时武器不足、给养不足的情况下，却打响了著名的夜袭长山城、伏击小清河、血战白云山等几次战役，尤其是伏击小清河一役，不仅威震全国，也震惊了敌人，日军不敢相信，刚刚成立几个月的游击队能用原始的武器全歼了拥有现代化装备的日军。

在淄博，说起廖容标将军的故事，几乎无人不知、无人不晓。廖容标，曾用名廖之秀，江西赣县人。廖容标带兵在山东时，不仅为民族解放立下了汗马功劳，而且为山东经济和政治建设做出了重要贡献。离开山东后，廖容标将家安在了南京，为了纪念山东，他为自己的四个子女取名为鲁新、鲁春、鲁民、鲁平。2007 年 4 月，为完成父母遗愿，廖家四兄妹专程赶到淄博，将廖容标将军及其夫人汪瑜的骨灰葬在了黑铁山上。

作为国家二级博物馆以及淄博市的中心馆，淄博市博物馆是重要的爱国主义教育基地、关心下一代教育基地、未成年人学习实践基地和理论宣教研究基地，多年来尤其注重征集、收藏与淄博有关的近现代革命文物。除黑铁山抗日武装起义指挥部用过的烧水壶外，淄博市博物馆还藏有马耀南日记、“一门忠烈”牌匾、邓恩铭的墨盒、杨国夫的手枪等。这一件件珍贵的近现代革命文物，可以说是一部部励志、奋进、爱国的活教材，激励着每一个人铭记历史、缅怀先烈、奋发有为、报效祖国。

（刘骏）

抗日英雄马耀南使用过的树墩形桌

淄博市博物馆珍藏着一件三条腿的树墩，它高55厘米，通体光滑油亮，给人以饱经沧桑、阅世弥久的感觉。它原位于卫固镇太平村，1982年由淄博市博物馆收藏。作为一件珍贵的近现代革命历史文物，它见证了发生在淄博市的一件惊天动地的大事件的全过程。

事情还要从那国破家亡、血雨腥风的年代说起。1937年7月7日，日军在卢沟桥发起了侵华战争，由于国民党的不抵抗主义，日军的铁蹄很快便踏遍华北大地，大片国土沦入日本人手中。在这民族危亡的关键时刻，中共中央发出了关于在山东发动人民抗战的指示。中共中央北方局号召每个优秀的共产党员脱下长衫，到游击队去。中共山东省委立即召开秘密会议，结合山东实际，制定出分区发动抗日武装起义和组织抗日武装的

抗日英雄马耀南使用过的树墩形桌

十条纲领，并派人到淄博发动武装起义。

面对日本侵略者的猖狂气焰和国民党的节节败退，许多爱国志士忧心如焚，时任长山中学校长的马耀南同志便是其中一位。马耀南生于山东长山县三区北旺庄，也就是现在的淄博市周村区北旺村。他家境比较富裕，幼年时好学上进，追求真理。17岁在济南一中读书时，他开始接受马克思主义革命理论，后来就读于天津北洋大学，积极参加学生运动。1930年，他曾以国民党员的身份参加了国民党第三次代表大会，对国民党的腐败十分不满，被国民党以“亲共”的罪名开除出党并被通缉。抗战初期，他在长山中学任校长，我党派员多次与他联系，争取他与我党合作，准备组织发动武装起义。马耀南同志接受党的教育，抗日救国心切，表示愿意尽己所能，通过学生、教员发动抗战，希望我党派出富有经验的人前往领导。省委随即决定派姚仲明同志前往，负责组织发动武装起义。

1937年10月中旬，姚仲明同志以应聘教员的身份来到长山一中，在马耀南同志的密切配合下，对教学内容进行改革，采取上大课的形式，传授党的抗日民族统一战线和开展敌后游击战等知识，在社会上引起很大反响，一大批抗日救亡的进步力量逐渐聚拢在长山中学的周围，以长山中学为中心发动武装起义的条件逐渐成熟。同年11月初，山东省委为加强起义的领导，又派红军干部廖容标和原在鲁北地区工作的赵明新两位同志，以应聘教师的身份进入长山一中，与姚仲明一起成立了党小组，并在马耀南的大力协助下宣传抗日主张，培养起义骨干。为了迷惑敌人，马耀南同志发起并举办“民众夜校”，吸收来自邹平、桓台等地的抗日积极分子，使他们白天和学生混在一起，晚上听廖容标讲解我党的游击战术等军事思想。他们回去后传授给更多的抗日救亡积极分子，使抗日救亡力量迅速发展壮大。

马耀南同志在积极掩护党组织做好起义准备工作的同时，利用他在社会上的威望，联系社会各界成立了全县“抗日后援会”。后援会负责发动群众，宣传抗日，募捐劳军，收集枪支，尽量为起义多准备一些武器，多组织一些队伍。

1937 年 12 月下旬，日军渡过黄河，分两路南侵，一路进攻济南，一路直逼周村。12 月 24 日正逢长山东关大集，日军调动两架飞机进行空袭，驻守长山一带的国民党军队如同惊弓之鸟，仓皇逃窜。省委认为武装起义的时机成熟了，决定立即行动，起义地点定在长山九区的黑铁山。这里远离长山县境，被人称为长山县的“飞地”，且经过我党多年工作，群众基础很好。姚仲明、廖容标、赵明新三人先行一步，带领六十多名“大褂子队”（即穿长衫的教师和学生）来到黑铁山脚下的太平庄安营扎寨。马耀南同志回到家中，把一家老小安排到亲戚家中，又到八区找马汉三等亲友，动员他们为武装起义筹枪弄款、共同抗日。一个星期后，马耀南带着所筹枪款来到黑铁山，与大部队会合。

1937 年 12 月 27 日夜，是一个不平凡的夜晚。起义部队集合在太平村学校院子里，姚仲明以极其兴奋的心情宣布：“同志们，为了保卫家乡，保卫父老兄弟姐妹，我们的武装队伍成立了！咱们的番号是山东人民抗日救国第五军！”这声音如晴天霹雳震撼长空，吸引了无数革命志士纷纷走上杀敌保国的第一线。这支军队迅速发展到 30 多个中队、近 6000 名战士，为民族解放立下了不朽的功绩。为了体现起义者的钢铁意志，他们在铁山前冠以“黑”字，这便是著名的“黑铁山起义”的来由。

1939 年 7 月 21 日，马耀南同志率部队夜宿桓台牛旺庄，由于汉奸告密，他们被日伪军包围。突围时，马耀南同志不幸中弹牺牲，时年 37 岁。他的两个弟弟马天民、马晓云也先后为革命献出了生命，成了当地传颂的“一马三司令”。后来这支部队整编为山东纵队第三支队，为中华民族的独立和解放做出了重大贡献。

斗转星移，日月如梭。如今，当年参加黑铁山起义的同志大都已经作古，活着的也已进入耄耋之年，而只有在当年武装起义指挥部的这个三腿树墩保留了下来。作为历史的见证，它默默地向人们倾诉着当年那段波澜壮阔的历史，深深地思念着那些与它朝夕相处的战友。它似乎又在告诉人们，不要忘记过去，忘记就意味着背叛。我们要珍惜先烈们用生命和鲜血换来的今天的美好生活，更要继承和发扬"为有牺牲多壮志，敢教日月换新天"的革命英雄主义，为中华民族的伟大复兴而努力奋斗。

（刘燕）

马耀南日记

马耀南日记，为八路军山东纵队第三支队司令马耀南20岁时所写，自编号为第三号，日记时限为1922年9月至1923年6月，日记封面赫然写有警句“胆愈大而心愈小，智愈圆而行愈方”。该日记本原为烈士后代珍藏，1979年淄博市博物馆于周村区征集入馆，属国家一级文物。

马耀南（1902—1939），汉族，山东省长山县第三区北旺庄（今淄博市周村区北旺村）人。马耀南的一生是伟大的一生。少年时代，他积极参加了五四运动。青年时代，他主动接受了马克思主义启蒙教育，积极参加了由中共一大代表王尽美、邓恩铭组织的革命团体“励新学会”“马克

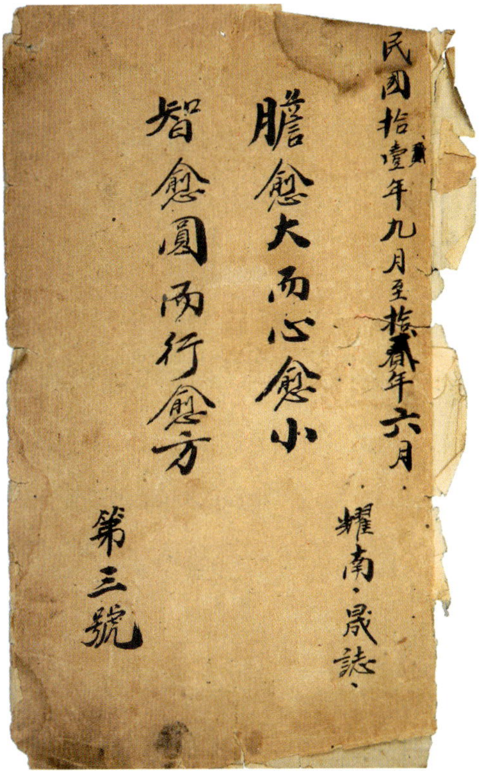

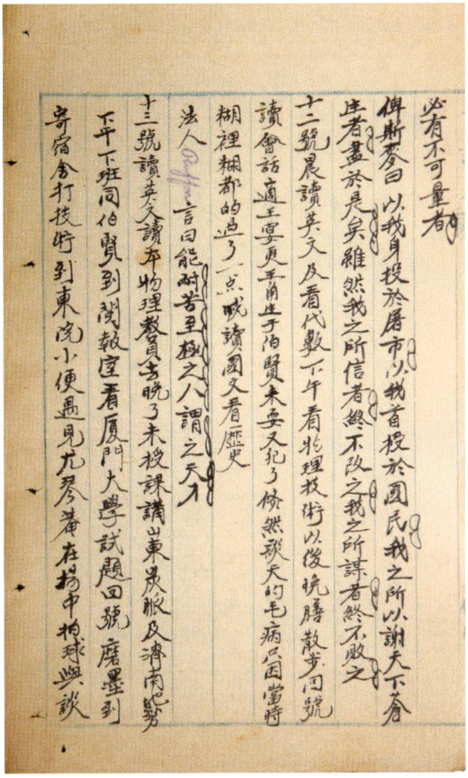

马耀南日记

思学说研究会"，并追随王尽美、邓恩铭踊跃投身于反帝爱国斗争。第一次国共合作时期，他是被共产党"吸引到国民党中"的革命青年；蒋介石叛变革命国共分裂后，他公开抨击蒋介石国民党反共反人民的反动政策，坚决拥护和接受中国共产党的政治主张；七七事变后，他在中国共产党的领导下，在中共地下党人的参与、协助下，组织、发动和领导了黑铁山抗日武装起义，成为威震一方的抗日游击队领导人。马耀南作为山东人民抗日救国第五军司令员，驰骋疆场，身先士卒，经受了血与火、生与死的严峻考验，完成了一个反帝爱国革命志士向共产主义战士的伟大转变。

马耀南之子马立修说："他在日记当中说了，'上海的炮火异常凶猛，全国血战状态，自顾在此安逸消闲，能不愧死！……自即日起应特别振奋，求有所报命国家，获取较大代价之牺牲，方不愧生此世间……现在起振奋精神，组织民众起来和帝国主义干'。"

1937 年七七事变发生后，他看到国土沦丧，民众倒悬，便毅然投笔从戎参加了革命。他在日记中写道："时而想及六七年之学校何日可成？心不禁惕然而忧，时而思及日本如是逼我，不以岳飞痛恨金朝之心为心以雪此莫大之辱，何足以作现在中国之青年乎？"充满了忧国忧民的爱国激情。

"一马三司令，得了抗日病，专打日本鬼，保护老百姓。"这首民谣歌颂了马耀南从爱国学生、中学校长成长为八路军优秀指挥员，并带动二弟马晓云、三弟马天民积极参加抗战，哥仨先后为国捐躯的英雄事迹。1937 年 12 月，马耀南同姚仲明、廖容标、赵明新同志一起领导了著名的黑铁山起义，担任了山东人民抗日救国第五军参谋长、八路军山东人民抗日游击队第三支队司令员。同年 10 月，马耀南加入中国共产党。1939 年 7 月 21 日，马耀南同志率部队夜宿桓台牛旺庄，由于汉奸告密，他们被日伪军包围。突围时，马耀南同志不幸中弹牺牲，年仅 37 岁。他的两个弟弟马天民、马晓云也先后为革命献出了生命，兄弟三人成了当地传颂的“一马三司令”。后来这支部队整编为山东纵队第三支队，为中华民族的独立和解放做出了重大贡献。

马耀南短暂而光辉的一生，充满着不屈的斗争精神和崇高的爱国情怀。他在日记中这样写道：“宇宙一战场，人生一恶斗耳，一息尚存，绝无逃遁苟安之余地，一生要做硬汉，绝不发一无聊呻吟语，咬紧牙关与困难作殊死战，一直向前迈进，便是轰轰烈烈的人生。”他英勇无畏的革命精神和伟大的革命业绩完美地印证了他的这一誓言和信仰。

（刘海荣）

“一门忠烈”木匾

“一门忠烈”木匾，是1984年山东艺术学院原院长、省文联原党组书记冯毅之同志捐献给淄博市博物馆的一件珍贵的革命历史文物。望着上面书写的“一门忠烈”四个大字，以及“烈士旭臣冯老先生暨子女媳孙殉国纪念”的题款，我们隐隐感到在这块木匾背后，一定深藏着一段令人难忘的故事。

冯毅之（1908—2002），山东青州人，1929年秋考入山东省高级中学（现济南一中），得到胡也频（时任班主任）、楚图南等进步教师的教导，懂得了马列主义，并加入“左翼作家联盟”进行革命活动。由此，他遭国民党统治者下令缉捕，被迫于1930年同胡也频、丁玲逃亡到上海，进入“左联”“社联”举办的暑期学习班，同年10月经山东去了北平，加入了中国共产党，建立了“北平左联”，任组织部长。1937年七七事变后，冯毅之投笔从戎，受组织派遣，又回到家乡青州，先后在家乡组建游击队，任八路军四支队营长，益都县县大队队长、县长，益都、临朐、淄川、博山四县联合办事处主任，理所当然地成为这一地区敌伪军捕杀的重要目

“一门忠烈”木匾

标。同时，敌伪军对他的家属也进行疯狂迫害。几年来，敌伪军到处寻找和搜捕他的家人，并扬言谁要是收藏冯毅之的家属，一律满门抄杀。冯毅之一家人被迫四处躲藏。

1942年是抗日战争最残酷的一年，对于战斗在敌后的抗日武装更是最艰苦的一年。身为四县办事处主任的冯毅之和他的家人正是处在这样的险恶之中。就这样冯毅之将父亲冯旭臣，妹妹冯文秀，妻子孙志兰和三个孩子新年、芦桥和平洋送上了马鞍山。随后为了对付日军的大扫荡，鲁中军区又把以王凤麟团长为首的一批伤病员也转移到马鞍山，由王凤麟负责领导山上的日常工作和防务。冯旭臣老人是1939年益都县参议会的参议长，负责山上人员的伙食。冯文秀读过小学，成了大伙的文化教员。孙志兰除了照顾三个孩子，还帮战士们拆洗被褥，照顾伤员。就这样，冯旭臣老人和他的家人与三十多名伤病员在马鞍山上度过了近两个月的平稳日子。

万万没想到的是，一股从沂蒙山区扫荡归来的日军在汉奸唐云三的怂恿下，突然包围了马鞍山，并对马鞍山发起了强攻。而此时冯毅之已带领部队转移到距离马鞍山10里的险要而偏僻的黄花坡与朝阳洞顶。

1942年11月9日是一个血腥的日子。日军凭借飞机大炮的掩护开始攻山。我军守山战士面对来势凶猛的敌人，毫不畏惧，用土造枪支和手榴弹打退了日军一次又一次进攻，当日落时，日军留下了一百多具尸体，未能前进半步，马鞍山依然屹立在我军手中。

山上众人的顽强抵抗是日军始料不及的。他们恼羞成怒，又调来了平射炮等重型武器，占据了附近的孟良台、后峪岭等峰顶进行平射攻击。山上的胸墙工事被摧毁了，房屋倒塌起了火，烟雾弥漫，但同志们并没有被困难吓倒，仍英勇顽强地战斗。据幸免于难的王得善同志介绍，战斗进行得十分残酷。守山的战士们弹药全部打完，就用石块作武器。刘觉兰同志说，在最危急的时候，冯毅之的家属也投入了战斗。冯老先生和女儿冯文秀在战斗中表现得很勇敢。在以石块阻击敌人时，冯老先生牺牲了，冯文秀也身负重伤，最后她把一块石头狠狠砸向敌人，义无反顾地跳下悬崖。

面对敌人的疯狂进攻，王凤麟团长决定将冯毅之的家属和孩子转移下山。他们把做军衣的布撕开连成布条，将一头拴到树上，让孙志兰带三个孩子从悬崖上下去。不料一颗炸弹飞来，夺去了新年幼小的生命。可怜的母亲来不及为孩子悲哀，便背着芦桥抱着平洋，顺着布绳向山下滑去。谁知布绳不够长，最后他们摔下山去，不幸遇难。

王凤麟团长拖着一条腿在两峰间指挥战斗，浑身是血，一直战斗到最后，用手枪中最后一粒子弹结束了自己的生命。

日军用了数百倍于我军的兵力，调动了飞机大炮，丢下了数百具尸首，得到的仅仅是一座空山。在这次战斗中，我军共牺牲了27位同志，其中冯毅之家里就有六位。

为纪念马鞍山烈士，1945年，鲁中军区、博山县政府建立马鞍山抗日纪念碑。为表彰冯先生一家六口的殉国壮举，鲁中行署追认冯旭臣老先生为革命烈士，并为冯家颁赠“一门忠烈”木匾。这便是“一门忠烈”木匾的来历。透过这块木匾，我们仿佛又听到昔日的枪炮声及山崖下芦桥凄厉的哭救声，仿佛又看到烈士们举着石块向敌人砸去时的悲壮情景……

转眼间七十多年过去了，昔日的战场马鞍山，已成为人们旅游观光的景点，成为人们缅怀先烈、追思往事、进行爱国主义教育的重要阵地。

（周玉华）

图书在版编目（CIP）数据

以文说物 / 王振华主编 .-- 济南：齐鲁书社，
2018.8

ISBN 978-7-5333-3966-1

I. ①以…　Ⅱ . ①王…　Ⅲ . ①文物—中国—通俗读物
Ⅳ . ① K87-49

中国版本图书馆 CIP 数据核字（2018）第 181007 号

以文说物

王振华　主编

主管单位	山东出版传媒股份有限公司
出版发行	齊魯書社
社　　址	济南市英雄山路 189 号
邮　　编	250002
网　　址	www.qlss.com.cn
电子邮箱	qilupress@126.com
营销中心	（0531）82098521　82098519
印　　刷	山东新华印务有限责任公司
开　　本	787mm × 1092mm　1/16
印　　张	20.75
插　　页	2
字　　数	274 千
版　　次	2018 年 8 月第 1 版
印　　张	2018 年 8 月第 1 次印刷
印　　数	1–3000 册
标准书号	ISBN 978-7-5333-3966-1
定　　价	**198.00 元**